KB266248

중국어

진짜학습지

본서

중국어 진짜학습지 첫걸음

초판 1쇄 발행 2023년 7월 14일
개정 2판 발행 2026년 4월 17일

지은이 시원스쿨어학연구소
펴낸곳 (주)골드앤에스
펴낸이 양홍걸

홈페이지 daily.siwonschool.com
주소 서울시 영등포구 영신로 166 시원스쿨
교재 구입 문의 02)2014-8151
고객센터 02)6409-0878

ISBN 979-11-94687-94-8 13720
Number 1-410201-26262607-06

이 책은 저작권법에 따라 보호받는 저작물이므로 무단복제와 무단전재를 금합니다. 이 책 내용의 전부 또는 일부를 이용하려면 반드시 저작권자와 ㈜골드앤에스의 서면 동의를 받아야 합니다.

중국어 진짜학습지 학습 가이드

중국어 진짜학습지란?

『중국어 진짜학습지』는 중국어 기초 학습자들이 쉽고 재미있게 학습할 수 있도록 시원스쿨어학연구소에서 연구 개발한 교재입니다. 본 교재는 발음의 기본 개념을 이해한 뒤 각 과의 핵심 단어를 학습하고 ➡ 다양한 주제로 이루어진 회화문으로 말하기 연습을 하며 ➡ 핵심 문법 설명으로 학습자의 이해를 돕고 ➡ 핵심 표현으로 중국어의 구조를 저절로 습득할 수 있도록 구성하였습니다. 듣기, 읽기, 쓰기, 말하기의 반복 학습을 통해 중국어의 기본기를 확실히 다질 수 있습니다.

중국어 진짜학습지의 학습 목표는?

목표1 중국어 발음의 기본인 성조, 성모, 운모를 익힐 수 있습니다.

목표2 중국어의 기본 문법을 학습할 수 있습니다.

목표3 다양한 주제로 구성된 회화문을 통해 실용적인 중국어 표현을 배울 수 있습니다.

목표4 듣기, 읽기, 쓰기, 말하기 모든 영역을 다양하게 학습하여 중국어의 기본기를 확실하게 다질 수 있습니다.

목표5 『중국어 진짜학습지』를 끝내면 HSK 3급에 도전할 수 있습니다.

중국어 진짜학습지 로드맵은?

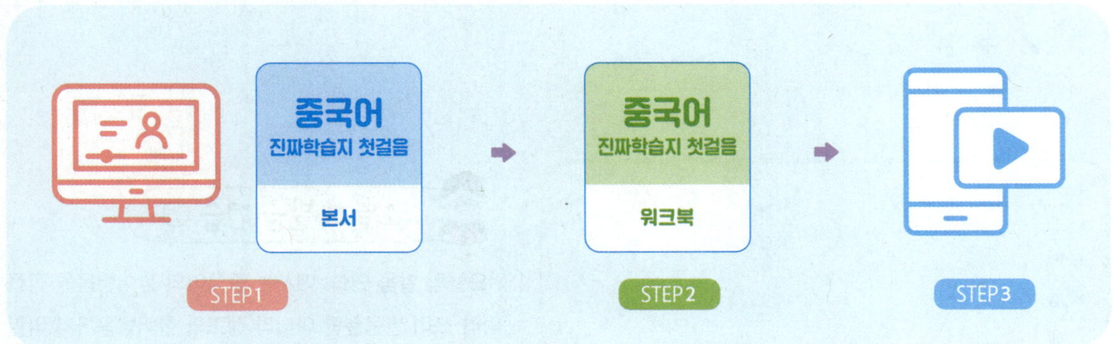

STEP1 강의를 보며 <오늘의 발음>, <오늘의 단어>, <오늘의 회화>, <오늘의 표현>으로 구성된 본서를 학습합니다.

STEP2 본서에서 배운 내용을 바탕으로 워크북을 풀어보며 학습한 내용을 복습합니다.

STEP3 말하기 트레이닝 영상을 보며 틈틈이 중국어를 연습합니다.

이 책의 구성

• 발음편

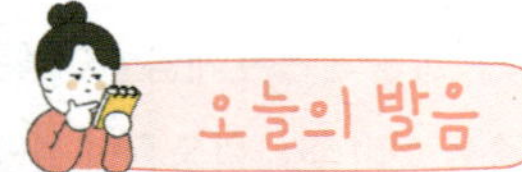

<오늘의 발음>에서는 중국어 발음의 기본인 성조, 성모, 운모 등에 대한 기본 개념을 확실히 파악할 수 있습니다.

<오늘의 발음 연습>에서는 원어민의 발음을 듣고 따라 말하며 정확한 발음을 익힐 수 있도록 구성하였습니다. 일상에서 자주 쓰이는 단어를 삽화와 함께 제시하여 자연스럽게 의미를 유추할 수 있습니다.

<오늘의 발음 연습>에서는 중국어의 한어병음을 직접 따라 쓰며 발음뿐만 아니라 성조와 한어병음까지 익힐 수 있습니다.

· 회화편

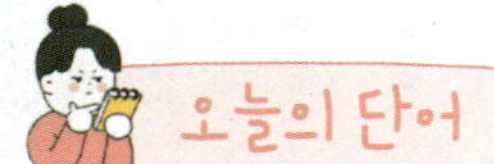

오늘의 단어

<오늘의 단어>는 학습자들이 따로 단어를 찾아볼 필요 없이 각 과의 핵심 단어를 한눈에 보기 쉽게 정리하였습니다. 앞에서 학습한 단어를 <오늘의 단어 확인> 문제를 풀어보며 중국어의 한자, 한어병음, 뜻을 기억할 수 있도록 복습 장치를 마련하였습니다.

오늘의 회화

<오늘의 회화>는 뻔한 표현이 아닌 재미와 실용성에 초점을 맞춘 대화문으로 구성하였습니다. <오늘의 회화 확인>에서는 듣기, 읽기, 쓰기, 말하기 관련 연습 문제를 풀어보며 본문의 내용을 완전히 숙지할 수 있습니다.

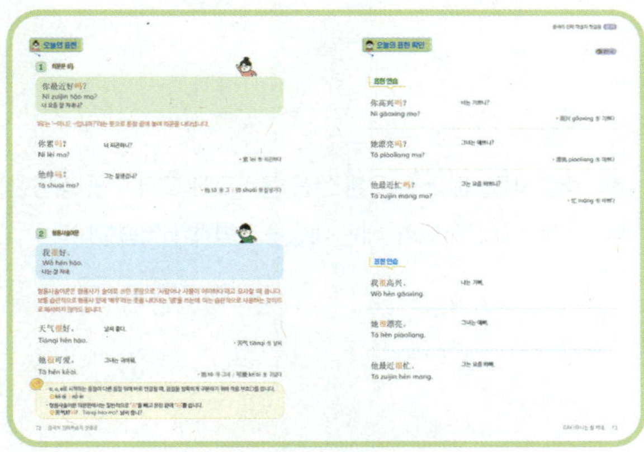

오늘의 표현

<오늘의 표현>에서는 복잡하고 어려운 설명 대신 누구나 쉽게 이해할 수 있도록 각 과에서 가장 핵심이 되는 문법을 체계적으로 정리하였으며, 활용도 높은 예문을 제시하여 학습자의 이해도를 높였습니다. <오늘의 표현 확인>에서는 앞에서 배운 문법과 관련된 문장을 제시하여 중국어 말하기 연습까지 가능하도록 구성하였습니다.

워크북

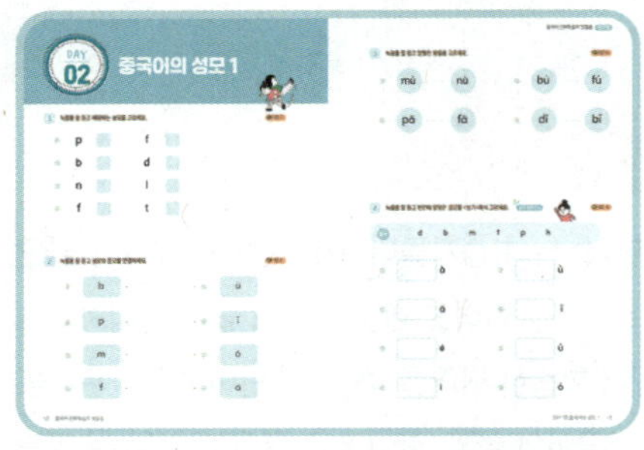

중국어 발음의 기본인 성조, 성모, 운모 등을 제대로 이해했는지 문제를 직접 풀어보며 자신의 실력을 점검해 봅니다.

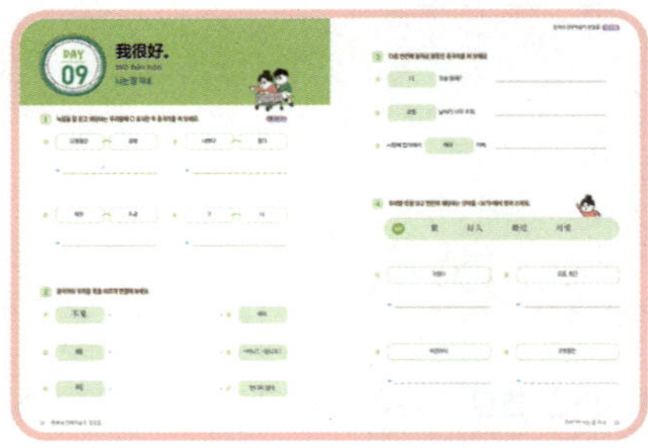

학습한 단어들을 제대로 숙지했는지 문제를 직접 풀어보며 자신의 실력을 점검해 봅니다.

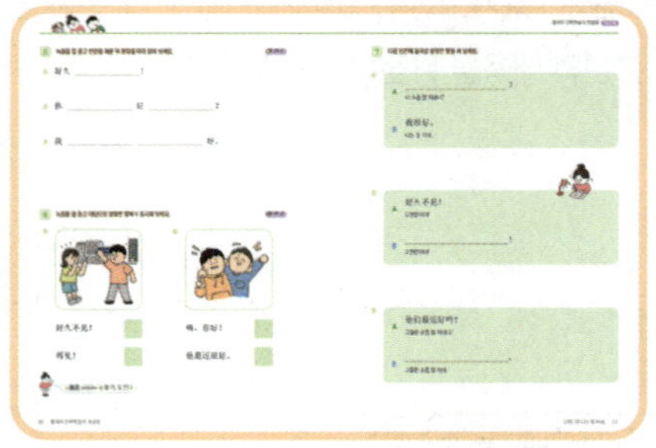

학습한 주요 내용을 떠올리며 문장을 직접 만들어 보고, 배운 내용을 얼마나 기억하고 있는지 확인해 봅니다.

문장 어순 배열 문제, 잘못된 문장 올바르게 고치기 등 다양한 형태의 문제를 풀어보며, 배운 내용을 완벽하게 복습합니다.

학습 부가 자료

원어민 MP3 음원

☑ 원어민 MP3 음원을 들으며 중국어 연습을 할 수 있습니다.
시원스쿨 진짜학습지 홈페이지(daily.siwonschool.com) 접속 ➡ 학습지원 ➡ 공부 자료실에서 MP3 파일을 다운로드 받으실 수 있습니다.

말하기 트레이닝 영상

☑ 스마트 폰으로 책 속의 QR 코드를 스캔하면 언제, 어디서든 영상을 보며 말하기 연습을 할 수 있습니다.

쓰기 노트 PDF

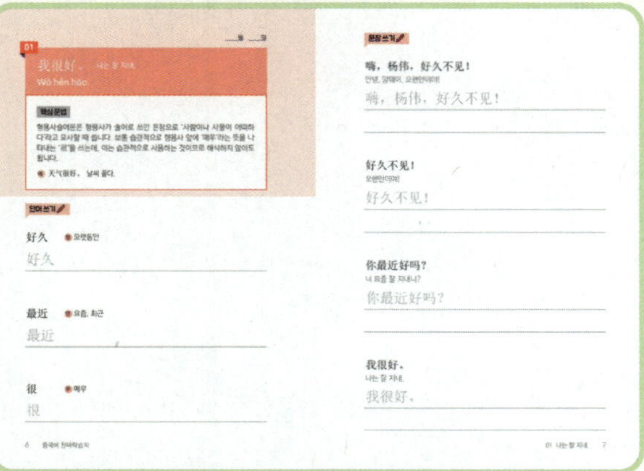

☑ 매 과에서 학습한 단어와 문장을 직접 쓰며 연습할 수 있습니다.

학습 목차

발음편

중국어란 무엇일까?

- 중국어와 표준어
- 한어병음
- 간화자(간체자)
- 성조

원어민 MP3 음원은 시원스쿨 진짜학습지 홈페이지(daily.siwonschool.com) 접속 > 학습지원 > 공부 자료실에서 다운로드 받거나 해당 QR 코드를 스캔하여 이용할 수 있습니다.

학습 플랜

DAY	과	제목	주요 학습 내용	학습 날짜
1일	1	중국어의 발음	중국어의 기본 성조 알아보기 중국어 단운모 알아보기	_____월 _____일
2일	2	중국어의 성모 1	성모 b~h까지 알아보기	_____월 _____일
3일	3	중국어의 성모 2	성모 j~s까지 알아보기	_____월 _____일
4일	4	중국어의 운모 1	a, o, e로 시작하는 결합운모 알아보기	_____월 _____일
5일	5	중국어의 운모 2	i, u, ü로 시작하는 결합운모 알아보기	_____월 _____일
6일		복습하는 날		_____월 _____일
7일	6	중국어의 성조 변화 1	제3성의 성조 변화 알아보기 경성에 대해 알아보기	_____월 _____일
8일	7	중국어의 성조 변화 2	不의 성조 변화 알아보기 一의 성조 변화 알아보기	_____월 _____일
9일	8	중국어의 인사	만날 때와 헤어질 때 인사 표현 알아보기 감사와 사과 표현 알아보기	_____월 _____일
10일		복습하는 날		_____월 _____일
11일	9	我很好。 나는 잘 지내.	吗 의문문 형용사술어문	_____월 _____일
12일	10	你喝咖啡吗? 너 커피 마실래?	의문대사 什么 동사술어문	_____월 _____일
13일	11	我叫王兰。 나는 왕란이라고 해.	이름 묻고 답하기 是자문	_____월 _____일
14일	12	你有微信吗? 너 위챗 있니?	有자문 수량사 一下	_____월 _____일
15일		복습하는 날		_____월 _____일
16일	13	你去哪儿? 너 어디 가니?	의문대사 哪儿 在자문	_____월 _____일
17일	14	有我的快递吗? 제 택배 있나요?	구조조사 的 지시대사 这/那	_____월 _____일
18일	15	你喜欢吃麻辣烫吗? 너 마라탕 먹는 것 좋아해?	동사 喜欢 의문대사 怎么样	_____월 _____일
19일	16	你是不是独生女? 너는 외동딸이니, 아니니?	정반의문문 나이 묻는 표현	_____월 _____일
20일		복습하는 날		_____월 _____일
21일	17	你觉得怎么样? 네 생각은 어때?	조동사 想 동사 觉得	_____월 _____일

DAY	과	제목	주요 학습 내용	학습 날짜
22일	18	坐地铁还是坐公交车? 지하철 탈까, 아니면 버스 탈까?	요일 표현 선택의문문 还是	＿＿＿월 ＿＿＿일
23일	19	八月八号是小张的生日。 8월 8일은 샤오장의 생일이야.	날짜 표현 조동사 要	＿＿＿월 ＿＿＿일
24일	20	您要怎么洗? 어떻게 세탁하실 건가요?	의문대사 怎么 조동사 可以	＿＿＿월 ＿＿＿일
25일		복습하는 날		＿＿＿월 ＿＿＿일
26일	21	现在十二点。 지금은 12시야.	시간 표현 조동사 能	＿＿＿월 ＿＿＿일 ＿＿＿월 ＿＿＿일
27일	22	你会做瑜伽吗? 너 요가 할 줄 아니?	조동사 会 개사 在	＿＿＿월 ＿＿＿일 ＿＿＿월 ＿＿＿일
28일	23	我们什么时候去? 우리 언제 갈까?	1음절 동사 중첩 의문대사 什么时候	＿＿＿월 ＿＿＿일 ＿＿＿월 ＿＿＿일
29일	24	一斤苹果多少钱? 사과 한 근에 얼마예요?	중국의 화폐 단위 부사 有点儿	＿＿＿월 ＿＿＿일 ＿＿＿월 ＿＿＿일
30일		복습하는 날		＿＿＿월 ＿＿＿일
31일	25	我打算买一件新的大衣。 나는 새 코트를 한 벌 살 계획이야.	진행문 在 동사 打算	＿＿＿월 ＿＿＿일
32일	26	那我下周再来吧。 그럼 제가 다음 주에 다시 올게요.	부사 再 때를 나타내는 ……的时候	＿＿＿월 ＿＿＿일
33일	27	请问两位点什么菜? 실례지만, 두 분 어떤 음식을 주문하시 겠어요?	수량사 一点儿 부사 还	＿＿＿월 ＿＿＿일
34일	28	我今天早上吃了感冒药。 나 오늘 아침에 감기약 먹었어.	조동사 应该 동태조사 了	＿＿＿월 ＿＿＿일
35일		복습하는 날		＿＿＿월 ＿＿＿일
36일	29	你去过这家店吗? 너는 이 가게 가 본 적 있니?	동태조사 过 개사 离	＿＿＿월 ＿＿＿일
37일	30	我最近胖了。 나 요새 살쪘어.	어기조사 了 시작점을 나타내는 从……开始	＿＿＿월 ＿＿＿일
38일	31	我在电影院门口等着呢。 나는 영화관 입구에서 기다리고 있어.	동태조사 着 1음절 형용사 중첩	＿＿＿월 ＿＿＿일
39일	32	今天比昨天更冷。 오늘이 어제보다 더 추워.	부사 才 比 비교문	＿＿＿월 ＿＿＿일
40일		복습하는 날		＿＿＿월 ＿＿＿일

중국어란 무엇일까?

▶ 중국 인구의 94% 비중을 차지하고 있는 한족! 그들이 사용하는 언어를 '한어(汉语 Hànyǔ)'라고 하며, 그들이 사용하는 표준어를 '보통화(普通话 pǔtōnghuà)'라고 합니다.

중국은 한족과 55개의 소수 민족으로 구성된 다민족 국가이기 때문에 서로 무슨 말을 하는지 못 알아 듣는다고 합니다. 이에 중국에서는 '한족의 말', 즉 '한어'를 중국어의 표준어로 지정하였습니다.

한족   소수 민족

간화자(간체자)

▶ 중국에서는 복잡한 한자를 간단하게 만든 글자인 '간화자(간체자)'를 씁니다. 반면 우리나라나 홍콩, 타이완에서 쓰고 있는 한자는 '번체자'라고 합니다.

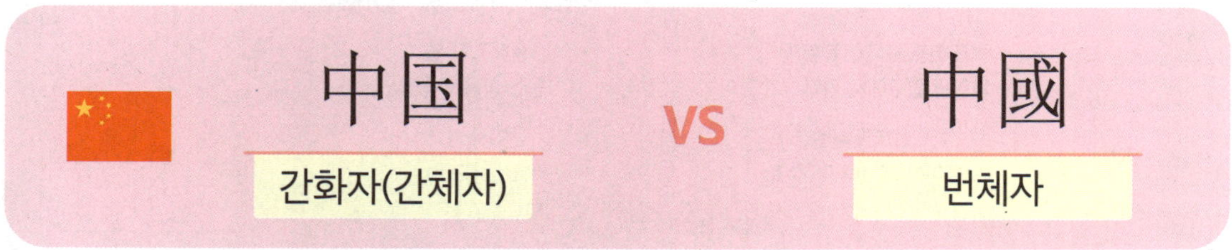

○ 한어병음

▶ 중국어를 처음 학습할 때 한자만 보고 발음하기 어렵기 때문에 로마자로 발음을 표기하는데, 이를 '한어병음(汉语拼音)'이라고 합니다. 한어병음은 '성모(声母)'와 '운모(韵母)', '성조(声调)'로 구성되어 있습니다.

성모	중국어 음절의 첫 부분에 오는 자음을 말합니다.
운모	중국어 음절에서 성모를 제외한 부분을 말합니다.
성조	중국어의 음절이 갖고 있는 소리의 높낮이를 말합니다.

Tip 같은 발음이어도 성조가 다르면 의미가 달라질 수 있으니 주의해야 합니다.

○ 성조

▶ 성조는 음의 높낮이를 말하며 기본적으로 네 개의 성조가 있습니다.

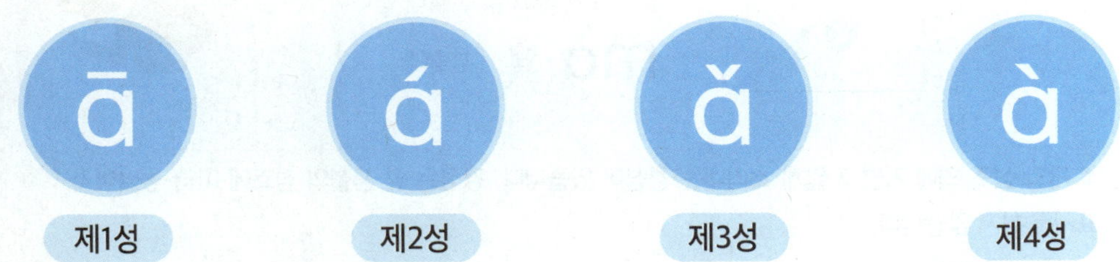

DAY 01 중국어의 발음

말하기 트레이닝 영상

오늘의 발음

◁» 01-1

· 중국어의 성조

▷ 성조는 음의 높낮이를 가리키는 말로 중국어에는 제1성, 제2성, 제3성, 제4성 네 개의 성조가 있습니다. 같은 발음 이라도 성조가 다르면 의미가 달라집니다.

제1성

가장 높게 '솔' 톤으로 시작하여 같은 음으로 끝까지 유지합니다.

mā 妈 엄마, 어머니

제2성

누군가에게 '왜?'라고 질문하듯이 끝을 쭉 끌어 올려 줍니다.

má 麻 저리다

제3성

'네~에'하고 대답하듯이 아래로 내려 갔다가 다시 살짝 위로 올려 줍니다.

mǎ 马 말

제4성

번지 점프를 하듯이 높은 음에서 낮은 음으로 강하고 짧게 내려 줍니다.

mà 骂 꾸짖다

Tip 중국어에는 네 개의 성조 외에 가볍고 짧게 소리내는 경성이 있습니다. 경성은 앞 음절의 성조에 따라 높낮이가 변하며 성조 표시를 하지 않습니다.

예 吗 ma ~이니?, ~입니까?

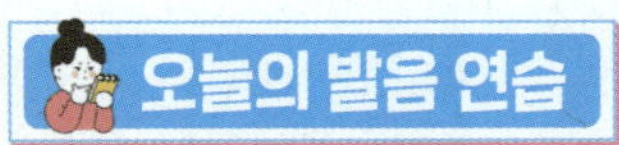 오늘의 발음 연습

 큰 소리로 읽으며 따라 써 보세요.

 ā

ā
____

ā
____

 á

á
____

á
____

 ǎ

ǎ
____

ǎ
____

à

à
____

à
____

 01-2

· 중국어의 단운모

▷ 단운모는 우리말의 모음에 해당하는 부분으로 총 6개의 기본 운모로 이루어져 있습니다.

a 아
입을 크게 벌리고 우리말의 '아'의 느낌으로 발음합니다.
우리말의 '아' 보다 크게 발음하는 것이 좋습니다.

o 오~어
입을 동그랗게 모아서 '오'로 시작하여 '어'로 끝나는 느낌으로 발음합니다.

e 으~어
입을 반쯤 벌리고 '으'로 발음하다가 부드럽게 '어'로 끝나는 느낌으로 발음합니다.

i 이
입을 옆으로 길게 벌리고 '이'의 느낌으로 발음합니다.

u 우
입을 동그랗게 모아 앞으로 살짝 내밀면서 '우'의 느낌으로 발음합니다.

ü 위
입술을 둥글게 모아 '위'의 느낌으로 발음하되, 입 모양을 끝까지 움직이지 않고 발음합니다.

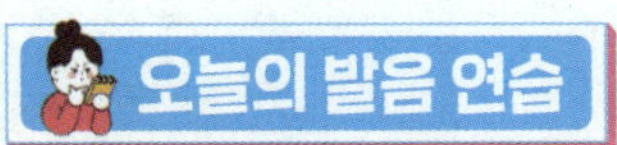 **오늘의 발음 연습**

✔ 큰 소리로 읽으며 따라 써 보세요.

a
ā á ǎ à

o
ō ó ǒ ò

e
ē é ě è

i
ī í ǐ ì

u
ū ú ǔ ù

ü
ǖ ǘ ǚ ǜ

🔊 01-3

✅ 음원을 들으며 큰 소리로 따라 읽으세요.

i

tī	pí	bǐ	qì
踢 차다	皮 피부	笔 펜	气 화내다

u

kū	wú	gǔ	lù
哭 울다	无 없다	鼓 북	路 길

ü

nǚ	lǜ
女 여자	绿 푸르다

중국어의 성모 1

✿ 11개의 성모를 익힐 수 있습니다.

◀)) 02-1

· 중국어의 성모 1

▷ 성모는 음절의 첫 머리에 오는 자음으로 총 21개가 있습니다. 성모는 단독으로 소리를 낼 수 없으며 항상 운모와 결합하여 사용됩니다. 이 중 b, p, m, f는 o(오어)와 결합하여 발음하고, d, t, n, l, g, k, h는 e(으어)와 결합하여 발음합니다.

❶ 윗입술과 아랫입술을 붙였다 떼면서 발음합니다.

| b | p | m | + | o |

❷ 윗니를 아랫입술에 살짝 대었다 떼면서 발음합니다.

| f | + | o |

❸ 혀끝을 윗니 안쪽의 잇몸에 붙였다 떼면서 발음합니다.

| d | t | n | l | + | e |

❹ 혀뿌리를 입천장 뒤쪽에 가까이 대고 발음합니다.

| g | k | h | + | e |

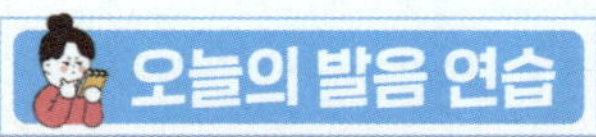 오늘의 발음 연습

🔊 02-2

✅ 음원을 들으며 큰 소리로 따라 읽으세요.

b

bō	bá	bǔ	bì
播 전파하다	拔 뽑다	补 보수하다	毕 마치다

p

pā	pópo	pǐ	pù
趴 엎드리다	婆婆 시어머니	匹 마리	铺 가게

m

māma	mótè	mǐ	mù
妈妈 엄마	模特 모델	米 쌀	木 나무

f

fā	fú	fǎ	fùmǔ
发 보내다	服 의복	法 법	父母 부모

🔊 02-3

✓ 음원을 들으며 큰 소리로 따라 읽으세요.

d

dī	dé	dǐ	dùzi
滴 물방울	得 얻다	底 밑	肚子 배

t

tā	tú	tǐlì	tè
她 그녀	图 그림	体力 체력	特 특별하다

n

nī	ná	nǎ	nù
妮 여자아이	拿 (손으로) 잡다	哪 어느	怒 분노

l

lā	lú	lǚ	lì
拉 끌다	炉 화로	铝 알루미늄	力 힘

      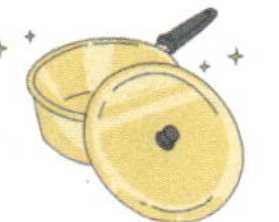

g

gūgu

姑姑 고모

gébì

隔壁 이웃

gǔ

骨 뼈

gèzi

个子 키

k

kū

枯 시들다

ké

壳 껍데기

kělè

可乐 콜라

kùzi

裤子 바지

h

hā

哈 하하

húli

狐狸 여우

hǔ

虎 호랑이

hèkǎ

贺卡 축하 카드

✔ 다음 제시된 한어병음을 큰 소리로 읽으며 따라 써 보세요.

bá bá

pā pā

mótè mótè

fǎ fǎ

dī dī

tú tú

tǐlì tǐlì

nù nù

lì lì

gǔ gǔ

ké ké

hǔ hǔ

hèkǎ hèkǎ

중국어의 성모 2

✶ 10개의 성모를 익힐 수 있습니다.

🔊 03-1

· **중국어의 성모 2**

▷ j, q, x는 i(이)와 결합하여 발음하고, zh, ch, sh, r, z, c, s는 i와 결합하나 '이'가 아닌 '으'로 발음합니다.

❶ 혓바닥 부분을 평평하게 하면서 입천장 앞쪽에 붙였다 떼거나 가까이 대고 발음합니다.

| j | q | x | ➕ | i |

❷ 혀끝을 위쪽으로 오므리며 입천장에 붙였다 떼거나 가까이 대고 발음합니다.

| zh | ch | sh | r | ➕ | i |

❸ 혀를 윗니 뒤쪽에 붙였다 떼거나 가까이 대고 발음합니다.

| z | c | s | ➕ | i |

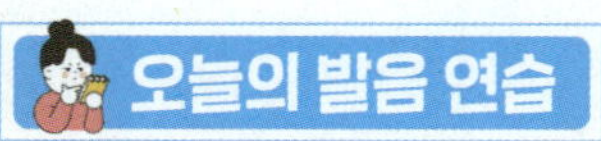

오늘의 발음 연습

🔊 03-2

☑ 음원을 들으며 큰 소리로 따라 읽으세요.

j

jī 鸡 닭

júzi 桔子 귤

jǔ 举 들어 올리다

jìde 记得 기억하다

q

qū 曲 (길이) 굽다

qí 骑 타다

qǐzi 起子 병따개

qù 去 가다

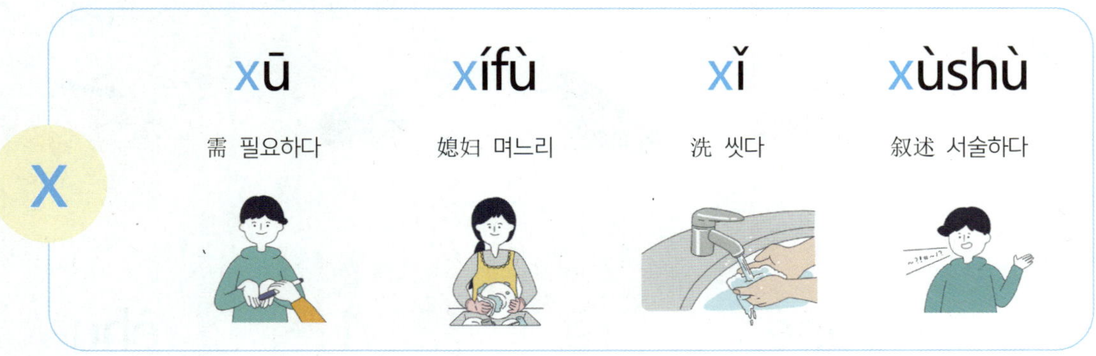

x

xū 需 필요하다

xífù 媳妇 며느리

xǐ 洗 씻다

xùshù 叙述 서술하다

Tip 성모 j, q, x 뒤에 ü가 있으면 위의 두 점은 생략합니다.

예 j, q, x + ü ➡ ju, qu, xu

03-3

음원을 들으며 큰 소리로 따라 읽으세요.

zh

zhū	zhá	zhǐ	zhè
猪 돼지	炸 튀기다	纸 종이	这 이것

ch

chē	chá	chǔxù	chì
车 자동차	茶 차	储蓄 저축하다	翅 날개

sh

shā	shé	shǔ	shì
沙 모래	蛇 뱀	鼠 쥐	试 시험하다

r

rúhé	rě	rì	rèhu
如何 어떻게	惹 건드리다	日 해	热乎 따끈하다

Z

zā
扎 묶다

zémà
责骂 꾸짖다

zǔ
组 조, 팀

zìjǐ
自己 자기, 자신

C

cā
擦 닦다

cíqì
瓷器 도자기
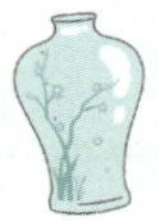

cǐ
此 이, 이것

cù
醋 식초

S

sījī
司机 기사

súyǔ
俗语 속담

sǎ
洒 엎지르다

sè
色 색

✔ 다음 제시된 한어병음을 큰 소리로 읽으며 따라 써 보세요.

jī   jī

júzi   júzi

qí   qí

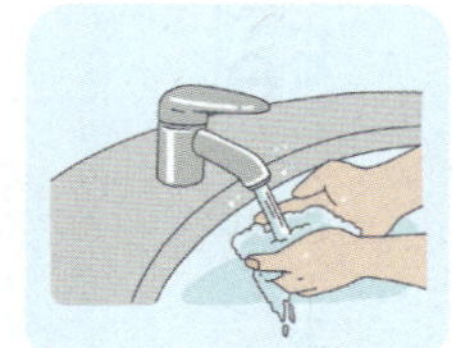

xǐ   xǐ

zhá   zhá

chē   chē

shé shé

rèhu rèhu

zā zā

zémà zémà

cíqì cíqì

cù cù

sǎ sǎ

중국어의 운모 1

☀ a, o, e로 시작하는 결합운모를 익힐 수 있습니다.

오늘의 발음

◁)) 04-1

· **중국어의 운모 1**

▷ 중국어에서는 둘 이상의 운모가 결합하여 새로운 운모를 만들 수 있는데, 이를 결합운모라고 합니다. 이때 a, o, e로 시작하는 운모는 맨 처음 소리를 강하게 발음하고 뒤에 소리는 약하게 발음하여 하나의 음으로 들리게 소리냅니다.

· a로 시작하는 운모

| a | ai | ao | an | ang |

· o로 시작하는 운모

| o | ou | ong |

· e로 시작하는 운모

| e | ei | en | eng | er |

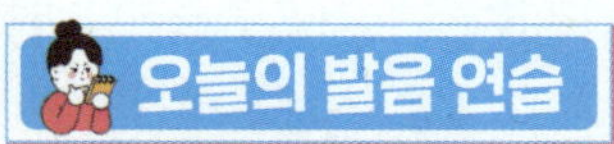
오늘의 발음 연습

🔊 04-2

✅ 음원을 들으며 큰 소리로 따라 읽으세요.

ai

kāi	páizi	bǎi	mài
开 열다	牌子 상표, 브랜드	百 100, 백	卖 팔다

ao

bāo	máo	dǎo	pào
包 가방	毛 털	岛 섬	泡 거품

an

bān	pánzi	sǎn	hàn
搬 이사하다	盘子 쟁반	伞 우산	汗 땀

🔊 04-3

✅ 음원을 들으며 큰 소리로 따라 읽으세요.

 **ang**

 **zāng**
脏 더럽다

máng
忙 바쁘다

tǎng
躺 눕다

shàng
上 위
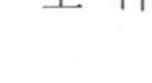

 **ou**

dōu
都 모두, 다

hóuzi
猴子 원숭이

kǒu
口 입
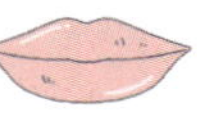

gòu
够 충분하다

ong

cōng
葱 파

hóngsè
红色 빨간색

kǒng
孔 구멍

zhòng
重 무겁다

ei

fēijī

飞机 비행기

péi

陪 함께하다

gěi

给 주다

mèimei

妹妹 여동생

en

zhēn

针 바늘

pénzi

盆子 대야

hěn

很 매우, 아주

bèn

笨 멍청하다

eng

rēng

扔 버리다

téng

疼 아프다

děng

等 기다리다

mèng

梦 꿈

er

értóng

儿童 어린이

ěrjī

耳机 이어폰

èrbǎi

二百 200, 이백

오늘의 발음 연습

다음 제시된 한어병음을 큰 소리로 읽으며 따라 써 보세요.

kāi   kāi ______________________________

____

máo   máo ______________________________

____

pào   pào ______________________________

____

sǎn   sǎn ______________________________

____

hàn   hàn ______________________________

____

tǎng   tǎng ______________________________

____

hóuzi　hóuzi

kǒng　kǒng

fēijī　fēijī

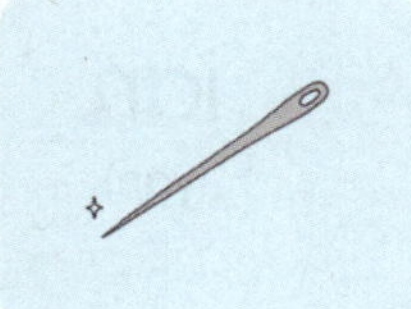

zhēn　zhēn

téng　téng

mèng　mèng

ěrjī　ěrjī

DAY 05 중국어의 운모 2

✻ i, u, ü로 시작하는 결합운모를 익힐 수 있습니다.

말하기 트레이닝 영상

오늘의 발음

05-1

· **중국어의 운모 2**

▷ i, u, ü로 시작하는 운모는 맨 처음 소리를 약하게 발음하고 뒤에 소리는 강하게 발음하여 하나의 음으로 들리게 소리냅니다.

· i로 시작하는 운모

i (yi)	ia (ya)	ie (ye)	iao (yao)	iou (you)	ian (yan)
	in (yin)	iang (yang)	ing (ying)	iong (yong)	

Tip 성모 없이 단독으로 쓰일 때는 i ➡ yi로 표기합니다.

· u로 시작하는 운모

u (wu)	ua (wa)	uo (wo)	uai (wai)	uei (wei)
	uan (wan)	uen (wen)	uang (wang)	ueng (weng)

Tip 성모 없이 단독으로 쓰일 때는 u ➡ wu로 표기합니다.

· ü로 시작하는 운모

ü (yu)	üe (yue)	üan (yuan)	ün (yun)

Tip 성모 없이 단독으로 쓰일 때는 ü ➡ yu로 표기합니다.

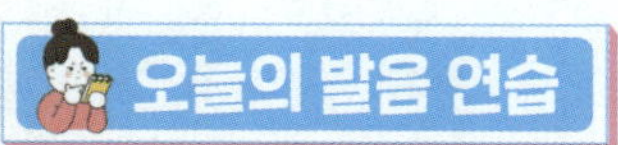

오늘의 발음 연습

🔊 05-2

✓ 음원을 들으며 큰 소리로 따라 읽으세요.

ia (ya)

qiā — 掐 꼬집다

xiágǔ — 峡谷 협곡

liǎ — 俩 두 사람

jiàrì — 假日 휴일

ie (ye)

diē — 爹 아버지

qiézi — 茄子 가지

jiějie — 姐姐 누나, 언니

liè — 猎 사냥하다

iao (yao)

jiāo — 教 가르치다

qiáo — 桥 다리

niǎo — 鸟 새

piào — 票 표

iou (you)

qiū — 秋 가을

niúnǎi — 牛奶 우유

jiǔ — 九 9, 아홉

liù — 六 6, 여섯

> **Tip** iou 앞에 성모가 있을 때는 가운데 운모 'o'를 생략합니다.

ian (yan)

tiān — 天 하늘

qián — 钱 돈

diǎn — 点 주문하다

miànbāo — 面包 빵

🔊 05-3

☑️ 음원을 들으며 큰 소리로 따라 읽으세요.

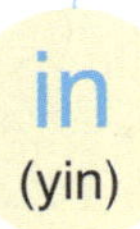
in
(yin)

jīn
金 금

mínzú
民族 민족

pǐnzhì
品质 품질

xìn
信 편지

iang
(yang)

jiāng
江 강

qiáng
墙 담, 벽

liǎng
两 2, 둘

xiàng
像 닮다

ing
(ying)

tīng
听 듣다

píng
瓶 병

bǐnggān
饼干 비스킷
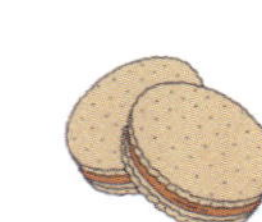

jìngzi
镜子 거울

iong
(yong)

xiōngdì
兄弟 형제

qióng
穷 가난하다

jiǒng
囧 난감하다

<table>
<tr><td rowspan="2">ua
(wa)</td><td>kuā
夸 칭찬하다
</td><td>huálì
华丽 화려하다
</td><td>zhuǎ
爪 (짐승의) 발
</td><td>guà
挂 걸다
</td></tr>
</table>

<table>
<tr><td rowspan="2">uo
(wo)</td><td>duō
多 많다
</td><td>guójiā
国家 국가, 나라
</td><td>zuǒ
左 왼쪽
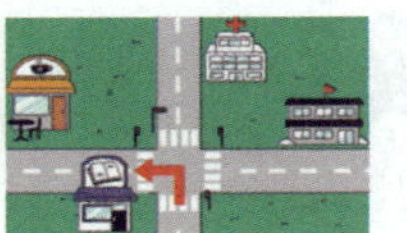</td><td>ruò
弱 약하다
</td></tr>
</table>

<table>
<tr><td rowspan="2">uai
(wai)</td><td>guāi
乖 얌전하다
</td><td>huáiyí
怀疑 의심하다
</td><td>shuǎi
甩 뿌리치다
</td><td>kuài
快 빠르다
</td></tr>
</table>

<table>
<tr><td rowspan="2">uei
(wei)</td><td>tuī
推 밀다
</td><td>huí
回 돌아가다
</td><td>zuǐ
嘴 입
</td><td>shuì
睡 자다
</td></tr>
</table>

uei 앞에 성모가 있을 때는 가운데 운모 'e'를 생략합니다.

◁)) 05-4

✓ 음원을 들으며 큰 소리로 따라 읽으세요.

uan
(wan)

suān

酸 시다

huán

环 고리

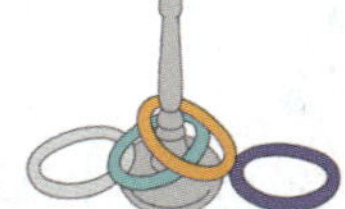

duǎn

短 짧다

zhuàn

赚 (돈을) 벌다

uen
(wen)

hūnyīn

婚姻 혼인, 결혼

lún

轮 바퀴

gǔn

滚 구르다

kùn

困 졸리다

 **TIP** uen 앞에 성모가 있을 때는 가운데 운모 'e'를 생략합니다.

uang
(wang)

chuāng

窗 창문

huángsè

黄色 노란색

guǎng

广 넓다

zhuàng

撞 부딪치다

ueng
(weng)

wēng

翁 노인

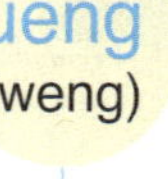

wèng

瓮 항아리

üe
(yue)

que **ü**ē

缺 부족하다

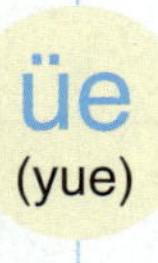

jué**de**

觉得 생각하다

xuě

雪 눈

lüè

略 약간

üan
(yuan)

juān

捐 기부하다

yuán

圆 둥글다

xuǎn

选 선택하다

quàn

劝 권고하다

ün
(yun)

jūn**rén**

军人 군인

qún**zi**

裙子 치마

yǔn**xǔ**

允许 허락하다

xùn**sù**

迅速 신속하다

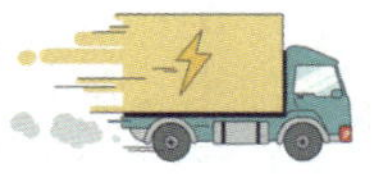

✓ 다음 제시된 병음을 따라 쓰세요.

liá   liá

diē   diē

qiáo   qiáo

jiǔ   jiǔ

qián   qián

xìn   xìn

mínzú　mínzú

qiáng　qiáng

tīng　tīng

bǐnggān　bǐnggān

xiōngdì　xiōngdì

jiǒng　jiǒng

huálì　huálì

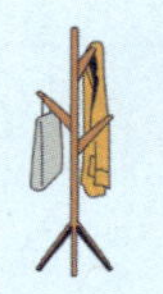

guà　guà

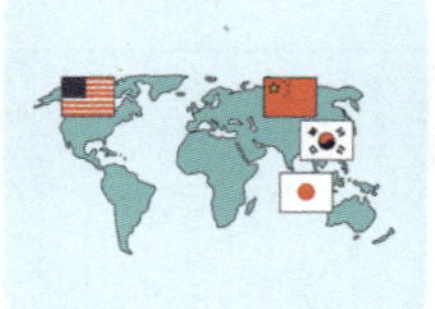

guójiā　guójiā

shuǎi　shuǎi

shuì　shuì

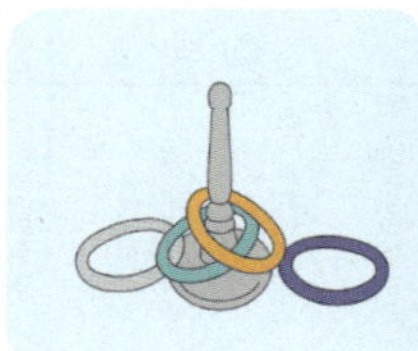

huán　huán

hūnyīn hūnyīn

huángsè huángsè

wēng wēng

juéde juéde

yuán yuán

yǔnxǔ yǔnxǔ

중국어의 성조 변화 1

✘ 제3성의 성조 변화에 대해 학습합니다.
✘ 경성에 대해 학습합니다.

◁)) 06-1

· 제3성의 성조 변화

❶ 제3성 + 제3성

▷ 제3성의 성조가 연속으로 나올 경우 앞의 제3성은 제2성으로 읽습니다. 단, 성조 표기는 그대로 제3성으로 합니다.

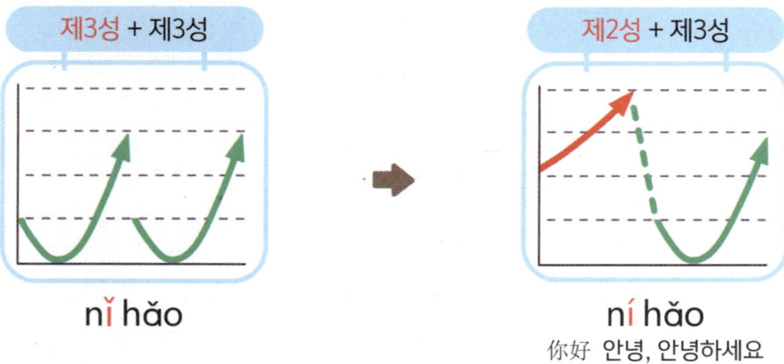

❷ 제3성 + 제1성, 제2성, 제4성, 경성

▷ 제3성 뒤에 제1성, 제2성, 제4성, 경성이 오면 앞의 제3성은 발음하기 쉽도록 반3성으로 읽습니다. 단, 성조 표기는 그대로 제3성으로 합니다.

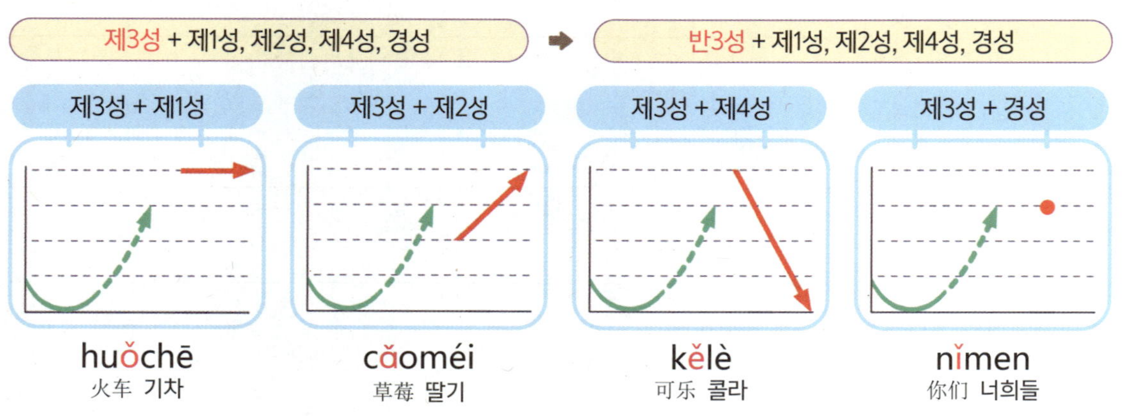

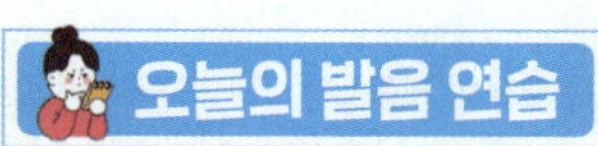
오늘의 발음 연습

🔊 06-2

☑️ 음원을 들으며 큰 소리로 따라 읽으세요.

· 제3성 + 제3성 ➡ 제2성 + 제3성

hěn hǎo 
很好 (매우) 좋다

shuǐguǒ 
水果 과일

yǔfǎ 
语法 어법

· 제3성 + 제1성 ➡ 반3성 + 제1성

lǎoshī 
老师 선생님

hǎochī 
好吃 맛있다

xǔduō 
许多 매우 많다

· 제3성 + 제2성 ➡ 반3성 + 제2성

jiǎnféi 
减肥 다이어트하다

lǚxíng 
旅行 여행하다

yǔyán 

语言 언어

· 제3성 + 제4성 ➡ 반3성 + 제4성

kě'ài 
可爱 귀엽다

hǎokàn 
好看 보기 좋다

yǎnjìng 
眼镜 안경

· 제3성 + 경성 ➡ 반3성 + 경성

jiǎozi 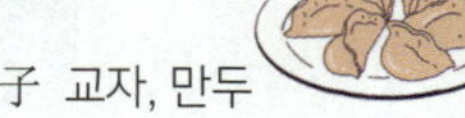
饺子 교자, 만두

yǐzi 
椅子 의자

běnzi 
本子 공책

오늘의 발음

시원펜으로 오늘의 발음을 듣고 연습해 보세요.

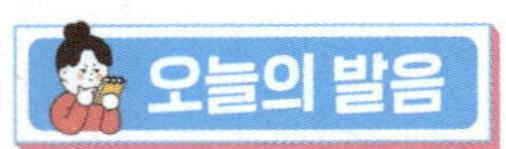

06-3

· 경성

▷ 일부 음절에서 본래의 성조 대신 짧고 가볍게 발음하는 경우가 있는데, 이를 경성이라고 합니다. 경성은 성조 표기를 하지 않으며, 경성의 높낮이는 앞 성조의 영향을 받습니다.

제1성+경성

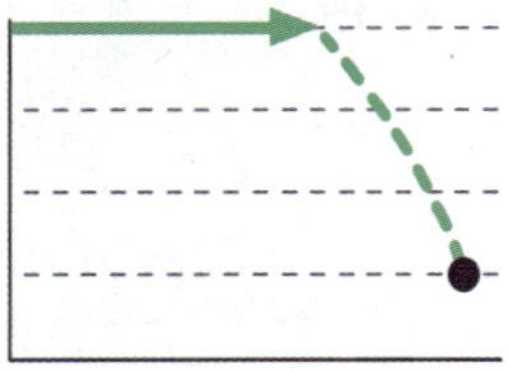

māma 妈妈 엄마, 어머니

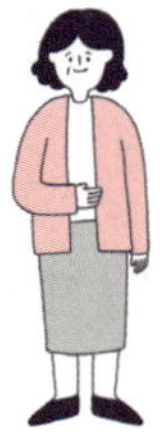

제2성+경성

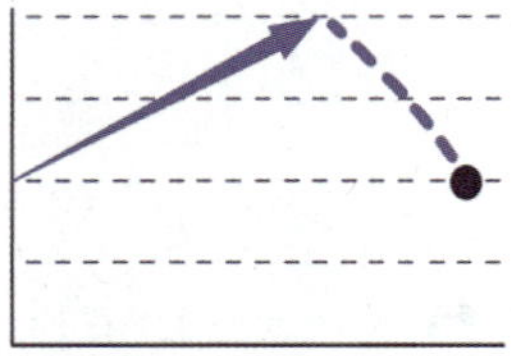

yéye 爷爷 할아버지

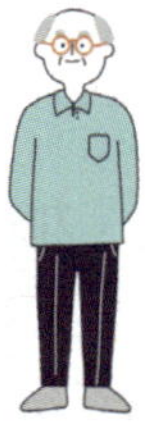

제3성+경성

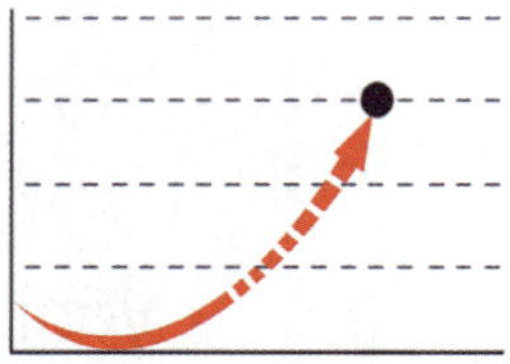

nǎinai 奶奶 할머니

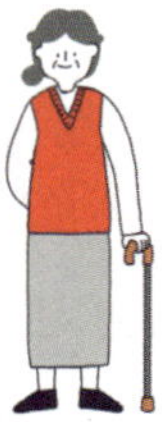

제4성+경성

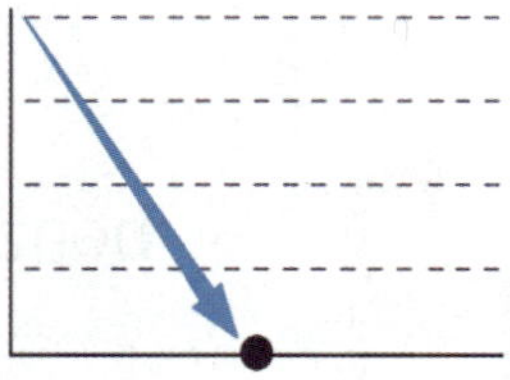

bàba 爸爸 아빠, 아버지

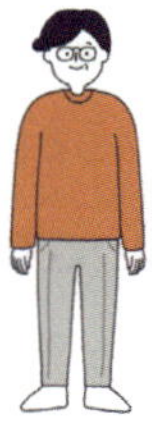

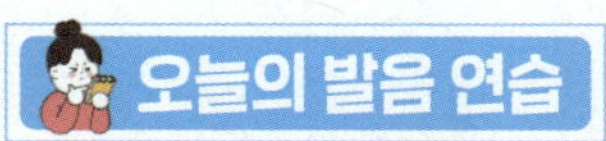

오늘의 발음 연습

◀)) 06-4

✓ 음원을 들으며 큰 소리로 따라 읽으세요.

yéye
爷爷 할아버지

nǎinai
奶奶 할머니

bàba
爸爸 아빠, 아버지

māma
妈妈 엄마, 어머니

gēge
哥哥 형, 오빠

jiějie
姐姐 누나, 언니

wǒ
我 나

dìdi
弟弟 남동생

mèimei
妹妹 여동생

☑ 다음 제시된 한어병음을 큰 소리로 읽으며 따라 써 보세요.

shuǐguǒ　shuǐguǒ

hǎochī　hǎochī

lǚxíng　lǚxíng

kě'ài　kě'ài

yǎnjìng　yǎnjìng

jiǎozi　jiǎozi

yéye yéye

nǎinai nǎinai

bàba bàba

māma māma

gēge gēge

jiějie jiějie

mèimei mèimei

중국어의 성조 변화 2

✿ 不의 성조 변화에 대해 학습합니다.
✿ 一의 성조 변화에 대해 학습합니다.

◁》 07-1

· 不의 성조 변화

❶ bù(不) + 제1성, 제2성, 제3성

▷ 'bù(不)' 뒤에 제1성, 제2성, 제3성이 오면 본래의 성조인 제4성으로 발음합니다.

| bù + 제1성 | bù hē 不喝 마시지 않는다 |

| bù + 제2성 | bù lái 不来 오지 않는다 |

| bù + 제3성 | bù mǎi 不买 사지 않는다 |

❷ bù(不) + 제4성

▷ 'bù(不)'는 본래 제4성이지만, 뒤에 제4성이 오면 제2성으로 발음하며, 한어병음도 바뀐 발음으로 표기합니다.

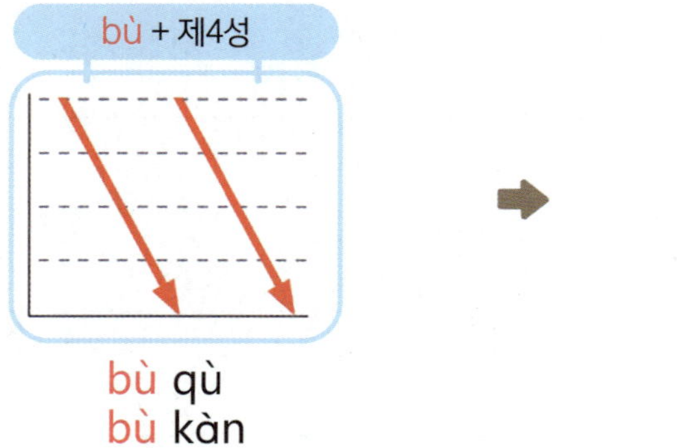

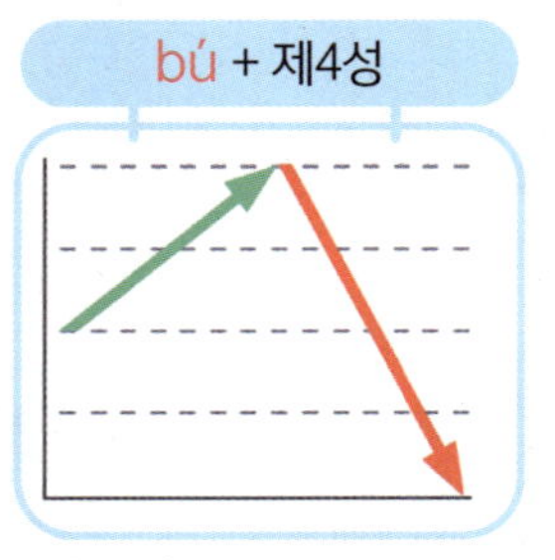

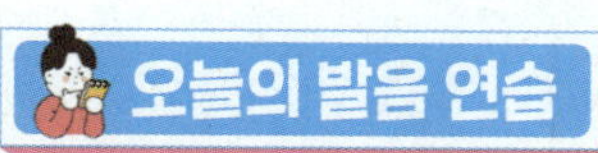
오늘의 발음 연습

🔊 07-2

✅ 음원을 들으며 큰 소리로 따라 읽으세요.

· bù + 제1성 ➡ bù + 제1성

bù kū 	**bù duō** 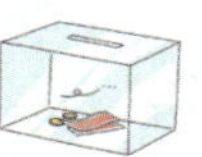	**bù tīng** 
不哭 울지 않다	不多 많지 않다	不听 듣지 않다

· bù + 제2성 ➡ bù + 제2성

bù xué 	**bù máng** 	**bù tián** 
不学 공부하지 않다	不忙 바쁘지 않다	不甜 달지 않다

· bù + 제3성 ➡ bù + 제3성

bù hǎo 	**bù xǐ** 	**bù lěng** 
不好 좋지 않다	不洗 씻지 않다	不冷 춥지 않다

· bù + 제4성 ➡ bú + 제4성

bú là 	**bú màn** 	**búcuò** 
不辣 맵지 않다	不慢 느리지 않다	不错 좋다, 괜찮다

· 一의 성조 변화

❶ yī(一) + 제1성, 제2성, 제3성

▷ 'yī(一)'는 본래 제1성이지만, 뒤에 제1성, 제2성, 제3성이 오면 제4성으로 발음하며, 한어병음도 바뀐 발음으로 표기합니다.

| yī + 제1성 | ➡ | yì + 제1성 |

yībān → yìbān 一般 일반적이다

| yī + 제2성 | ➡ | yì + 제2성 |

yīzhí → yìzhí 一直 줄곧

| yī + 제3성 | ➡ | yì + 제3성 |

yī duǒ → yì duǒ 一朵 한 송이

❷ yī(一) + 제4성, 경성

▷ 'yī(一)'는 본래 제1성이지만, 뒤에 제4성, 경성이 오면 제2성으로 발음하며, 한어병음도 바뀐 발음으로 표기합니다.

| yī + 제4성 | ➡ | yí + 제4성 |

yīdìng → yídìng 一定 반드시

| yī + 경성 | ➡ | yí + 경성 |

yī ge → yí ge 一个 한 개

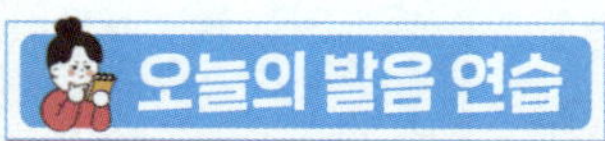 **오늘의 발음 연습**

🔊 07-4

☑️ 음원을 들으며 큰 소리로 따라 읽으세요.

· yī + 제1성 ➡ yì + 제1성

yì tiān 
一天 하루

yì zhāng 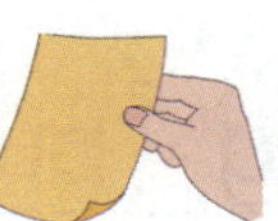
一张 한 장

yì bēi 
一杯 한 잔

· yī + 제2성 ➡ yì + 제2성

yì píng
一瓶 한 병

yì tái 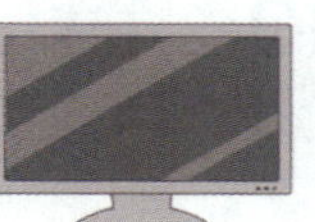
一台 한 대

yì qún 
一群 한 무리

· yī + 제2성 ➡ yì + 제3성

yì běn 
一本 한 권

yì wǎn 
一碗 한 그릇

yìqǐ 
一起 함께

· yī + 제4성 ➡ yí + 제4성

yí jiàn 
一件 한 벌

yí kuài 
一块 한 조각

yíyàng 
一样 같다

· yī + 경성 ➡ yí + 경성

yí ge 
一个 한 개

✔ 다음 제시된 한어병음을 큰 소리로 읽으며 따라 써 보세요.

bù tīng　bù tīng

bù xué　bù xué

bù hǎo　bù hǎo

bù xǐ　bù xǐ

bú là　bú là

búcuò　búcuò

yì bēi　yì bēi

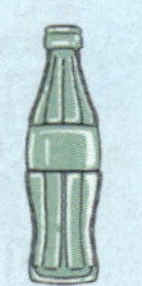

yì píng　yì píng

yì běn　yì běn

yì wǎn　yì wǎn

yí kuài　yí kuài

yíyàng　yíyàng

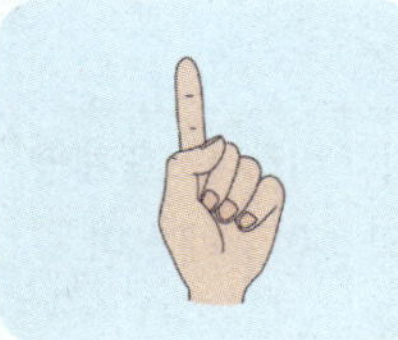

yí ge　yí ge

DAY 08 중국어의 인사

✱ 만날 때와 헤어질 때 인사 표현을 말할 수 있습니다.
✱ 감사와 사과 표현을 말할 수 있습니다.

 오늘의 발음

🔊 08-1

· 만날 때 하는 인사

Nǐ hǎo!
你好!
안녕!

Nǐmen hǎo!
你们好!
얘들아, 안녕!

· 헤어질 때 하는 인사

Báibái!
拜拜!
바이바이!(잘 가!)

Míngtiān jiàn!
明天见!
내일 봐!

 **TIP**

'Nǐ hǎo!(你好!)'는 처음 대면하거나 평소 알던 사람을 만났을 때, 'Nín hǎo!(您好!)'는 웃어른이나 비즈니스 관계인 사람을 만났을 때 주로 쓰는 표현입니다. 'Báibái!(拜拜!)'는 관계가 비교적 가깝거나 또래 친구과 헤어질 때 쓰며, 'Zàijiàn!(再见!)'은 가장 기본적인 인사 표현에 해당합니다.

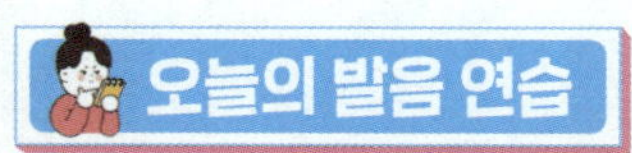 **오늘의 발음 연습**

✓ 다음 제시된 한어병음을 큰 소리로 읽으며 따라 써 보세요.

Nǐ hǎo!
안녕!

Nǐ hǎo!　Nǐ hǎo!

Nǐmen hǎo!
얘들아, 안녕!

Nǐmen hǎo!　Nǐmen hǎo!

Báibái!
바이바이!(잘 가!)

Báibái!　Báibái!

Míngtiān jiàn!
내일 봐!

Míngtiān jiàn!　Míngtiān jiàn!

 08-2

· 감사할 때 하는 표현 1

 **Xièxie!**
谢谢！

고마워!(감사합니다!)

 **Bú kèqi!**
不客气！

천만에!(천만에요!)

· 감사할 때 하는 표현 2

 **Xiè le!**
谢了！

고마워!

 **Xiǎoyìsi!**
小意思！

별것 아니야!

 'Xièxie!(谢谢!)'는 가장 기본적인 감사 표현으로 대상에 따라 '고마워!, 감사합니다!'라고 해석할 수 있습니다.
'Xiè le!(谢了!)'는 'Xièxie!'보다 가벼운 표현으로 비교적 가까운 관계에 쓰입니다.

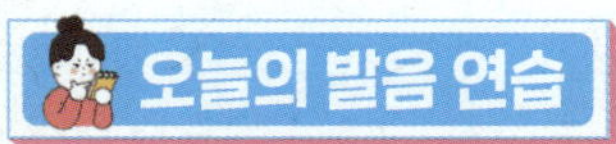

✓ 다음 제시된 한어병음을 큰 소리로 읽으며 따라 써 보세요.

Xièxie!
고마워!(감사합니다!)

Xièxie!　Xièxie!

Bú kèqi!
천만에!(천만에요!)

Bú kèqi!　Bú kèqi!

Xiè le!
고마워!

Xiè le!　Xiè le!

Xiǎoyìsi!
별것 아니야!

Xiǎoyìsi!　Xiǎoyìsi!

 08-3

· 사과할 때 하는 표현 1

 **Duìbuqǐ!**
对不起!

죄송합니다!

 **Méi guānxi!**
没关系!

괜찮습니다!

· 사과할 때 하는 표현 2

 **Bù hǎoyìsi!**
不好意思!

미안해!

 **Méi shìr!**
没事儿!

괜찮아!

 TIP
'Duìbuqǐ!(对不起!)'는 정식으로 사과할 때 쓰는 표현으로 회화에서는 'Bù hǎoyìsi!(不好意思!)'를 더 많이 사용합니다.

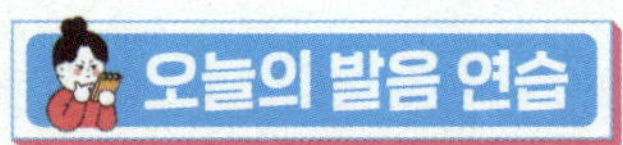 **오늘의 발음 연습**

✓ 다음 제시된 한어병음을 큰 소리로 읽으며 따라 써 보세요.

Duìbuqǐ!
죄송합니다!

Duìbuqǐ!　Duìbuqǐ!

Méi guānxi!
괜찮습니다!

Méi guānxi!　Méi guānxi!

Bù hǎoyìsi!
미안해!

Bù hǎoyìsi!　Bù hǎoyìsi!

Méi shìr!
괜찮아!

Méi shìr!　Méi shìr!

DAY 09

我很好。
Wǒ hěn hǎo.
나는 잘 지내.

학습 목표

✿ 안부를 묻고 답할 수 있습니다.
✿ 의문문 吗와 형용사술어문을 학습합니다.

오늘의 단어

제시된 단어를 여러 번 따라 읽으며 자신의 것으로 만들어 보세요.　　🔊 09-1

嗨 hāi 감탄 어이	**好久** hǎojiǔ 형 오랫동안
不见 bújiàn 동 만나지 않다	**你** nǐ 대 너, 당신
最近 zuìjìn 명 요즘, 최근	**好** hǎo 형 좋다
吗 ma 조 ~이니?, ~입니까?	**我** wǒ 대 나
很 hěn 부 매우	

👤 오늘의 단어 확인

1 빈칸에 알맞은 한자, 한어병음, 뜻을 써 보세요.

단어	한어병음	뜻
好久	hǎojiǔ	①
②	bújiàn	동 만나지 않다
你	③	대 너, 당신
最近	zuìjìn	④
⑤	hǎo	형 좋다
⑥	ma	조 ~이니?, ~입니까?

2 우리말에 해당하는 한자를 써 보세요.

① 어이

② 오랫동안

③ 너, 당신

④ 요즘, 최근

⑤ 나

⑥ 매우

오늘의 회화를 학습합니다.　　　　　　　　　　　　　　　　　　◀)) 09-2

嗨，杨伟，好久不见！
Hāi, Yáng Wěi, hǎojiǔ bújiàn!
안녕, 양웨이. 오랜만이야!

김미나

好久不见！
Hǎojiǔ bújiàn!
오랜만이야!

양웨이

你最近好吗？
Nǐ zuìjìn hǎo ma?
너 요즘 잘 지내니?

김미나

我很好。
Wǒ hěn hǎo.
나는 잘 지내.

양웨이

Tip

'好久不见'은 '오랜 기간'을 뜻하는 '好久'와 '만나지 않다'를 뜻하는 '不见'이 함께 쓰여 '오랫동안 만나지 못했다', 즉 '오랜만이야'라는 뜻을 나타냅니다.

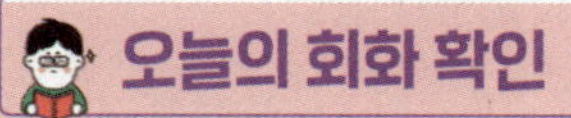 **오늘의 회화 확인**

1 녹음을 잘 듣고 그림과 일치하면 O, 일치하지 않으면 X표 하세요. ◀)) 09-3

① 

② 

2 앞에 제시된 회화문을 읽고 문장의 옳고 그름을 판단하세요.

① 他们好久不见。  

② 金美娜最近很好。 O　X

* 他们 tāmen 때 그들

3 우리말을 보고 빈칸을 채운 뒤 완성된 문장을 읽어 보세요.

① 嗨，杨伟，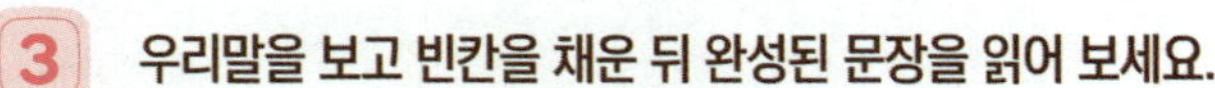！

안녕, 양웨이. 오랜만이야!

② 你　　　　　　　　　好吗？

너 요즘 잘 지내니?

1 의문문 吗 

你最近好吗?
Nǐ zuìjìn hǎo ma?
너 요즘 잘 지내니?

'吗'는 '~이니?, ~입니까?'라는 뜻으로 문장 끝에 놓여 의문을 나타냅니다.

你累吗?　　　　　너 피곤하니?
Nǐ lèi ma?

* 累 lèi ⑲ 피곤하다

他帅吗?　　　　　그는 잘생겼니?
Tā shuài ma?

* 他 tā ⑭ 그 | 帅 shuài 혱 잘생기다

2 형용사술어문 

我很好。
Wǒ hěn hǎo.
나는 잘 지내.

형용사술어문은 형용사가 술어로 쓰인 문장으로 '사람이나 사물이 어떠하다'라고 묘사할 때 씁니다. 보통 습관적으로 형용사 앞에 '매우'라는 뜻을 나타내는 '很'을 쓰는데. 이는 습관적으로 사용하는 것이므로 해석하지 않아도 됩니다.

天气很好。　　　　날씨 좋다.
Tiānqì hěn hǎo.

* 天气 tiānqì ⑲ 날씨

她很可爱。　　　　그녀는 귀여워.
Tā hěn kě'ài.

* 她 tā ⑭ 그녀 | 可爱 kě'ài 혱 귀엽다

- a, o, e로 시작하는 음절이 다른 음절 뒤에 바로 연결될 때, 음절을 정확하게 구분하기 위해 격음 부호(')를 씁니다.
  예 kě'ài | nǚ'ér
- 형용사술어문 의문문에서는 일반적으로 '很'을 빼고 문장 끝에 '吗'를 씁니다.
  예 天气好吗? Tiānqì hǎo ma? 날씨 좋니?

오늘의 표현 확인

🔊 09-4

표현 연습

你高兴吗?
Nǐ gāoxìng ma?

너는 기쁘니?

* 高兴 gāoxìng 형 기쁘다

她漂亮吗?
Tā piàoliang ma?

그녀는 예쁘니?

* 漂亮 piàoliang 형 예쁘다

他最近忙吗?
Tā zuìjìn máng ma?

그는 요즘 바쁘니?

* 忙 máng 형 바쁘다

표현 연습

我很高兴。
Wǒ hěn gāoxìng.

나는 기뻐.

她很漂亮。
Tā hěn piàoliang.

그녀는 예뻐.

他最近很忙。
Tā zuìjìn hěn máng.

그는 요즘 바빠.

你喝咖啡吗?

Nǐ hē kāfēi ma?

너 커피 마실래?

✤ 의사를 묻고 답할 수 있습니다.

✤ 의문대사 什么와 동사술어문을 학습합니다.

말하기 트레이닝 영상

오늘의 단어

제시된 단어를 여러 번 따라 읽으며 자신의 것으로 만들어 보세요.   ◀》 10-1

喝 hē 동 마시다	**咖啡** kāfēi 명 커피
不 bù 부 (~이) 아니다, ~하지 않다	**那** nà 접 그러면, 그렇다면
什么 shénme 대 무엇, 무슨	**奶茶** nǎichá 명 밀크티

오늘의 단어 확인

1 빈칸에 알맞은 한자, 한어병음, 뜻을 써 보세요.

단어	한어병음	뜻
①	hē	동 마시다
咖啡	②	명 커피
不	bù	③
那	nà	④
什么	⑤	대 무엇. 무슨
⑥	nǎichá	명 밀크티

2 우리말에 해당하는 한자를 써 보세요.

① 마시다

② 커피

③ (~이) 아니다. ~하지 않다

④ 그러면. 그렇다면

⑤ 무엇. 무슨

⑥ 밀크티

오늘의 회화를 학습합니다.　　　　　🔊 10-2

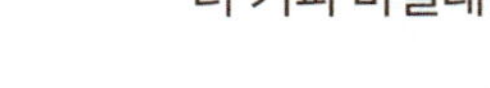

你喝咖啡吗？
Nǐ hē kāfēi ma?
너 커피 마실래?

양웨이

我不喝咖啡。
Wǒ bù hē kāfēi.
나 커피 안 마실래.

김미나

那你喝什么？
Nà nǐ hē shénme?
그러면 너 뭐 마실래?

양웨이

我喝奶茶。
Wǒ hē nǎichá.
나 밀크티 마실래.

김미나

Tip

부정부사 ‘不’는 동사 앞에 놓여 주관적인 의지나 바람을 부정할 때 씁니다.

오늘의 회화 확인

1 녹음을 잘 듣고 그림과 일치하면 O, 일치하지 않으면 X표 하세요.　　10-3

① 

② 

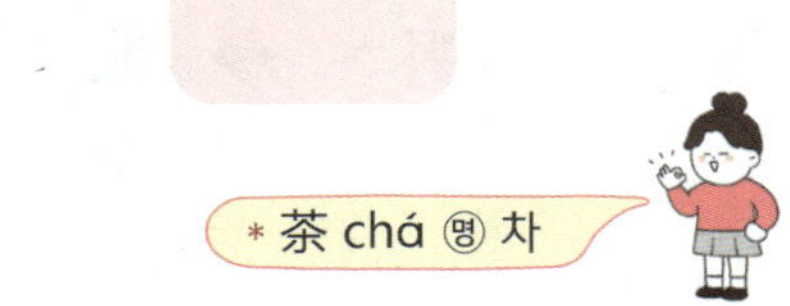
＊茶 chá ⑲ 차

2 앞에 제시된 회화문을 읽고 문장의 옳고 그름을 판단하세요.

① 金美娜问杨伟喝什么。　　O　X

② 金美娜喝奶茶。　　O　X

＊问 wèn ⑧ 묻다

3 우리말을 보고 빈칸을 채운 뒤 완성된 문장을 읽어 보세요.

① 你喝　　　　　　　吗？

너 커피 마실래?

② 我喝　　　　　　　。

나 밀크티 마실래.

1 의문대사 什么

你喝**什么**?
Nǐ hē shénme?
너 뭐 마실래?

의문대사 '什么'는 '무엇, 무슨'이라는 뜻으로 '什么' 자체가 의문사 역할을 하기 때문에 문장 끝에 '吗'를 붙이지 않습니다.

你看什么~~吗~~? ➡ 你看**什么**?   너는 무엇을 보니?
            Nǐ kàn shénme?

* 看 kàn 통 보다

他说什么~~吗~~? ➡ 他说**什么**?   그가 뭐라고 하니?
            Tā shuō shénme?

* 说 shuō 통 말하다

2 동사술어문

我**喝**奶茶。
Wǒ hē nǎichá.
나 밀크티 마실래.

동사술어문은 동사가 술어로 쓰인 문장으로 '주어가 어떠한 동작을 하다'라는 뜻을 나타낼 때 씁니다.

긍정   我**喝**牛奶。   나는 우유 마실래.
       Wǒ hē niúnǎi.

부정   我**不喝**牛奶。   나는 우유 안 마실래.
       Wǒ bù hē niúnǎi.

의문   你**喝**牛奶**吗**?   너는 우유 마실래?
       Nǐ hē niúnǎi ma?

* 牛奶 niúnǎi 명 우유

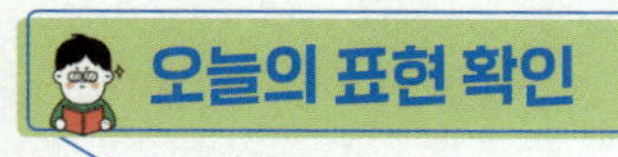 **오늘의 표현 확인**

🔊 10-4

표현 연습

你吃**什么**?
Nǐ chī shénme?

너는 무엇을 먹니?

* 吃 chī ⑧ 먹다

他买**什么**?
Tā mǎi shénme?

그는 무엇을 사니?

* 买 mǎi ⑧ 사다

她干**什么**?
Tā gàn shénme?

그녀는 무엇을 하니?

* 干 gàn ⑧ 하다

표현 연습

我**吃**面包。
Wǒ chī miànbāo.

나는 빵을 먹어.

* 面包 miànbāo ⑲ 빵, 베이커리

他**不买**衣服。
Tā bù mǎi yīfu.

그는 옷을 사지 않아.

* 衣服 yīfu ⑲ 옷

她**听**音乐**吗**?
Tā tīng yīnyuè ma?

그녀는 음악을 듣니?

* 听 tīng ⑧ 듣다 | 音乐 yīnyuè ⑲ 음악

DAY 11

我叫王兰。
Wǒ jiào Wáng Lán.
나는 왕란이라고 해.

✿ 첫 인사를 나누고, 자기소개를 할 수 있습니다.
✿ 이름 묻고 답하기와 是자문을 학습합니다.

오늘의 단어

제시된 단어를 여러 번 따라 읽으며 자신의 것으로 만들어 보세요. 🔊 11-1

叫 jiào 동 (이름을) ~라고 하다, 부르다	**是** shì 동 ~이다
韩国 Hánguó 고유 한국	**人** rén 명 사람
汉语 Hànyǔ 명 중국어	**真** zhēn 부 정말
谢谢 xièxie 동 감사합니다	**夸奖** kuājiǎng 동 칭찬하다

오늘의 단어 확인

1 빈칸에 알맞은 한자, 한어병음, 뜻을 써 보세요.

단어	한어병음	뜻
①	jiào	동 (이름을) ~라고 하다, 부르다
韩国	②	고유 한국
③	Hànyǔ	명 중국어
真	④	부 정말
谢谢	⑤	동 감사합니다
夸奖	kuājiǎng	⑥

2 우리말에 해당하는 한자를 써 보세요.

① ~이다

② 한국

③ 사람

④ 중국어

⑤ 감사합니다

⑥ 칭찬하다

오늘의 회화를 학습합니다.　　🔊 11-2

你好！我叫王兰。
Nǐ hǎo! Wǒ jiào Wáng Lán.
안녕! 나는 왕란이라고 해.

왕란

你好！我叫姜熙民，是韩国人。
Nǐ hǎo! Wǒ jiào Jiāng Xīmín, shì Hánguó rén.
안녕! 나는 강희민이라고 해. 한국인이야.

강희민

你是韩国人吗？你汉语真好！
Nǐ shì Hánguó rén ma? Nǐ Hànyǔ zhēn hǎo!
너는 한국인이니? 중국어 정말 잘한다!

왕란

谢谢夸奖。
Xièxie kuājiǎng.
칭찬해 줘서 고마워.

강희민

오늘의 회화 확인

1 녹음을 잘 듣고 그림과 일치하면 O, 일치하지 않으면 X표 하세요. 🔊 11-3

① 

② 

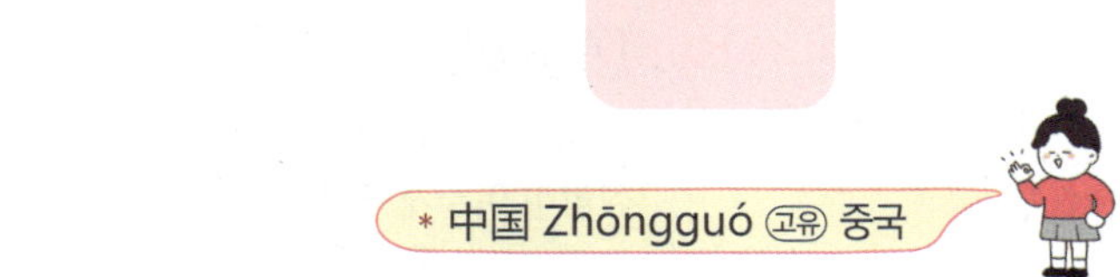

2 앞에 제시된 회화문을 읽고 문장의 옳고 그름을 판단하세요.

① 姜熙民是韩国人。　　　　O　X

② 姜熙民汉语不好。　　　　O　X

3 우리말을 보고 빈칸을 채운 뒤 완성된 문장을 읽어 보세요.

① 你是 ＿＿＿＿＿＿＿ 人吗？

너는 한국인이니?

② 你 ＿＿＿＿＿＿＿ 真好！

너 중국어 정말 잘한다!

1 이름 묻고 답하기

> 我叫王兰。
> Wǒ jiào Wáng Lán.
> 나는 왕란이라고 해.

대상	질문	대답
또래나 아랫사람	你叫什么名字？ Nǐ jiào shénme míngzi? 너는 이름이 무엇이니?	我叫张国华。 Wǒ jiào Zhāng Guóhuá. 나는 장궈화라고 해.
초면이나 윗사람	您贵姓？ Nín guì xìng? 성함이 어떻게 되세요?	我姓张，叫张国华。 Wǒ xìng Zhāng, jiào Zhāng Guóhuá. 저는 성이 장 씨이고, 장궈화라고 해요.

* 名字 míngzi 몡 이름 ｜ 张国华 Zhāng Guóhuá 고유 장궈화[인명] ｜ 您 nín 때 당신[你의 존칭] ｜ 贵 guì 존경의 뜻을 나타냄 ｜ 姓 xìng 통 성이 ~이다

2 是자문

> 我是韩国人。
> Wǒ shì Hánguó rén.
> 나는 한국인이야.

'是'는 '~이다'라는 뜻으로 설명이나 판단을 나타냅니다. '是'의 부정은 '不是'로 '~이 아니다'라는 뜻을 나타냅니다.

긍정 他是中国人。 　　그는 중국인이야.
Tā shì Zhōngguó rén.

부정 他不是中国人。 　　그는 중국인이 아니야.
Tā bú shì Zhōngguó rén.

의문 他是中国人吗？ 　　그는 중국인이니?
Tā shì Zhōngguó rén ma?

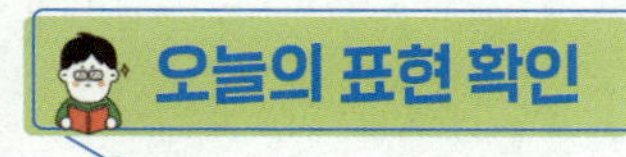 오늘의 표현 확인

🔊 11-4

표현 연습

我**叫**王秀贤。
Wǒ jiào Wáng Xiùxián.

나는 왕수현이라고 해.

* 王秀贤 Wáng Xiùxián 고유 왕수현[인명]

我**叫**金智英。
Wǒ jiào Jīn Zhìyīng.

나는 김지영이라고 해.

* 金智英 Jīn Zhìyīng 고유 김지영[인명]

我姓李，**叫**李明。
Wǒ xìng Lǐ, jiào Lǐ Míng.

저는 성이 리 씨이고, 리밍이라고 해요.

* 李明 Lǐ Míng 고유 리밍[인명]

표현 연습

我**是**大学生。
Wǒ shì dàxuéshēng.

나는 대학생이야.

* 大学生 dàxuéshēng 명 대학생

她**不是**上班族。
Tā bú shì shàngbānzú.

그녀는 직장인이 아니야.

* 上班族 shàngbānzú 명 직장인

他**是**美国人**吗**？
Tā shì Měiguó rén ma?

그는 미국인이니?

* 美国 Měiguó 고유 미국

DAY 12

你有微信吗?

Nǐ yǒu wēixìn ma?

너 위챗 있니?

학습 목표

✤ SNS 관련 표현을 배울 수 있습니다.
✤ 有자문과 수량사 一下를 학습합니다.

오늘의 단어

제시된 단어를 여러 번 따라 읽으며 자신의 것으로 만들어 보세요.　　　◀) 12-1

有 yǒu 동 있다, ~을 가지고 있다	**微信** wēixìn 명 위챗[중국 모바일 앱]
当然 dāngrán 부 당연히, 물론	**我们** wǒmen 대 우리(들)
加 jiā 동 더하다, 보태다	**一下** yíxià 수량 좀 ~하다, 한번 ~해 보다
吧 ba 조 ~하자, ~해요[제안을 나타냄]	**行** xíng 형 좋다, 괜찮다
扫 sǎo 동 (QR 코드를) 찍다, 스캔하다	

오늘의 단어 확인

1 빈칸에 알맞은 한자, 한어병음, 뜻을 써 보세요.

단어	한어병음	뜻
①	yǒu	동 있다, ~을 가지고 있다
微信	wēixìn	②
③	dāngrán	부 당연히, 물론
我们	④	대 우리(들)
加	⑤	동 더하다, 보태다
吧	ba	⑥

2 우리말에 해당하는 한자를 써 보세요.

① 당연히, 물론

② 우리(들)

③ 더하다, 보태다

④ 좀 ~하다, 한번 ~해 보다

⑤ 좋다, 괜찮다

⑥ (QR 코드를) 찍다, 스캔하다

오늘의 회화를 학습합니다.　　　　　　　　　　　　　　🔊 12-2

강희민

你有微信吗？
Nǐ yǒu wēixìn ma?
너 위챗 있니?

왕란

当然有。
Dāngrán yǒu.
당연히 있지.

강희민

我们加一下微信吧。
Wǒmen jiā yíxià wēixìn ba.
우리 위챗 좀 추가하자.

왕란

行，我扫你吧。
Xíng, wǒ sǎo nǐ ba.
좋아, 내가 추가(스캔)할게.

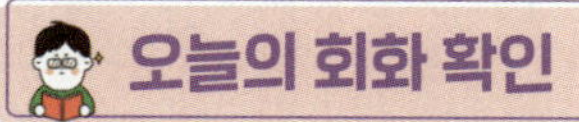
오늘의 회화 확인

1 녹음을 잘 듣고 그림과 일치하면 O, 일치하지 않으면 X표 하세요. ◀)) 12-3

① 

② 

* 没有 méiyǒu 동 없다, ~을 가지고 있지 않다

2 앞에 제시된 회화문을 읽고 문장의 옳고 그름을 판단하세요.

① 王兰有微信。   O X

② 他们不加微信。   O X

3 우리말을 보고 빈칸을 채운 뒤 완성된 문장을 읽어 보세요.

① 你 ____________ 微信吗？

너 위챗 있니?

② 我们 ____________ 一下微信吧。

우리 위챗 좀 추가하자.

오늘의 표현

1 有자문

你**有**微信吗?
Nǐ yǒu wēixìn ma?
너 위챗 있니?

'有'는 '있다, ~을 가지고 있다'라는 뜻으로 소유의 의미를 나타냅니다. '有'의 부정은 '没有'로 '없다, ~을 가지고 있지 않다'라는 뜻을 나타냅니다.

긍정
我**有**约。
Wǒ yǒu yuē.
나는 약속이 있어.

부정
我**没有**约。
Wǒ méiyǒu yuē.
나는 약속이 없어.

의문
你**有**约**吗**?
Nǐ yǒu yuē ma?
너는 약속이 있니?

* 约 yuē 몡 약속 동 약속하다

2 수량사 一下

我们加**一下**微信吧。
Wǒmen jiā yíxià wēixìn ba.
우리 위챗 좀 추가하자.

'一下'는 동사 뒤에 놓여 '(어떤 동작을) 좀 ~하다, 한번 ~해 보다'라는 뜻을 나타냅니다.

你等**一下**。　　　좀 기다려.
Nǐ děng yíxià.

* 等 děng 동 기다리다

我们休息**一下**。　　우리 좀 쉬자.
Wǒmen xiūxi yíxià.

* 休息 xiūxi 동 쉬다, 휴식하다

오늘의 표현 확인

🔊 12-4

표현 연습

我**有**时间。
Wǒ yǒu shíjiān.

나는 시간이 있어.

* 时间 shíjiān ⑲ 시간

他**没有**笔记本。
Tā méiyǒu bǐjìběn.

그는 노트북이 없어.

* 笔记本 bǐjìběn ⑲ 노트북

她**有**充电器**吗**？
Tā yǒu chōngdiànqì ma?

그녀는 충전기가 있니?

* 充电器 chōngdiànqì ⑲ 충전기

표현 연습

我介绍**一下**。
Wǒ jièshào yíxià.

내가 소개 좀 할게.

* 介绍 jièshào ⑧ 소개하다

你快看**一下**。
Nǐ kuài kàn yíxià.

너 빨리 좀 봐 봐.

* 快 kuài ⑨ 빨리, 어서

你尝**一下**咖啡吧。
Nǐ cháng yíxià kāfēi ba.

너 커피 좀 마셔 봐.

* 尝 cháng ⑧ 맛보다

你去哪儿?

Nǐ qù nǎr?

너 어디 가니?

학습 목표

✸ 장소를 묻고 답할 수 있습니다.
✸ 의문대사 哪儿과 在자문을 학습합니다.

말하기 트레이닝 영상

오늘의 단어

제시된 단어를 여러 번 따라 읽으며 자신의 것으로 만들어 보세요.

🔊 13-1

去 qù 동 가다	**哪儿** nǎr 대 어디
银行 yínháng 명 은행	**学校** xuéxiào 명 학교
附近 fùjìn 명 근처, 부근	**在** zài 동 ~에 있다
市 shì 명 시, 도시	**中心** zhōngxīn 명 중심, 센터

오늘의 단어 확인

1 빈칸에 알맞은 한자, 한어병음, 뜻을 써 보세요.

단어	한어병음	뜻
①	qù	동 가다
哪儿	②	대 어디
银行	yínháng	③
学校	④	명 학교
附近	fùjìn	⑤
⑥	zhōngxīn	명 중심, 센터

2 우리말에 해당하는 한자를 써 보세요.

① 어디

② 은행

③ 학교

④ 근처, 부근

⑤ ~에 있다

⑥ 시, 도시

오늘의 회화를 학습합니다.　🔊 13-2

김미나

你去哪儿？
Nǐ qù nǎr?
너 어디 가니?

양웨이

我去中国银行。
Wǒ qù Zhōngguó yínháng.
나 중국 은행에 가.

김미나

学校附近有中国银行吗？
Xuéxiào fùjìn yǒu Zhōngguó yínháng ma?
학교 근처에 중국 은행이 있니?

양웨이

没有，中国银行在市中心。
Méiyǒu, Zhōngguó yínháng zài shì zhōngxīn.
없어. 중국 은행은 시내에 있어.

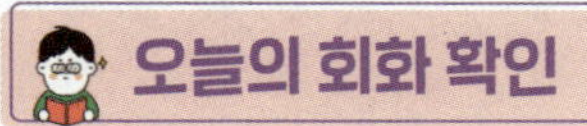

오늘의 회화 확인

1 녹음을 잘 듣고 그림과 일치하면 O, 일치하지 않으면 X표 하세요.   ◀)) 13-3

① 

② 

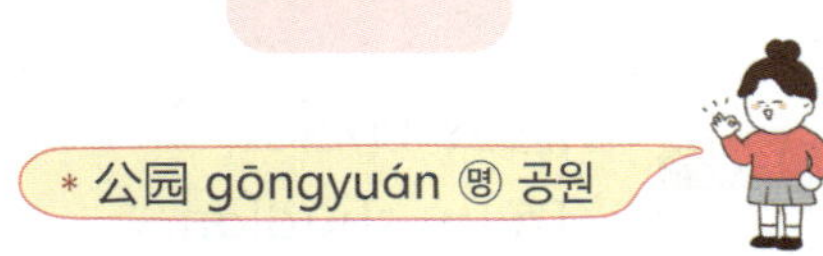

2 앞에 제시된 회화문을 읽고 문장의 옳고 그름을 판단하세요.

① 杨伟去中国银行。   O   X

② 学校附近有中国银行。   O   X

3 우리말을 보고 빈칸을 채운 뒤 완성된 문장을 읽어 보세요.

① 你去   ?

너 어디 가니?

② 我去   。

나 중국 은행에 가.

1 의문대사 哪儿

你去**哪儿**?
Nǐ qù nǎr?
너 어디 가니?

의문대사 '哪儿'은 '어디'라는 뜻으로 장소를 물을 때 씁니다.

질문 他去**哪儿**?   그는 어디 가니?
Tā qù nǎr?

대답할 때는 '哪儿' 자리에 장소를 뜻하는 명사를 넣어주면 됩니다.

대답 他去**书店**。   그는 서점에 가.
Tā qù shūdiàn.

* 书店 shūdiàn 몡 서점

2 在자문

中国银行**在**市中心。
Zhōngguó yínháng zài shì zhōngxīn.
중국 은행은 시내에 있어.

'在'가 장소를 나타내는 명사 앞에 놓일 경우 '(사람이나 사물이) ~에 있다'라는 뜻을 나타냅니다.
'在'의 부정은 '不在'로 '~에 없다'라는 뜻을 나타냅니다.

긍정 爸爸**在**公司。   아빠는 회사에 계셔.
Bàba zài gōngsī.

부정 爸爸**不在**公司。   아빠는 회사에 안 계셔.
Bàba bú zài gōngsī.

의문 爸爸**在**公司**吗**?   아빠는 회사에 계시니?
Bàba zài gōngsī ma?

* 爸爸 bàba 몡 아빠, 아버지 | 公司 gōngsī 몡 회사

 오늘의 표현 확인

🔊 13-4

표현 연습

你在哪儿?
Nǐ zài nǎr?

너는 어디에 있니?

你坐哪儿?
Nǐ zuò nǎr?

너는 어디에 앉아 있니?

* 坐 zuò 통 앉다, (교통수단을) 타다

你住哪儿?
Nǐ zhù nǎr?

너는 어디에 사니?

* 住 zhù 통 살다

표현 연습

她在公园。
Tā zài gōngyuán.

그녀는 공원에 있어.

哥哥不在学校。
Gēge bú zài xuéxiào.

형(오빠)은 학교에 없어.

* 哥哥 gēge 명 형, 오빠

妈妈在市场吗?
Māma zài shìchǎng ma?

엄마는 시장에 계시니?

* 妈妈 māma 명 엄마, 어머니 | 市场 shìchǎng 명 시장

DAY 14

有我的快递吗?

Yǒu wǒ de kuàidì ma?

제 택배 있나요?

학습 목표

❀ 택배를 확인하고 수령할 수 있습니다.
❀ 구조조사 的와 지시대사 这/那를 학습합니다.

오늘의 단어

제시된 단어를 여러 번 따라 읽으며 자신의 것으로 만들어 보세요.　◀) 14-1

的 de ㊈ ~의	**快递** kuàidì ㊌ 택배
五 wǔ ㊍ 5, 다섯	**零** líng ㊍ 0, 영
八 bā ㊍ 8, 여덟	**这儿** zhèr ㊐ 여기, 이곳
呢 ne ㊈ 강조를 나타냄	**这** zhè ㊐ 이, 이것

오늘의 단어 확인

1 빈칸에 알맞은 한자, 한어병음, 뜻을 써 보세요.

단어	한어병음	뜻
快递	kuàidì	①
五	wǔ	②
零	③	㊂ 0, 영
八	④	㊂ 8, 여덟
⑤	ne	㊅ 강조를 나타냄
⑥	zhè	㊈ 이, 이것

2 우리말에 해당하는 한자를 써 보세요.

① ~의

② 택배

③ 5, 다섯

④ 0, 영

⑤ 8, 여덟

⑥ 여기, 이곳

오늘의 회화를 학습합니다.　　　　　　　　　　　　　　　🔊 14-2

您好，有我的快递吗？
Nín hǎo, yǒu wǒ de kuàidì ma?
안녕하세요, 제 택배 있나요?

왕란

你叫什么名字？
Nǐ jiào shénme míngzi?
성함이 어떻게 되시나요?

경비원

我叫王兰。住五零八。
Wǒ jiào Wáng Lán. Zhù wǔ líng bā.
왕란이라고 합니다. 508호에 살아요.

왕란

在这儿呢，这是你的快递。
Zài zhèr ne, zhè shì nǐ de kuàidì.
여기 있네요. 이것이 당신의 택배입니다.

경비원

Tip

'号'는 '몇 호'라는 의미로 집이나 방의 호수를 나타낼 때 쓰며, 회화체에서는 일반적으로 생략하여 말합니다.
예 我住五零八(号)。　저는 508호에 살아요.　　　　　　　　　　* 号 hào ⑱ 호 호수

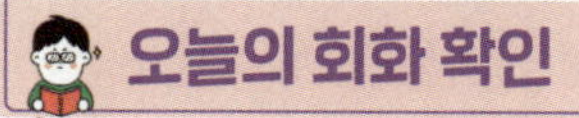 오늘의 회화 확인

1 녹음을 잘 듣고 그림과 일치하면 O, 일치하지 않으면 X표 하세요.　　14-3

① 

② 

2 앞에 제시된 회화문을 읽고 문장의 옳고 그름을 판단하세요.

① 王兰住五零八。　　　　　　O　X

② 没有王兰的快递。　　　　　　O　X

3 우리말을 보고 빈칸을 채운 뒤 완성된 문장을 읽어 보세요.

① 您好，有我的 　　　　　　　　吗？

안녕하세요, 제 택배 있나요?

② 我住 　　　　　　　　。

저는 508호에 살아요.

1 구조조사 的

有我**的**快递吗?
Yǒu wǒ de kuàidì ma?
제 택배 있나요?

구조조사 '的'는 '~의'라는 뜻으로 명사를 수식하는 역할을 합니다.

他**的**衣服　　그의 옷　　　　她**的**手机　　그녀의 휴대 전화
tā de yīfu　　　　　　　　　　tā de shǒujī

* 手机 shǒujī 뗑 휴대 전화

일반적으로 가족이나 친구, 소속 관계를 나타낼 때는 '的'를 생략할 수 있습니다.

我爸爸　　우리 아빠　　　　我们公司　　우리 회사
wǒ bàba　　　　　　　　　wǒmen gōngsī

2 지시대사 这/那

这是你的快递。
Zhè shì nǐ de kuàidì.
이것이 당신의 택배입니다.

지시대사 '这'는 '이(것)'이라는 뜻으로 거리가 비교적 가까이에 있는 사람이나 사물을 가리킬 때 씁니다.

这是我的钱包。　　　이것은 내 지갑이야.
Zhè shì wǒ de qiánbāo.

* 钱包 qiánbāo 뗑 지갑

지시대사 '那'는 '그(것), 저(것)'이라는 뜻으로 비교적 멀리 떨어진 곳에 있는 사람이나 사물을 가리킬 때 씁니다.

那是我的笔记本。　　그것은 내 노트북이야.
Nà shì wǒ de bǐjìběn.

* 那 nà 때 그(것), 저(것)

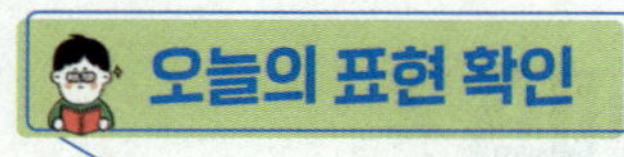
오늘의 표현 확인

◀» 14-4

표현 연습

妈妈的**卡**
māma de kǎ

엄마의 카드

* 卡 kǎ 몡 카드

他的**电脑**
tā de diànnǎo

그의 컴퓨터

* 电脑 diànnǎo 몡 컴퓨터

她的**口红**
tā de kǒuhóng

그녀의 립스틱

* 口红 kǒuhóng 몡 립스틱

표현 연습

这/那是我的**车**。
Zhè/Nà shì wǒ de chē.

이것/그것은 내 차야.

* 车 chē 몡 차

这/那是我的**书**。
Zhè/Nà shì wǒ de shū.

이것/그것은 내 책이야.

这/那是我的**书包**。
Zhè/Nà shì wǒ de shūbāo.

이것/그것은 내 책가방이야.

* 书包 shūbāo 몡 책가방

DAY 15

你喜欢吃麻辣烫吗?

Nǐ xǐhuan chī málàtàng ma?

너 마라탕 먹는 것 좋아해?

학습 목표

✿ 상대방의 의사나 취향을 물을 수 있습니다.
✿ 동사 喜欢과 의문대사 怎么样을 학습합니다.

말하기 트레이닝 영상

오늘의 단어

제시된 단어를 여러 번 따라 읽으며 자신의 것으로 만들어 보세요.

◀)) 15-1

喜欢
xǐhuan
동 좋아하다

麻辣烫
málàtàng
명 마라탕[음식명]

特别
tèbié
부 아주, 특히

明天
míngtiān
명 내일

一起
yìqǐ
부 같이, 함께

怎么样
zěnmeyàng
대 어떠하다

问题
wèntí
명 문제

오늘의 단어 확인

1 빈칸에 알맞은 한자, 한어병음, 뜻을 써 보세요.

단어	한어병음	뜻
①	xǐhuan	동 좋아하다
麻辣烫	málàtàng	②
特別	③	부 아주, 특히
④	míngtiān	명 내일
一起	yìqǐ	⑤
怎么样	⑥	대 어떠하다

2 우리말에 해당하는 한자를 써 보세요.

① 좋아하다

② 마라탕 [음식명]

③ 아주, 특히

④ 같이, 함께

⑤ 어떠하다

⑥ 문제

오늘의 회화

오늘의 회화를 학습합니다.　　　　　　　　　　　　　　　　　　　◀)) 15-2

你喜欢吃麻辣烫吗？
Nǐ xǐhuan chī málàtàng ma?
너 마라탕 먹는 것 좋아해?

양웨이

我特别喜欢。
Wǒ tèbié xǐhuan.
나 아주 좋아해.

김미나

我们明天一起吃吧，怎么样？
Wǒmen míngtiān yìqǐ chī ba, zěnmeyàng?
우리 내일 같이 먹자. 어때?

양웨이

没问题！
Méi wèntí!
좋아!

김미나

Tip
'没问题'는 직역하면 '문제없다'라는 뜻이지만 상대방의 요청에 흔쾌히 승낙할 때는 '좋다, 물론이다'라는 뜻을 나타냅니다.

오늘의 회화 확인

1 녹음을 잘 듣고 그림과 일치하면 O, 일치하지 않으면 X표 하세요.　🔊 15-3

① 

② 

2 앞에 제시된 회화문을 읽고 문장의 옳고 그름을 판단하세요.

① 金美娜喜欢吃麻辣烫。　　　O　X

② 他们今天一起吃麻辣烫。　　　O　X

3 우리말을 보고 빈칸을 채운 뒤 완성된 문장을 읽어 보세요.

① 你 　　　　　　 吃麻辣烫吗？

너 마라탕 먹는 것 좋아해?

② 我们 　　　　　　 吃麻辣烫吧。

우리 내일 같이 마라탕 먹자.

1 동사 喜欢

你喜欢吃麻辣烫吗？
Nǐ xǐhuan chī málàtàng ma?
너 마라탕 먹는 것 좋아해?

'喜欢'은 '좋아하다'라는 뜻으로 '喜欢+동사+목적어'의 형식으로 쓰일 경우 '~하는 것을 좋아하다'라는 뜻을 나타냅니다.

我喜欢听音乐。　　나는 음악 듣는 것을 좋아해.
Wǒ xǐhuan tīng yīnyuè.

'喜欢+명사/대사'의 형식으로 쓰일 경우 '~을(를) 좋아하다'라는 뜻을 나타냅니다.

我喜欢你。　　나는 너를 좋아해.
Wǒ xǐhuan nǐ.

2 의문대사 怎么样

我们明天一起吃吧，怎么样？
Wǒmen míngtiān yìqǐ chī ba, zěnmeyàng?
우리 내일 같이 먹자. 어때?

'怎么样'은 '어떠하다'라는 뜻으로 상대방의 의견을 물을 때 씁니다.

我们去咖啡厅，怎么样？　　우리 커피숍 가는 것 어때?
Wǒmen qù kāfēitīng, zěnmeyàng?

我们一起看电影吧，怎么样？　　우리 같이 영화 보자. 어때?
Wǒmen yìqǐ kàn diànyǐng ba, zěnmeyàng?

* 电影 diànyǐng 명 영화

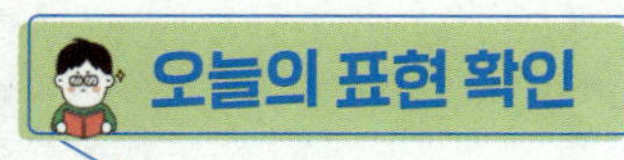 **오늘의 표현 확인**

15-4

표현 연습

我喜欢秋天。
Wǒ xǐhuan qiūtiān.

나는 가을을 좋아해.

* 秋天 qiūtiān 圈 가을

我喜欢写日记。
Wǒ xǐhuan xiě rìjì.

나는 일기 쓰는 것을 좋아해.

* 写 xiě 图 (글씨를) 쓰다 | 日记 rìjì 圈 일기

哥哥喜欢玩电脑。
Gēge xǐhuan wán diànnǎo.

형(오빠)은 컴퓨터 하는 것을 좋아해.

* 玩 wán 图 (컴퓨터를 하고) 놀다

표현 연습

味道怎么样?
Wèidao zěnmeyàng?

맛이 어때?

* 味道 wèidao 圈 맛

网速怎么样?
Wǎngsù zěnmeyàng?

인터넷 속도는 어때?

* 网速 wǎngsù 圈 인터넷 속도

今天天气怎么样?
Jīntiān tiānqì zěnmeyàng?

오늘 날씨는 어때?

DAY 16

你是不是独生女?

Nǐ shì bu shì dúshēngnǚ?

너는 외동딸이니, 아니니?

✿ 가족 구성원에 대해 배웁니다.

✿ 정반의문문과 나이 묻는 표현을 학습합니다.

말하기 트레이닝 영상

오늘의 단어

제시된 단어를 여러 번 따라 읽으며 자신의 것으로 만들어 보세요.　🔊 16-1

独生女 dúshēngnǚ 명 외동딸	**一** yī 수 1, 하나
个 ge 양 명, 개	**姐姐** jiějie 명 누나, 언니
今年 jīnnián 명 올해	**多** duō 대 얼마나
大 dà 형 크다, (수량이) 많다	**二十九** èrshíjiǔ 수 29, 스물아홉
岁 suì 양 살, 세[나이를 세는 단위]	

오늘의 단어 확인

1 빈칸에 알맞은 한자, 한어병음, 뜻을 써 보세요.

단어	한어병음	뜻
独生女	dúshēngnǚ	①
一	②	㊠ 1, 하나
③	jiějie	명 누나, 언니
今年	④	명 올해
⑤	duō	대 얼마나
大	dà	⑥

2 우리말에 해당하는 한자를 써 보세요.

① 외동딸

② 명, 개

③ 올해

④ 크다, (수량이) 많다

⑤ 29, 스물아홉

⑥ 살, 세[나이를 세는 단위]

오늘의 회화를 학습합니다. 🔊 16-2

你是不是独生女？
Nǐ shì bu shì dúshēngnǚ?
너는 외동딸이니, 아니니?

양웨이

我不是，我有一个姐姐。
Wǒ bú shì, wǒ yǒu yí ge jiějie.
아니, 나는 언니가 한 명 있어.

김미나

她今年多大？
Tā jīnnián duō dà?
그녀는 올해 나이가 어떻게 되니?

양웨이

她今年二十九岁。
Tā jīnnián èrshíjiǔ suì.
그녀는 올해 스물아홉 살이야.

김미나

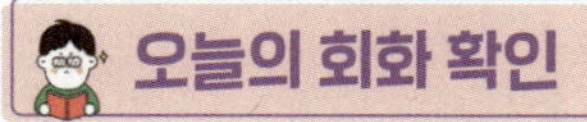

오늘의 회화 확인

1 녹음을 잘 듣고 그림과 일치하면 O, 일치하지 않으면 X표 하세요.　　16-3

① 

② 

2 앞에 제시된 회화문을 읽고 문장의 옳고 그름을 판단하세요.

① 金美娜有一个姐姐。　　O　X

② 金美娜今年二十九岁。　　O　X

3 우리말을 보고 빈칸을 채운 뒤 완성된 문장을 읽어 보세요.

① 你是不是 ______ ?

너는 외동딸이니, 아니니?

② 我 ______ 一个 ______ 。

나는 언니가 한 명 있어.

오늘의 표현

1 정반의문문

你**是不是**独生女?
Nǐ shì bu shì dúshēngnǚ?
너는 외동딸이니, 아니니?

정반의문문은 동사나 형용사의 긍정형과 부정형을 동시에 써서 질문하는 의문문으로 '~인지, 아닌지'라는 뜻을 나타냅니다. 이때 '不'는 경성으로 발음합니다.

你**吃不吃**香菜?　　너는 고수 먹니, 안 먹니?
Nǐ chī bu chī xiāngcài?

* 香菜 xiāngcài 몡 고수

你**有没有**时间?　　너는 시간 있니, 없니?
Nǐ yǒu méiyǒu shíjiān?

2 나이 묻는 표현

她今年**多大**?
Tā jīnnián duō dà?
그녀는 올해 나이가 어떻게 되니?

중국어로 나이를 묻는 표현은 다양한데, 10살 미만의 경우 '你几岁?', 또래나 동년배의 경우 '你多大?', 웃어른에게는 '您多大年纪?'라고 합니다.

10세 미만　你今年**几岁**?　　너는 올해 몇 살이니?
Nǐ jīnnián jǐ suì?

* 几 jǐ 때 몇

10세 이상　你今年**多大**?　　너는 올해 나이가 어떻게 되니?
Nǐ jīnnián duō dà?

웃어른　您今年**多大年纪**?　　당신은 올해 연세가 어떻게 되시나요?
Nín jīnnián duō dà niánjì?

* 年纪 niánjì 몡 연세, 나이

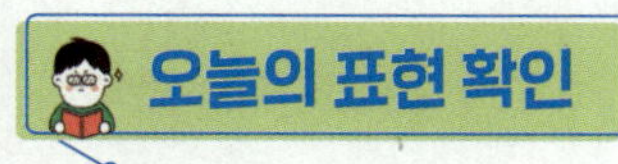
오늘의 표현 확인

🔊 16-4

표현 연습

你**是不是**学生？
Nǐ shì bu shì xuésheng?

너는 학생이니, 아니니?

* 学生 xuésheng ⑲ 학생

他明天**来不来**？
Tā míngtiān lái bu lái?

그는 내일 오니, 안 오니?

* 来 lái ⑧ 오다

今天天气**冷不冷**？
Jīntiān tiānqì lěng bu lěng?

오늘 날씨 춥니, 안 춥니?

* 冷 lěng ⑲ 춥다

표현 연습

我今年十五**岁**。
Wǒ jīnnián shíwǔ suì.

나는 올해 열다섯 살이야.

哥哥今年三十四**岁**。
Gēge jīnnián sānshísì suì.

형(오빠)은 올해 서른네 살이야.

爸爸今年六十七**岁**。
Bàba jīnnián liùshíqī suì.

아빠는 올해 예순일곱 살이셔.

DAY 17

你觉得怎么样?

Nǐ juéde zěnmeyàng?

네 생각은 어때?

학습 목표

✿ 상대방의 생각이나 견해를 물을 수 있습니다.
✿ 조동사 想과 동사 觉得를 학습합니다.

말하기 트레이닝 영상

오늘의 단어

제시된 단어를 여러 번 따라 읽으며 자신의 것으로 만들어 보세요.   🔊 17-1

好 hǎo (부) 엄청, 아주	**饿** è (형) 배고프다
点 diǎn (동) 주문하다	**外卖** wàimài (명) 배달 음식
想 xiǎng (조동) ~하고 싶다	**炸鸡** zhájī (명) 치킨, 닭튀김
原味儿 yuánwèir 프라이드, 오리지널 맛	**觉得** juéde (동) ~라고 생각하다, ~라고 느끼다
意见 yìjiàn (명) 의견	**请** qǐng (동) 한턱내다

오늘의 단어 확인

1 빈칸에 알맞은 한자, 한어병음, 뜻을 써 보세요.

단어	한어병음	뜻
①	hǎo	부 엄청, 아주
②	diǎn	동 주문하다
外卖	wàimài	③
想	④	조동 ~하고 싶다
炸鸡	zhájī	⑤
觉得	⑥	동 ~라고 생각하다, ~라고 느끼다

2 우리말에 해당하는 한자를 써 보세요.

① 배고프다

② 배달 음식

③ ~하고 싶다

④ 프라이드, 오리지널 맛

⑤ 의견

⑥ 한턱내다

오늘의 회화를 학습합니다.　🔊 17-2

我好饿，我们点外卖吧。
Wǒ hǎo è, wǒmen diǎn wàimài ba.
나 엄청 배고파. 우리 배달시키자.

김미나

好！我想吃炸鸡。
Hǎo! Wǒ xiǎng chī zhájī.
좋아! 나는 치킨 먹고 싶어.

양웨이

我们点原味儿的炸鸡，你觉得怎么样？
Wǒmen diǎn yuánwèir de zhájī, nǐ juéde zěnmeyàng?
우리 프라이드 치킨 시키자. 네 생각은 어때?

김미나

我没意见！你点吧，我请你。
Wǒ méi yìjiàn! Nǐ diǎn ba, wǒ qǐng nǐ.
나는 콜! 네가 시켜, 내가 한턱낼게.

양웨이

Tip

'请'은 '한턱내다'라는 뜻 외에도 '(식사나 파티 따위에) 초대하다, (어떤 일을) 부탁하다, 청하다'라는 뜻으로 쓰이며 상대방에게 정중하게 부탁하거나 권유할 때 사용하는 표현입니다.

오늘의 회화 확인

1 녹음을 잘 듣고 그림과 일치하면 O, 일치하지 않으면 X표 하세요.　　　◀)) 17-3

① 

② 

2 앞에 제시된 회화문을 읽고 문장의 옳고 그름을 판단하세요.

① 他们点外卖。　　　　　　O　X

② 杨伟不想吃炸鸡。　　　　O　X

3 우리말을 보고 빈칸을 채운 뒤 완성된 문장을 읽어 보세요.

① 我好　　　　　　　，我们点　　　　　　　吧。

나 엄청 배고파. 우리 배달시키자.

② 我们点　　　　　　的炸鸡，你觉得怎么样？

우리 프라이드 치킨 시키자. 네 생각은 어때?

1 조동사 想

我**想**吃炸鸡。
Wǒ xiǎng chī zhájī.
나는 치킨 먹고 싶어.

조동사 '想'은 '~하고 싶다'라는 뜻으로 소망이나 바람을 나타내며, '想'의 부정은 '不想'입니다.

긍정
我**想**喝饮料。 나는 음료수 마시고 싶어.
Wǒ xiǎng hē yǐnliào.

부정
我**不想**喝饮料。 나는 음료수 마시고 싶지 않아.
Wǒ bù xiǎng hē yǐnliào.

의문
你**想**喝饮料**吗**? 너는 음료수 마시고 싶니?
Nǐ xiǎng hē yǐnliào ma?

* 饮料 yǐnliào 명 음료(수)

2 동사 觉得

你**觉得**怎么样?
Nǐ juéde zěnmeyàng?
네 생각은 어때?

'觉得'는 '~라고 생각하다, ~라고 느끼다'라는 뜻으로 자신의 주관적인 생각이나 느낌을 나타낼 때 씁니다. '觉得'의 부정은 '不觉得'입니다.

긍정
我**觉得**英语很难。 나는 영어가 어렵다고 생각해.
Wǒ juéde Yīngyǔ hěn nán.

부정
我**不觉得**英语很难。 나는 영어가 어렵다고 생각하지 않아.
Wǒ bù juéde Yīngyǔ hěn nán.

의문
你**觉得**英语很难**吗**? 너는 영어가 어렵다고 생각하니?
Nǐ juéde Yīngyǔ hěn nán ma?

* 难 nán 형 어렵다

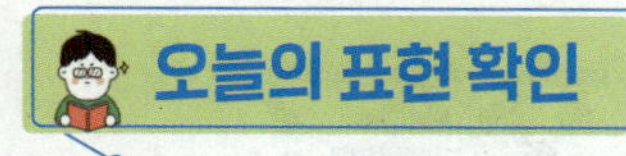

오늘의 표현 확인

🔊 17-4

표현 연습

我想买衣服。
Wǒ xiǎng mǎi yīfu.

나는 옷을 사고 싶어.

我不想相亲。
Wǒ bù xiǎng xiāngqīn.

나는 소개팅을 하고 싶지 않아.

* 相亲 xiāngqīn ⑧ 소개팅하다, 선을 보다

你想看中国电影吗?
Nǐ xiǎng kàn Zhōngguó diànyǐng ma?

너는 중국 영화 보고 싶니?

표현 연습

我觉得她很热情。
Wǒ juéde tā hěn rèqíng.

나는 그녀가 친절하다고 생각해.

* 热情 rèqíng ⑧ 친절하다, 열정적이다

我不觉得他很帅。
Wǒ bù juéde tā hěn shuài.

나는 그가 잘생겼다고 생각하지 않아.

你觉得他们很配吗?
Nǐ juéde tāmen hěn pèi ma?

너는 그들이 잘 어울린다고 생각하니?

* 配 pèi ⑧ 어울리다

坐地铁还是坐公交车?

Zuò dìtiě háishi zuò gōngjiāochē?

지하철 탈까, 아니면 버스 탈까?

학습 목표

✖ 중국의 교통수단에 대해 배울 수 있습니다.
✖ 요일 표현과 선택의문문 还是를 학습합니다.

말하기 트레이닝 영상

오늘의 단어

제시된 단어를 여러 번 따라 읽으며 자신의 것으로 만들어 보세요.　🔊 18-1

星期六 xīngqīliù 몡 토요일	**商场** shāngchǎng 몡 쇼핑몰
地铁 dìtiě 몡 지하철	**还是** háishi 젭 아니면, 또는
公交车 gōngjiāochē 몡 버스	**太** tài 뷔 너무
多 duō 혱 많다	**更** gèng 뷔 더, 더욱
方便 fāngbiàn 혱 편리하다	**见** jiàn 동 만나다

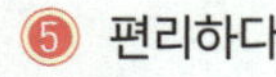 오늘의 단어 확인

1 빈칸에 알맞은 한자, 한어병음, 뜻을 써 보세요.

단어	한어병음	뜻
①	xīngqīliù	몡 토요일
地铁	②	몡 지하철
还是	③	쩹 아니면, 또는
公交车	gōngjiāochē	④
⑤	gèng	뷔 더, 더욱
见	jiàn	⑥

2 우리말에 해당하는 한자를 써 보세요.

① 쇼핑몰

② 지하철

③ 너무

④ 많다

⑤ 편리하다

⑥ 만나다

오늘의 회화를 학습합니다.　　　　　18-2

强希民

明天是星期六，我们去商场吧。

Míngtiān shì xīngqīliù, wǒmen qù shāngchǎng ba.

내일 토요일이니까 우리 쇼핑몰 가자.

왕란

坐地铁还是坐公交车？

Zuò dìtiě háishi zuò gōngjiāochē?

지하철 탈까, 아니면 버스 탈까?

强希民

星期六车太多，坐地铁更方便。

Xīngqīliù chē tài duō, zuò dìtiě gèng fāngbiàn.

토요일에는 차가 너무 많아서 지하철 타는 게 더 편해.

왕란

好！那明天见。

Hǎo! Nà míngtiān jiàn.

좋아! 그럼 내일 만나.

Tip

✖ 요일 표현

월요일	화요일	수요일	목요일	금요일	토요일	일요일
星期一	星期二	星期三	星期四	星期五	星期六	星期天 ＝ 星期日
xīngqīyī	xīngqī'èr	xīngqīsān	xīngqīsì	xīngqīwǔ	xīngqīliù	xīngqītiān ＝ xīngqīrì

오늘의 회화 확인

1 녹음을 잘 듣고 그림과 일치하면 O, 일치하지 않으면 X표 하세요. ◀)) 18-3

① 

② 

2 앞에 제시된 회화문을 읽고 문장의 옳고 그름을 판단하세요.

① 姜熙民和王兰明天去商场。   O   X

② 姜熙民觉得坐公交车更方便。   O   X

3 우리말을 보고 빈칸을 채운 뒤 완성된 문장을 읽어 보세요.

① 明天是 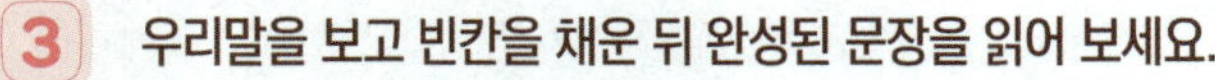 ，我们去 　　　　　 吧。

내일 토요일이니까 우리 쇼핑몰 가자.

② 我们坐 　　　　　 还是坐 　　　　　 ？

우리 지하철 탈까, 아니면 버스 탈까?

1 요일 표현

明天是星期六。
Míngtiān shì xīngqīliù.
내일은 토요일이야.

'星期'는 '요일'이라는 뜻으로 뒤에 숫자를 붙여 요일을 나타냅니다. 단, 일요일은 구어체로 '星期天', 문어체로 '星期日'라고 표현합니다.

질문 今天(是)星期几？　　오늘은 무슨 요일이니?
Jīntiān (shì) xīngqī jǐ?

대답 今天(是)星期天。　　오늘은 일요일이야.
Jīntiān (shì) xīngqītiān.

* 星期 xīngqī 명 요일, 주

Tip

✔ 명사술어문
나이, 날짜, 요일, 시간, 출생지와 관련된 명사는 일반적으로 '是'를 생략하고 직접 술어로 쓰일 수 있는데, 이를 명사술어문이라고 합니다.

2 선택의문문 还是

坐地铁还是坐公交车？
Zuò dìtiě háishi zuò gōngjiāochē?
지하철 탈까, 아니면 버스 탈까?

선택의문문 '还是'는 'A 아니면(또는) B입니까?'라는 뜻으로 두 가지 선택 사항 중 한 가지를 선택할 때 쓰는 표현입니다.

你去中国还是去美国？　　너는 중국에 가니, 아니면 미국에 가니?
Nǐ qù Zhōngguó háishi qù Měiguó?

你看电影还是看电视剧？　　너는 영화를 보니, 아니면 드라마를 보니?
Nǐ kàn diànyǐng háishi kàn diànshìjù?

* 电视剧 diànshìjù 명 드라마

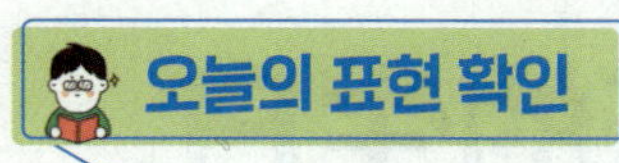 **오늘의 표현 확인**

🔊 18-4

표현 연습

昨天(是)星期二。
Zuótiān (shì) xīngqī'èr.

어제는 화요일이야.

* 昨天 zuótiān 몡 어제

今天不是星期五。
Jīntiān bú shì xīngqīwǔ.

오늘은 금요일이 아니야.

明天(是)星期天吗?
Míngtiān (shì) xīngqītiān ma?

내일은 일요일이니?

표현 연습

你吃汉堡还是吃比萨?
Nǐ chī hànbǎo háishi chī bǐsà?

너는 햄버거 먹을래, 아니면 피자 먹을래?

* 比萨 bǐsà 몡 피자

你买裤子还是买裙子?
Nǐ mǎi kùzi háishi mǎi qúnzi?

너는 바지 살래, 아니면 치마 살래?

* 裙子 qúnzi 몡 치마

你们在这儿吃还是带走?
Nǐmen zài zhèr chī háishi dài zǒu?

여기에서 드세요, 아니면 가지고 가세요?

* 你们 nǐmen 때 너희(들), 당신(들) |
带 dài 통 가지다, (몸에) 지니다 | 走 zǒu 통 가다, 걷다

DAY 19

八月八号是小张的生日。

Bā yuè bā hào shì Xiǎo Zhāng de shēngrì.

8월 8일은 샤오장의 생일이야.

학습 목표

✻ 중국어로 생일을 말할 수 있습니다.

✻ 날짜 표현과 조동사 要를 학습합니다.

오늘의 단어

제시된 단어를 여러 번 따라 읽으며 자신의 것으로 만들어 보세요.

🔊 19-1

月 yuè 몡 월, 달	号 hào 양 일[날짜를 가리킴]
生日 shēngrì 몡 생일	下 xià 몡 다음, 나중
对 duì 혱 맞다, 옳다	要 yào 조동 ~하려고 하다, ~할 것이다
送 sòng 동 선물하다, 주다	礼物 lǐwù 몡 선물
啊 a 조 감탄이나 긍정의 어기를 나타냄	

오늘의 단어 확인

1 빈칸에 알맞은 한자, 한어병음, 뜻을 써 보세요.

단어	한어병음	뜻
①	yuè	몡 월, 달
号	②	얭 일[날짜를 가리킴]
生日	shēngrì	③
④	yào	조통 ~하려고 하다, ~할 것이다
送	⑤	통 선물하다, 주다
⑥	a	조 감탄이나 긍정의 어기를 나타냄

2 우리말에 해당하는 한자를 써 보세요.

① 생일

② 다음, 나중

③ 맞다, 옳다

④ ~하려고 하다, ~할 것이다

⑤ 선물하다, 주다

⑥ 선물

오늘의 회화를 학습합니다. 19-2

八月八号是小张的生日。
Bā yuè bā hào shì Xiǎo Zhāng de shēngrì.
8월 8일은 샤오장의 생일이야.

김미나

下个星期吗？
Xià ge xīngqī ma?
다음 주야?

양웨이

对，我要送他礼物，你要一起吗？
Duì, wǒ yào sòng tā lǐwù, nǐ yào yìqǐ ma?
맞아, 나는 그에게 선물을 주려고 하는데, 너 같이 할래?

김미나

好啊，那七号一起买吧！
Hǎo a, nà qī hào yìqǐ mǎi ba!
좋아, 그럼 7일에 같이 사자!

양웨이

Tip

✽ 주 표현

지난주	이번 주	다음 주
上个星期 shàng ge xīngqī	这个星期 zhège xīngqī	下个星期 xià ge xīngqī

오늘의 회화 확인

1 녹음을 잘 듣고 그림과 일치하면 O, 일치하지 않으면 X표 하세요. 🔊 19-3

① 

② 

2 앞에 제시된 회화문을 읽고 문장의 옳고 그름을 판단하세요.

① 这个星期是小张的生日。  O X

② 他们要一起买小张的礼物。  O X

3 우리말을 보고 빈칸을 채운 뒤 완성된 문장을 읽어 보세요.

① 我 　　　　　　　 他礼物。

나는 그에게 선물을 주려고 해.

② 我们七号 　　　　　　　 礼物吧！

우리 7일에 같이 선물 사자!

1 날짜 표현

八月八号是小张的生日。
Bā yuè bā hào shì Xiǎo Zhāng de shēngrì.
8월 8일은 샤오장의 생일이야.

'월(月)'을 표현할 때는 '숫자+月'의 형태로 쓰며, '일(号)'을 표현할 때는 '숫자+号'의 형태로 씁니다.
이때 '号'는 '日'로 바꾸어 쓸 수 있는데, '号'는 회화체에서, '日'는 문어체에서 많이 사용합니다.

질문 　今天(是)几月几号?　　오늘은 몇 월 며칠이니?
Jīntiān (shì) jǐ yuè jǐ hào?

대답 　今天(是)三月十六号。　　오늘은 3월 16일이야.
Jīntiān (shì) sān yuè shíliù hào.

> **TIP**
> ✴ '是'를 생략할 수 없는 경우
> 날짜와 관련된 명사는 일반적으로 '是'를 생략하고 직접 술어로 쓸 수 있지만, '八月八号'와 같이 구체적인 날짜 뒤에 '是'가 오면 '是'를 생략할 수 없습니다.

2 조동사 要

我要送他礼物。
Wǒ yào sòng tā lǐwù.
나는 그에게 선물을 주려고 해.

조동사 '要'는 '~하려고 하다, ~할 것이다'라는 뜻으로 어떤 일을 하고자 하는 주관적인 의지를 나타냅니다. '要'의 부정은 '不想'으로 '~하고 싶지 않다'라는 뜻을 나타냅니다.

긍정 　我要去健身房。　　나는 헬스장에 가려고 해.
Wǒ yào qù jiànshēnfáng.

부정 　我不想去健身房。　　나는 헬스장에 가고 싶지 않아.
Wǒ bù xiǎng qù jiànshēnfáng.

의문 　你要去健身房吗?　　너는 헬스장에 가려고 하니?
Nǐ yào qù jiànshēnfáng ma?

＊ 健身房 jiànshēnfáng 몡 헬스장

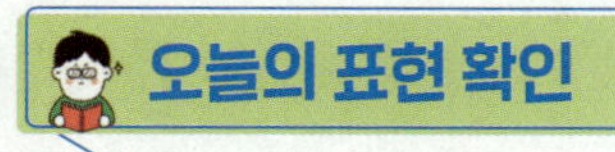

🔊 19-4

표현 연습

九月七号是我的生日。
Jiǔ yuè qī hào shì wǒ de shēngrì.

9월 7일은 내 생일이야.

二月十四号是情人节。
Èr yuè shísì hào shì Qíngrén Jié.

2월 14일은 밸런타인데이야.

* 情人节 Qíngrén Jié ⑲ 밸런타인데이

十二月二十五号是圣诞节。
Shí'èr yuè èrshíwǔ hào shì Shèngdàn Jié.

12월 25일은 크리스마스야.

* 圣诞节 Shèngdàn Jié ⑲ 크리스마스

표현 연습

我要请假。
Wǒ yào qǐngjià.

나는 휴가를 신청하려고 해.

* 请假 qǐngjià ⑧ 휴가를 신청하다

我不想休息。
Wǒ bù xiǎng xiūxi.

나는 쉬고 싶지 않아.

你要换手机吗？
Nǐ yào huàn shǒujī ma?

너는 휴대 전화를 바꾸려고 하니?

* 换 huàn ⑧ 바꾸다

DAY 20

您要怎么洗?

Nín yào zěnme xǐ?

어떻게 세탁하실 건가요?

학습 목표

✦ 세탁물을 맡기고 찾을 수 있습니다.

✦ 의문대사 怎么와 조동사 可以를 학습합니다.

 오늘의 단어

제시된 단어를 여러 번 따라 읽으며 자신의 것으로 만들어 보세요.　🔊 20-1

洗 xǐ 동 씻다, 세탁하다	**件** jiàn 양 벌[옷을 세는 단위]
怎么 zěnme 대 어떻게	**干洗** gānxǐ 동 드라이클리닝하다
可以 kěyǐ 조동 ~할 수 있다, ~해도 된다	**取** qǔ 동 찾다
不行 bùxíng 동 안 된다	**后天** hòutiān 명 모레

오늘의 단어 확인

1 빈칸에 알맞은 한자, 한어병음, 뜻을 써 보세요.

단어	한어병음	뜻
洗	①	동 씻다. 세탁하다
②	jiàn	양 벌[옷을 세는 단위]
怎么	zěnme	③
干洗	④	동 드라이클리닝하다
可以	kěyǐ	⑤
⑥	qǔ	동 찾다

2 우리말에 해당하는 한자를 써 보세요.

① 씻다.
세탁하다

② 어떻게

③ 드라이클리닝
하다

④ ~할 수 있다.
~해도 된다

⑤ 안 된다

⑥ 모레

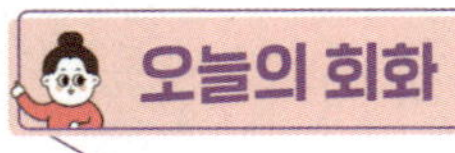
오늘의 회화

오늘의 회화를 학습합니다. 　🔊 20-2

강희민

您好，我想洗这件衣服。
Nín hǎo, wǒ xiǎng xǐ zhè jiàn yīfu.
안녕하세요. 저 이 옷 세탁하고 싶은데요.

세탁소 주인

您要怎么洗？
Nín yào zěnme xǐ?
어떻게 세탁하실 건가요?

강희민

干洗吧。明天我可以取衣服吗？
Gānxǐ ba. Míngtiān wǒ kěyǐ qǔ yīfu ma?
드라이클리닝으로 할게요. 내일 옷을 찾을 수 있을까요?

세탁소 주인

明天不行，后天来吧。
Míngtiān bùxíng, hòutiān lái ba.
내일은 안 되고, 모레 오세요.

Tip

'行'은 뜻에 따라 발음이 'xíng'과 'háng'으로 나뉩니다. 보통 'xíng'은 '좋다, 괜찮다'라는 뜻으로 쓰이고, 'háng'은 '직업, 업종' 관련 뜻으로 쓰입니다.

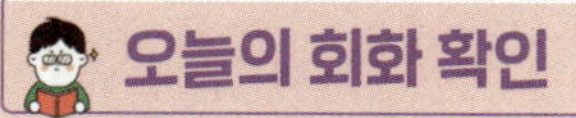

오늘의 회화 확인

1 녹음을 잘 듣고 그림과 일치하면 O, 일치하지 않으면 X표 하세요.　🔊 20-3

① 

② 

2 앞에 제시된 회화문을 읽고 문장의 옳고 그름을 판단하세요.

① 姜熙民想洗衣服。　　O　X

② 这件衣服不可以干洗。　　O　X

3 우리말을 보고 빈칸을 채운 뒤 완성된 문장을 읽어 보세요.

① 我想 ________ 这件 ________ 。

저 이 옷 세탁하고 싶은데요.

② ________ 不行, ________ 来吧。

내일은 안 되고, 모레 오세요.

1 의문대사 怎么

您要怎么洗?
Nín yào zěnme xǐ?
어떻게 세탁하실 건가요?

'怎么'는 '어떻게'라는 뜻으로 수단이나 방식을 물을 때 씁니다.

银行怎么去?　　은행은 어떻게 가니?
Yínháng zěnme qù?

这个字怎么读?　　이 글자는 어떻게 읽니?
Zhège zì zěnme dú?

* 字 zì 몡 글자 | 读 dú 동 읽다, 공부하다

TIP '怎么去?'는 목적지까지 가는 교통수단(이동 방식)을 물어볼 때 쓰고, '怎么走?'는 목적지까지 가는 이동 경로(길의 방향)를 물을 때 씁니다.

2 조동사 可以

明天我可以取衣服吗?
Míngtiān wǒ kěyǐ qǔ yīfu ma?
내일 옷을 찾을 수 있을까요?

조동사 '可以'는 '~할 수 있다, ~해도 된다'라는 뜻으로 가능이나 허락을 나타낼 때 씁니다. '可以'의 부정은 '不可以'로 '~하면 안 된다'라는 강한 금지를 나타냅니다.

긍정　这里可以停车。　　이곳에 주차할 수 있어요.
　　　Zhèli kěyǐ tíngchē.

부정　这里不可以停车。　　이곳에 주차하면 안 돼요.
　　　Zhèli bù kěyǐ tíngchē.

의문　这里可以停车吗?　　이곳에 주차할 수 있나요?
　　　Zhèli kěyǐ tíngchē ma?

* 这里 zhèli 때 이곳, 여기 | 停车 tíngchē 동 주차하다, 차를 세우다

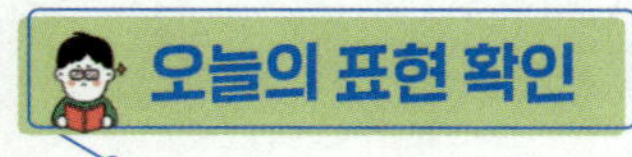

오늘의 표현 확인

🔊 20-4

표현 연습

这个怎么用？
Zhège zěnme yòng?

이것은 어떻게 사용하니?

* 用 yòng ⑧ 사용하다, 쓰다

书店怎么走？
Shūdiàn zěnme zǒu?

서점은 어떻게 가니?

你怎么学习汉语？
Nǐ zěnme xuéxí Hànyǔ?

너는 중국어 공부를 어떻게 하니?

* 学习 xuéxí ⑧ 공부하다, 배우다

표현 연습

今天可以见面。
Jīntiān kěyǐ jiànmiàn.

오늘 만날 수 있어.

* 见面 jiànmiàn ⑧ 만나다

这儿不可以拍照。
Zhèr bù kěyǐ pāizhào.

여기에서 사진 찍으면 안 돼요.

* 拍照 pāizhào ⑧ 사진을 찍다, 촬영하다

这里可以用支付宝吗？
zhèli kěyǐ yòng zhīfùbǎo ma?

이곳은 알리페이를 쓸 수 있나요?

* 支付宝 zhīfùbǎo ⑨ 알리페이[중국 모바일 결제 플랫폼]

现在十二点。

Xiànzài shí'èr diǎn.

지금은 12시야.

학습 목표

✖ 시간을 묻고 답할 수 있습니다.
✖ 시간 표현과 조동사 能을 학습합니다.

말하기 트레이닝 영상

오늘의 단어

제시된 단어를 여러 번 따라 읽으며 자신의 것으로 만들어 보세요.　　　🔊 21-1

现在 xiànzài 몡 지금, 현재	**点** diǎn 양 (시간의) 시
吃饭 chīfàn 동 밥을 먹다	**能** néng 조동 ~할 수 있다
川菜 chuāncài 몡 쓰촨 요리[四川菜의 줄임말]	**胃** wèi 몡 위
辣 là 형 맵다	**菜** cài 몡 음식, 요리

오늘의 단어 확인

1 빈칸에 알맞은 한자, 한어병음, 뜻을 써 보세요.

단어	한어병음	뜻
①	xiànzài	몡 지금, 현재
点	②	양 (시간의) 시
吃饭	chīfàn	③
能	④	조동 ~할 수 있다
辣	là	⑤
⑥	cài	몡 음식, 요리

2 우리말에 해당하는 한자를 써 보세요.

① (시간의) 시

② 밥을 먹다

③ 쓰촨 요리

④ 위

⑤ 맵다

⑥ 음식, 요리

오늘의 회화를 학습합니다.　　21-2

김미나

现在几点？

Xiànzài jǐ diǎn?

지금 몇 시니?

양웨이

现在十二点。我们去吃饭吧！

Xiànzài shí'èr diǎn. Wǒmen qù chīfàn ba!

지금은 12시야. 우리 밥 먹으러 가자!

김미나

好啊，你能吃川菜吗？

Hǎo a, nǐ néng chī chuāncài ma?

좋아, 너 쓰촨 요리 먹을 수 있니?

양웨이

我胃不好，不能吃辣的菜。

Wǒ wèi bù hǎo, bù néng chī là de cài.

나 위가 좋지 않아서 매운 음식을 먹을 수 없어.

Tip

'2시'를 나타낼 때는 '二点'이 아닌 '两点'이라고 말합니다.

* 两 liǎng ㈜ 2, 둘

오늘의 회화 확인

1 녹음을 잘 듣고 그림과 일치하면 O, 일치하지 않으면 X표 하세요. 21-3

①

②

2 앞에 제시된 회화문을 읽고 문장의 옳고 그름을 판단하세요.

① 他们要一起去吃饭。 O X

② 杨伟能吃辣的菜。 O X

3 우리말을 보고 빈칸을 채운 뒤 완성된 문장을 읽어 보세요.

① ________ 十二点。

지금은 12시야.

② 你 ________ 吃 ________ 吗？

너 쓰촨 요리 먹을 수 있니?

1 시간 표현

現在十二点。
Xiànzài shí'èr diǎn.
지금은 12시야.

'点'은 '(시간의) 시', '分'은 '(시간의) 분'을 뜻합니다. 15분 단위를 나타낼 때는 '刻 kè'를 쓰고, 30분을 나타낼 때는 '半 bàn'이라고 표현합니다.

15분	30분	45분
十五分(=一刻) shíwǔ fēn(=yí kè)	三十分(=半) sānshí fēn(=bàn)	四十五分(=三刻) sìshíwǔ fēn(=sān kè)

* 分 fēn ⑱ (시간의) 분 ｜ 刻 kè ⑱ 15분 ｜ 半 bàn ㉚ 반, 30분

2 조동사 能

你能吃川菜吗？
Nǐ néng chī chuāncài ma?
너 쓰촨 요리 먹을 수 있니?

조동사 '能'은 '~할 수 있다'라는 뜻으로 타고난 능력 또는 조건이 갖추어져 있거나 상황이 가능하여 어떤 일을 할 수 있음을 나타냅니다. '能'의 부정은 '不能'으로 '~할 수 없다'라는 뜻을 나타냅니다.

긍정 他能教汉语。　그는 중국어를 가르칠 수 있어.
　　　Tā néng jiāo Hànyǔ.

부정 他不能教汉语。　그는 중국어를 가르칠 수 없어.
　　　Tā bù néng jiāo Hànyǔ.

의문 他能教汉语吗？　그는 중국어를 가르칠 수 있니?
　　　Tā néng jiāo Hànyǔ ma?

* 教 jiāo ⑧ 가르치다

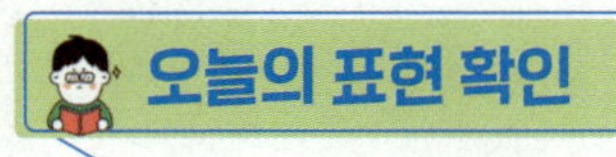
오늘의 표현 확인

🔊 21-4

표현 연습

现在两点二十分。
Xiànzài liǎng diǎn èrshí fēn.

지금은 2시 20분이야.

我七点半起床。
Wǒ qī diǎn bàn qǐchuáng.

나는 7시 30분에 일어나.

* 起床 qǐchuáng 동 일어나다, 기상하다

今天他三点一刻下课。
Jīntiān tā sān diǎn yí kè xiàkè.

오늘 그는 3시 15분에 수업이 끝나.

* 下课 xiàkè 동 수업이 끝나다

표현 연습

我能理解。
Wǒ néng lǐjiě.

나는 이해할 수 있어.

* 理解 lǐjiě 동 이해하다

我男朋友不能吃海鲜。
Wǒ nán péngyou bù néng chī hǎixiān.

내 남자 친구는 해산물을 먹을 수 없어.

* 男朋友 nán péngyou 남자 친구 | 海鲜 hǎixiān 명 해산물

你今天能参加聚餐吗?
Nǐ jīntiān néng cānjiā jùcān ma?

너는 오늘 회식에 참석할 수 있니?

* 参加 cānjiā 동 참석하다, 참가하다 | 聚餐 jùcān 명 회식 동 회식하다

DAY 22

你会做瑜伽吗?

Nǐ huì zuò yújiā ma?

너 요가 할 줄 아니?

✱ 능력을 나타내는 표현을 익힐 수 있습니다.

✱ 조동사 会와 개사 在를 학습합니다.

말하기 트레이닝 영상

오늘의 단어

제시된 단어를 여러 번 따라 읽으며 자신의 것으로 만들어 보세요.　🔊 22-1

会 huì 조동 ~할 줄 알다, ~할 수 있다	**做** zuò 동 하다, 만들다
瑜伽 yújiā 명 요가	**经常** jīngcháng 부 자주, 늘
在 zài 개 ~에서	**家** jiā 명 집
运动 yùndòng 명 운동 동 운동하다	**那儿** nàr 대 거기, 그곳
不错 búcuò 형 좋다, 괜찮다	

오늘의 단어 확인

1 빈칸에 알맞은 한자, 한어병음, 뜻을 써 보세요.

단어	한어병음	뜻
①	huì	조동 ~할 줄 알다, ~할 수 있다
瑜伽	yújiā	②
经常	③	부 자주, 늘
④	zài	개 ~에서
家	jiā	⑤
运动	⑥	명 운동 동 운동하다

2 우리말에 해당하는 한자를 써 보세요.

① 하다, 만들다

② 요가

③ 자주, 늘

④ 집

⑤ 거기, 그곳

⑥ 좋다, 괜찮다

오늘의 회화를 학습합니다.　　　　　　　　　　　　　　　◀) 22-2

강희민

你会做瑜伽吗？

Nǐ huì zuò yújiā ma?

너 요가 할 줄 아니?

왕란

会，我经常做瑜伽。

Huì, wǒ jīngcháng zuò yújiā.

할 줄 알아. 나 요가 자주 해.

강희민

你在哪儿做？

Nǐ zài nǎr zuò?

너 어디에서 하는데?

왕란

我家附近的运动中心，那儿很不错。

Wǒ jiā fùjìn de yùndòng zhōngxīn, nàr hěn búcuò.

우리 집 근처 스포츠 센터에서 해. 거기 아주 좋아.

오늘의 회화 확인

1 녹음을 잘 듣고 그림과 일치하면 O, 일치하지 않으면 X표 하세요.   ◀) 22-3

① 

② 

* 普拉提 pǔlātí ⑲ 필라테스 | 登山 dēngshān ⑧ 등산하다

2 앞에 제시된 회화문을 읽고 문장의 옳고 그름을 판단하세요.

① 王兰经常做瑜伽。    O X

② 王兰家附近的运动中心不好。    O X

3 우리말을 보고 빈칸을 채운 뒤 완성된 문장을 읽어 보세요.

① 我 ＿＿＿＿＿ 做 ＿＿＿＿＿＿。

나 요가 자주 해.

② 我家附近的 ＿＿＿＿＿ 中心，那儿很 ＿＿＿＿＿＿。

우리 집 근처 스포츠 센터에서 해. 거기 아주 좋아.

1 조동사 会

你**会**做瑜伽吗?
Nǐ huì zuò yújiā ma?
너 요가 할 줄 아니?

조동사 '**会**'는 '~할 줄 알다, ~할 수 있다'라는 뜻으로 주로 학습이나 연습을 통해 어떤 일을 할 수 있게 된 경우를 나타냅니다. '**会**'의 부정은 '不会'로 '~할 수 없다, ~할 줄 모르다'라는 뜻을 나타냅니다.

긍정
我**会**游泳。
Wǒ huì yóuyǒng.
나는 수영할 줄 알아.

부정
我**不会**游泳。
Wǒ bú huì yóuyǒng.
나는 수영할 줄 몰라.

의문
你**会**游泳**吗**?
Nǐ huì yóuyǒng ma?
너는 수영할 줄 아니?

* 游泳 yóuyǒng ⑧ 수영하다

	可以	能	会
긍정	허락	가능(타고난 능력이나 처한 상황)	가능(학습이나 연습)
부정	금지	불가능(능력이 부족하거나 열악한 상황)	불가능(학습이나 연습 부족)

2 개사 在

你**在**哪儿做瑜伽?
Nǐ zài nǎr zuò yújiā?
너 어디에서 요가 하니?

개사 '**在**'는 '~에서'라는 뜻으로 '在+장소' 형식으로 쓰이며 동작이 일어나는 장소를 나타냅니다.

질문
他**在**哪儿工作?
Tā zài nǎr gōngzuò?
그는 어디에서 일하니?

* 工作 gōngzuò ⑲ 일, 직장 ⑧ 일하다

대답
他**在**贸易公司工作。
Tā zài màoyì gōngsī gōngzuò.
그는 무역 회사에서 일해.

* 贸易 màoyì ⑲ 무역

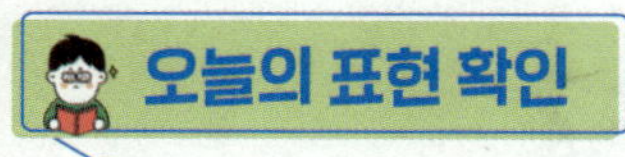

오늘의 표현 확인

22-4

표현 연습

我**会**说汉语。
Wǒ huì shuō Hànyǔ.

나는 중국어 할 줄 알아.

他**不会**开车。
Tā bú huì kāichē.

그는 운전할 줄 몰라.

你**会**滑冰**吗**？
Nǐ huì huábīng ma?

너는 스케이트 탈 줄 아니?

* 滑冰 huábīng 동 스케이트를 타다

표현 연습

妹妹**在**家休息。
Mèimei zài jiā xiūxi.

여동생은 집에서 쉬어.

我**在**星巴克喝咖啡。
Wǒ zài Xīngbākè hē kāfēi.

나는 스타벅스에서 커피를 마셔.

* 星巴克 Xīngbākè 명 스타벅스

我们**在**哪儿见面？
Wǒmen zài nǎr jiànmiàn?

우리 어디에서 만날까?

DAY 23

我们什么时候去?

Wǒmen shénme shíhou qù?

우리 언제 갈까?

✘ 맛집을 예약할 수 있습니다.

✘ 1음절 동사 중첩과 의문대사 什么时候를 학습합니다.

 오늘의 단어

제시된 단어를 여러 번 따라 읽으며 자신의 것으로 만들어 보세요.　　🔊 23-1

网红 **wǎnghóng** 인터넷에서 유명한	**餐厅** **cāntīng** 명 식당
知道 **zhīdao** 동 알다, 이해하다	**也** **yě** 부 ~도, 역시
时候 **shíhou** 명 때, 무렵	**预约** **yùyuē** 동 예약하다

오늘의 단어 확인

1 빈칸에 알맞은 한자, 한어병음, 뜻을 써 보세요.

단어	한어병음	뜻
网红	①	인터넷에서 유명한
②	cāntīng	명 식당
③	zhīdao	동 알다, 이해하다
也	④	부 ~도, 역시
时候	shíhou	⑤
预约	yùyuē	⑥

2 우리말에 해당하는 한자를 써 보세요.

① 인터넷에서 유명한

② 식당

③ 알다, 이해하다

④ ~도, 역시

⑤ 때, 무렵

⑥ 예약하다

오늘의 회화

오늘의 회화를 학습합니다.　　　　　　　　　　　　　　🔊 23-2

这里是网红餐厅，你知道吗？
Zhèli shì wǎnghóng cāntīng, nǐ zhīdao ma?
여기 인터넷에서 유명한 맛집인데, 너 알고 있니?
(리미나)

真的吗？我们也去尝尝吧。
Zhēn de ma? Wǒmen yě qù chángchang ba.
진짜? 우리도 가서 한번 먹어 보자.
(양웨이)

什么时候去？我预约一下。
Shénme shíhou qù? Wǒ yùyuē yíxià.
언제 갈까? 내가 예약할게.
(리미나)

下个星期六我有时间。
Xià ge xīngqīliù wǒ yǒu shíjiān.
다음 주 토요일에 나 시간 있어.
(양웨이)

Tip

‘网红’은 ‘인터넷에서 유명한’이라는 뜻 외에도 ‘인터넷에서 유명한 사람’, 즉 ‘인플루언서’라는 명사적 의미로도 많이 쓰입니다.

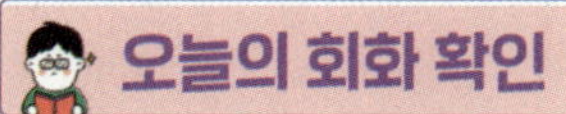 **오늘의 회화 확인**

1 녹음을 잘 듣고 그림과 일치하면 O, 일치하지 않으면 X표 하세요.　　🔊 23-3

① 

② 

2 앞에 제시된 회화문을 읽고 문장의 옳고 그름을 판단하세요.

① 这个餐厅不太有名。　　　O　X

② 金美娜要预约餐厅。　　　O　X

* 有名 yǒumíng 형 유명하다

3 우리말을 보고 빈칸을 채운 뒤 완성된 문장을 읽어 보세요.

① 这里是 　　　　　　　　 餐厅。

여기 인터넷에서 유명한 맛집이야.

② 我们什么 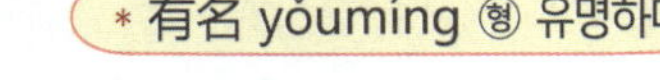 去那个餐厅？

우리 그 식당 언제 갈까?

* 那个 nàge 대 그(것), 저(것)

1 1음절 동사 중첩

> 我们也去尝尝吧。
> Wǒmen yě qù chángchang ba.
> 우리도 가서 한번 먹어 보자.

1음절 동사 중첩이란 동사를 두 번 반복해서 말하는 것으로 가볍고 부드러운 어감을 나타내며, '(한번/좀) ~해 보다'라는 시도의 뜻으로 쓰입니다. 이때 뒤에 오는 동사는 경성으로 읽습니다.

你出去看看。　　　너 나가서 좀 봐 봐.
Nǐ chūqù kànkan.

* 出去 chūqù ⑧ 나가다

你闻闻这个香水。　　너 이 향수 냄새 좀 맡아 봐.
Nǐ wénwen zhège xiāngshuǐ.

* 闻 wén ⑧ 냄새를 맡다 | 香水 xiāngshuǐ ⑲ 향수

2 의문대사 什么时候

> 我们什么时候去?
> Wǒmen shénme shíhou qù?
> 우리 언제 갈까?

의문대사 '什么时候'는 '언제'라는 뜻으로 시기와 때를 물을 때 씁니다. '什么时候' 자체가 의문사 역할을 하기 때문에 문장 끝에 '吗'를 쓰지 않습니다.

你什么时候上课?　　너는 언제 수업하니?
Nǐ shénme shíhou shàngkè?

* 上课 shàngkè ⑧ 수업하다

我们什么时候见面?　우리 언제 만날까?
Wǒmen shénme shíhou jiànmiàn?

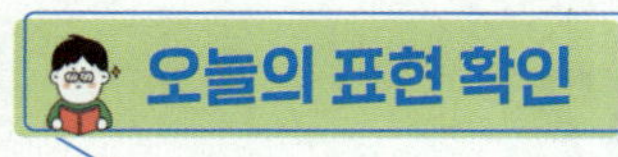

오늘의 표현 확인

🔊 23-4

표현 연습

你去**找找**。
Nǐ qù zhǎozhao.

너 가서 좀 찾아 봐.

* 找 zhǎo ⑧ 찾다

你自己**想想**吧。
Nǐ zìjǐ xiǎngxiang ba.

너 스스로 잘 생각해 봐.

* 自己 zìjǐ ⑭ 스스로, 자신 ㅣ 想 xiǎng ⑧ 생각하다

您可以**试试**这件衣服。
Nín kěyǐ shìshi zhè jiàn yīfu.

당신은 이 옷을 입어 봐도 돼요.

* 试 shì ⑧ 시도하다, 시험 삼아 해 보다

표현 연습

你**什么时候**到？
Nǐ shénme shíhou dào?

너는 언제 도착하니?

* 到 dào ⑧ 도착하다

他**什么时候**毕业？
Tā shénme shíhou bìyè?

그는 언제 졸업하니?

* 毕业 bìyè ⑧ 졸업하다

他们**什么时候**回来？
Tāmen shénme shíhou huílai?

그들은 언제 돌아오니?

* 回来 huílai ⑧ 돌아오다

一斤苹果多少钱?

Yì jīn píngguǒ duōshao qián?

사과 한 근에 얼마예요?

✖ 과일 가격을 묻고 답할 수 있습니다.
✖ 중국의 화폐 단위와 부사 有(一)点儿을 학습합니다.

말하기 트레이닝 영상

오늘의 단어

제시된 단어를 여러 번 따라 읽으며 자신의 것으로 만들어 보세요.

🔊 24-1

斤 jīn 양 근[무게를 세는 단위]	**苹果** píngguǒ 명 사과
多少 duōshao 대 얼마, 몇	**钱** qián 명 돈
块 kuài 양 위안[중국의 화폐 단위]	**有(一)点儿** yǒu(yì)diǎnr 부 조금, 약간
贵 guì 형 비싸다	**家** jiā 양 집[가게·기업 따위를 세는 단위]
非常 fēicháng 부 아주, 대단히	**好吃** hǎochī 형 맛있다

오늘의 단어 확인

1 빈칸에 알맞은 한자, 한어병음, 뜻을 써 보세요.

단어	한어병음	뜻
①	jīn	양 근[무게를 세는 단위]
苹果	②	명 사과
多少	③	대 얼마, 몇
块	kuài	④
⑤	jiā	양 집[가게·기업 따위를 세는 단위]
⑥	hǎochī	형 맛있다

2 우리말에 해당하는 한자를 써 보세요.

① 사과

② 얼마, 몇

③ 돈

④ 조금, 약간

⑤ 비싸다

⑥ 아주, 대단히

오늘의 회화를 학습합니다.　24-2

一斤苹果多少钱？

Yì jīn píngguǒ duōshao qián?

사과 한 근에 얼마예요?

왕란

一斤苹果十五块。

Yì jīn píngguǒ shíwǔ kuài.

사과 한 근에 15위안이에요.

과일가게 사장

一斤十五块有(一)点儿贵啊！

Yì jīn shíwǔ kuài yǒu(yì)diǎnr guì a!

한 근에 15위안이면 조금 비싸네요!

왕란

十五块不贵，我家的苹果非常好吃。

Shíwǔ kuài bú guì, wǒ jiā de píngguǒ fēicháng hǎochī.

15위안이면 비싸지 않아요. 저희 집 사과는 아주 맛있어요.

과일가게 사장

Tip

✿ 중국의 화폐 단위

회화체	块 kuài 콰이	毛 máo 마오	分 fēn 펀
문어체	元 yuán 위안	角 jiǎo 자오	分 fēn 펀

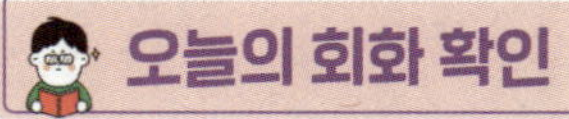

오늘의 회화 확인

1 녹음을 잘 듣고 그림과 일치하면 O, 일치하지 않으면 X표 하세요. 　🔊 24-3

① 

② 

* 草莓 cǎoméi 몡 딸기

2 앞에 제시된 회화문을 읽고 문장의 옳고 그름을 판단하세요.

① 王兰觉得苹果有(一)点儿贵。　　　　O　X

② 两斤苹果十五块。　　　　O　X

Tip 일반적으로 순서를 나타낼 때는 '二'을, 수량을 나타낼 때는 '两'을 씁니다.

3 우리말을 보고 빈칸을 채운 뒤 완성된 문장을 읽어 보세요.

① 一　　　　　　苹果　　　　　　钱?

사과 한 근에 얼마예요?

② 我家的苹果　　　　　　　　　　。

저희 집 사과는 아주 맛있어요.

1 중국의 화폐 단위

一斤苹果十五**块**。
Yì jīn píngguǒ shíwǔ kuài.
사과 한 근에 15위안이에요.

숫자 읽는 법

❶ 숫자 중간에 '0'이 있는 경우 그 개수와 상관없이 '零'은 한 번만 읽습니다.

604위안 → 六百零四**块** liùbǎi líng sì kuài / 6,004위안 → 六千零四**块** liùqiān líng sì kuài

---

❷ 숫자 '2'가 단독으로 쓰일 때는 '两'으로 읽습니다.

2위안 → 两**块** liǎng kuài / 0.2위안 → 两毛 liǎng máo

---

❸ '0'으로 끝나는 숫자는 '0' 앞의 단위를 생략하여 읽을 수 있습니다.

450위안 → 四百五(十**块**) sìbǎi wǔ(shí kuài) / 5,200위안 → 五千二(百**块**) wǔqiān èr(bǎi kuài)

---

2 부사 有(一)点儿

一斤十五块**有(一)点儿**贵啊!
Yì jīn shíwǔ kuài yǒu(yì)diǎnr guì a!
한 근에 15위안이면 조금 비싸네요!

부사 '**有(一)点儿**'은 '조금, 약간'이라는 뜻으로 주로 심리동사나 형용사 앞에 놓여 불만의 어기를 나타냅니다.

这道菜**有(一)点儿**辣。　　　　이 음식은 조금 매워.
Zhè dào cài yǒu(yì)diǎnr là.

* 道 dào ⑬ 음식을 세는 단위

我**有(一)点儿**担心明天的考试。　나는 내일 시험이 조금 걱정돼.
Wǒ yǒu(yì)diǎnr dānxīn míngtiān de kǎoshì.

* 担心 dānxīn ⑧ 걱정하다 | 考试 kǎoshì ⑲ 시험 ⑧ 시험을 보다

Tip 중국어에서 심리동사란 사람의 감정적인 활동을 나타내는 동사로 '爱, 喜欢, 担心, 怕' 등이 이에 해당합니다.

* 爱 ài ⑧ 사랑하다 | 怕 pà ⑧ 무서워하다, 두려워하다

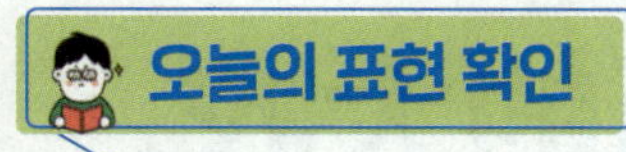
오늘의 표현 확인

🔊 24-4

표현 연습

一份锅包肉三十**块**。
Yí fèn guōbāoròu sānshí kuài.

꿔바로우 한 접시에 30위안이에요.

* 份 fèn ⑨ 접시, 세트, 인분 | 锅包肉 guōbāoròu ⑲ 꿔바로우[음식명]

一共一千零九**块**。
Yígòng yìqiān líng jiǔ kuài.

모두 1,009위안이에요.

* 一共 yígòng ⑭ 모두, 전부

这个书包两百二(十**块**)。
Zhège shūbāo liǎngbǎi èr(shí kuài).

이 책가방은 220위안이에요.

표현 연습

今天**有(一)点儿**累。
Jīntiān yǒu(yì)diǎnr lèi.

오늘 조금 피곤해.

我**有(一)点儿**头疼。
Wǒ yǒu(yì)diǎnr tóuténg.

나 머리가 조금 아파.

* 头疼 tóuténg ⑧ 머리가 아프다

他**有(一)点儿**不高兴。
Tā yǒu(yì)diǎnr bù gāoxìng.

그는 기분이 조금 안 좋아.

我打算买一件新的大衣。

Wǒ dǎsuan mǎi yí jiàn xīn de dàyī.

나는 새 코트를 한 벌 살 계획이야.

 학습 목표

✽ 자신의 계획을 말할 수 있습니다.
✽ 진행문 在와 동사 打算을 학습합니다.

말하기 트레이닝 영상

 오늘의 단어

제시된 단어를 여러 번 따라 읽으며 자신의 것으로 만들어 보세요.　◀)) 25-1

在 zài 뷔 ~하고 있다, ~하는 중이다	**网购** wǎnggòu 동 인터넷 쇼핑을 하다
对了 duì le 동 맞다[갑자기 어떤 일이 생각났을 때 쓰임]	**双十一** Shuāng shíyī 블랙 프라이데이
所以 suǒyǐ 접 그래서	**打算** dǎsuan 동 ~할 계획이다, ~할 예정이다
新 xīn 형 새로운, 새롭다	**大衣** dàyī 명 코트
便宜 piányi 형 (값이) 저렴하다, 싸다	

오늘의 단어 확인

1 빈칸에 알맞은 한자, 한어병음, 뜻을 써 보세요.

단어	한어병음	뜻
在	①	㉑ ~하고 있다. ~하는 중이다
②	wǎnggòu	㉐ 인터넷 쇼핑을 하다
③	duì le	㉐ 맞다[갑자기 어떤 일이 생각났을 때 쓰임]
双十一	Shuāng shíyī	④
打算	⑤	㉐ ~할 계획이다. ~할 예정이다
便宜	piányi	⑥

2 우리말에 해당하는 한자를 써 보세요.

① ~하고 있다, ~하는 중이다

② 블랙 프라이데이

③ 그래서

④ 새로운, 새롭다

⑤ 코트

⑥ (값이) 저렴하다, 싸다

오늘의 회화를 학습합니다.

25-2

양웨이

你在看什么？

Nǐ zài kàn shénme?

너는 무엇을 보고 있니?

김미나

我在网购。

Wǒ zài wǎnggòu.

나는 인터넷 쇼핑을 하고 있어.

양웨이

对了，今天是双十一，是吧？

Duì le, jīntiān shì Shuāng shíyī, shì ba?

맞다, 오늘 블랙 프라이데이지?

김미나

对，所以我打算买一件新的大衣，现在很便宜。

Duì, suǒyǐ wǒ dǎsuan mǎi yí jiàn xīn de dàyī, xiànzài hěn piányi.

맞아, 그래서 나는 새 코트를 한 벌 살 계획이야. 지금 저렴하거든.

Tip

'对了'는 '맞다'라는 뜻으로 갑자기 무언가가 생각나거나 대화의 주제를 전환할 때 사용하고, '对'는 '맞아'라는 뜻으로 상대방의 말에 공감할 때 사용합니다.

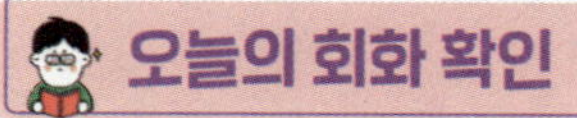

오늘의 회화 확인

1 녹음을 잘 듣고 그림과 일치하면 O, 일치하지 않으면 X표 하세요.　　🔊 25-3

2 앞에 제시된 회화문을 읽고 문장의 옳고 그름을 판단하세요.

① 金美娜在网购。　　O　X

② 双十一买衣服很贵。　　O　X

3 우리말을 보고 빈칸을 채운 뒤 완성된 문장을 읽어 보세요.

① 今天是 　　　　　　　，是吧？

오늘 블랙 프라이데이지?

② 我 　　　　　　买一件新的 　　　　　　　。

나는 새 코트를 한 벌 살 계획이야.

오늘의 표현

1 진행문 在

我**在**网购。
Wǒ zài wǎnggòu.
나는 인터넷 쇼핑을 하고 있어.

'在'는 '~하고 있다. ~하는 중이다'라는 뜻으로 어떠한 동작을 진행하고 있음을 나타냅니다. 문장 끝에 진행을 나타내는 어기조사 '呢'를 붙여 '在……呢'의 형태로 쓰이기도 합니다.

질문　你**在**干什么？　　　　너는 무엇을 하고 있니?
　　　　Nǐ zài gàn shénme?

대답　我**在**看油管视频(呢)。　나는 유튜브 동영상을 보고 있어.
　　　　Wǒ zài kàn yóuguǎn shìpín (ne).

* 油管 yóuguǎn ⑲ 유튜브 ｜ 视频 shìpín ⑲ 동영상 ｜ 呢 ne ㉛ ~하고 있다

2 동사 打算

我**打算**买一件新的大衣。
Wǒ dǎsuan mǎi yí jiàn xīn de dàyī.
나는 새 코트를 한 벌 살 계획이야.

'打算'은 '~할 계획이다. ~할 예정이다'라는 뜻으로 향후 어떤 일에 대한 계획을 설명할 때 씁니다.
'打算'의 부정은 '不打算'으로 '~하지 않을 계획이다. ~하지 않을 예정이다'라는 뜻을 나타냅니다.

긍정　我**打算**去旅游。　　나는 여행을 갈 계획이야.
　　　　Wǒ dǎsuan qù lǚyóu.

부정　我**不打算**去旅游。　나는 여행을 가지 않을 계획이야.
　　　　Wǒ bù dǎsuan qù lǚyóu.

의문　你**打算**去旅游**吗**？　너는 여행을 갈 계획이니?
　　　　Nǐ dǎsuan qù lǚyóu ma?

* 旅游 lǚyóu ⑧ 여행하다

◀)) 25-4

표현 연습

我**在**运动(呢)。
Wǒ zài yùndòng (ne).

나는 운동을 하고 있어.

她**在**打工(呢)。
Tā zài dǎgōng (ne).

그녀는 아르바이트를 하고 있어.

* 打工 dǎgōng ⑧ 아르바이트하다

他**在**玩手机游戏(呢)。
Tā zài wán shǒujī yóuxì (ne).

그는 모바일 게임을 하고 있어.

* 游戏 yóuxì ⑲ 게임

표현 연습

我**打算**减肥。
Wǒ dǎsuan jiǎnféi.

나는 다이어트할 계획이야.

* 减肥 jiǎnféi ⑧ 다이어트하다, 살을 빼다

我**不打算**留学。
Wǒ bù dǎsuan liúxué.

나는 유학하지 않을 계획이야.

* 留学 liúxué ⑧ 유학하다

你们**打算**今年结婚**吗**?
Nǐmen dǎsuan jīnnián jiéhūn ma?

너희는 올해 결혼할 계획이니?

* 结婚 jiéhūn ⑧ 결혼하다

那我下周再来吧。

Nà wǒ xià zhōu zài lái ba.

그럼 제가 다음 주에 다시 올게요.

학습 목표

✸ 원하는 상품을 주문할 수 있습니다.

✸ 부사 再와 ……的时候를 학습합니다.

말하기 트레이닝 영상

오늘의 단어

제시된 단어를 여러 번 따라 읽으며 자신의 것으로 만들어 보세요.

◁》 26-1

请问 qǐngwèn 동 실례합니다, 말씀 좀 여쭙겠습니다	**款** kuǎn 양 디자인, 모델, 스타일
蓝牙 lányá 명 블루투스	**耳机** ěrjī 명 이어폰
不好意思 bù hǎoyìsi 죄송하다, 미안하다	**周** zhōu 명 주, 요일
货 huò 명 상품, 물건	**再** zài 부 다시, 또, 더
电话 diànhuà 명 전화	**联系** liánxì 동 연락하다

오늘의 단어 확인

1 빈칸에 알맞은 한자, 한어병음, 뜻을 써 보세요.

단어	한어병음	뜻
①	qǐngwèn	동 실례합니다, 말씀 좀 여쭙겠습니다
款	②	양 디자인, 모델, 스타일
蓝牙	lányá	③
④	ěrjī	명 이어폰
再	⑤	부 다시, 또, 더
联系	liánxì	⑥

2 우리말에 해당하는 한자를 써 보세요.

① 블루투스

② 죄송하다, 미안하다

③ 주, 요일

④ 상품, 물건

⑤ 다시, 또, 더

⑥ 전화

오늘의 회화를 학습합니다.　　　　　　　　　　　🔊 26-2

你好！请问有这款蓝牙耳机吗？

Nǐ hǎo! Qǐngwèn yǒu zhè kuǎn lányá ěrjī ma?

안녕하세요! 실례지만, 이 블루투스 이어폰 있나요?

강희민

不好意思，现在没有，下周能到货。

Bù hǎoyìsi, xiànzài méiyǒu, xià zhōu néng dào huò.

죄송합니다. 지금은 없고 다음 주에 상품이 도착할 수 있습니다.

직원

那我下周再来吧。

Nà wǒ xià zhōu zài lái ba.

그럼 제가 다음 주에 다시 올게요.

강희민

请写一下您的电话。货到的时候，我们联系您。

Qǐng xiě yíxià nín de diànhuà. Huò dào de shíhou, wǒmen liánxì nín.

고객님의 전화번호 좀 적어 주세요. 상품이 도착했을 때 저희가 연락드리겠습니다.

직원

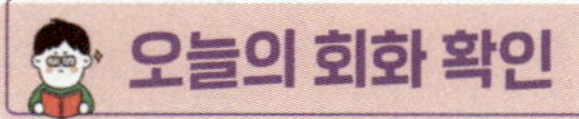
오늘의 회화 확인

1 녹음을 잘 듣고 그림과 일치하면 O, 일치하지 않으면 X표 하세요. ◀》 26-3

① 

② 

2 앞에 제시된 회화문을 읽고 문장의 옳고 그름을 판단하세요.

① 姜熙民不打算买蓝牙耳机。 　　　　　O　X

② 蓝牙耳机下周能到货。 　　　　　O　X

3 우리말을 보고 빈칸을 채운 뒤 완성된 문장을 읽어 보세요.

① ＿＿＿＿＿＿ 有这款蓝牙耳机吗？

실례지만, 이 블루투스 이어폰 있나요?

② ＿＿＿＿＿＿, 现在没有这款蓝牙耳机。

죄송합니다. 지금은 이 블루투스 이어폰이 없습니다.

1 부사 再

我下周再来吧。
Wǒ xià zhōu zài lái ba.
제가 다음 주에 다시 올게요.

부사 '再'는 '다시, 또, 더'라는 뜻으로 현재 하고 있는 동작이나 행위가 미래에 반복해서 발생할 때 씁니다.

我再告诉你。　　내가 다시 알려줄게.
Wǒ zài gàosu nǐ.

* 告诉 gàosu ⑧ 알리다, 말하다

我们以后再说吧。　우리 나중에 다시 얘기하자.
Wǒmen yǐhòu zài shuō ba.

* 以后 yǐhòu ⑲ 나중, 이후

2 ……的时候

货到的时候，我们联系您。
Huò dào de shíhou, wǒmen liánxì nín.
상품이 도착했을 때 저희가 연락드리겠습니다.

'……的时候'는 '~할 때'라는 뜻으로 어떤 사건이나 상황이 발생한 때를 나타냅니다.

感冒的时候，多喝水。　감기에 걸렸을 때 물 많이 마셔.
Gǎnmào de shíhou, duō hē shuǐ.

* 感冒 gǎnmào ⑧ 감기에 걸리다 ｜ 多 duō ⑨ 많이 ｜ 水 shuǐ ⑲ 물

你结婚的时候，一定要告诉我。　너 결혼할 때 나에게 꼭 알려줘야 해.
Nǐ jiéhūn de shíhou, yídìng yào gàosu wǒ.

* 一定 yídìng ⑨ 꼭, 반드시 ｜ 要 yào ㉚ ~해야 한다

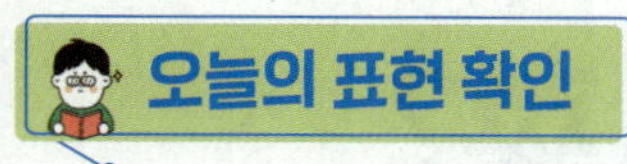
오늘의 표현 확인

🔊 26-4

표현 연습

下次**再**来吧。
Xiàcì zài lái ba.

다음번에 다시 오자.

* 下次 xiàcì 몡 다음번

我们改天**再**见吧。
Wǒmen gǎitiān zài jiàn ba.

우리 다음에 다시 만나자.

* 改天 gǎitiān 몡 다음, 후일

我们**再**商量一下吧。
Wǒmen zài shāngliang yíxià ba.

우리 다시 상의 좀 하자.

* 商量 shāngliang 됭 상의하다

표현 연습

你出去**的时候**，带伞吧。
Nǐ chūqù de shíhou, dài sǎn ba.

너 나갈 때 우산 챙겨.

* 伞 sǎn 몡 우산

他年轻**的时候**，很帅。
Tā niánqīng de shíhou, hěn shuài.

그는 젊었을 때 잘생겼었어.

* 年轻 niánqīng 혱 젊다

她吃炸鸡**的时候**，一定喝可乐。
Tā chī zhájī de shíhou, yídìng hē kělè.

그녀는 치킨을 먹을 때 꼭 콜라를 마셔.

DAY 27

请问两位点什么菜?

Qǐngwèn liǎng wèi diǎn shénme cài?

실례지만, 두 분 어떤 음식을 주문하시겠어요?

✸ 식당에서 음식을 주문할 수 있습니다.
✸ 수량사 一点儿과 부사 还를 학습합니다.

제시된 단어를 여러 번 따라 읽으며 자신의 것으로 만들어 보세요.　🔊 27-1

位 wèi 양 분[존칭]	**来** lái 동 (어떤 동작을) 하다
鱼香肉丝 yúxiāngròusī 명 위샹러우쓰[음식명]	**放** fàng 동 넣다
一点儿 yìdiǎnr 수량 조금, 약간	**辣椒** làjiāo 명 고추
还 hái 부 더, 또	**要** yào 동 필요하다, 원하다
别 bié 다른, 별도의	**瓶** píng 양 병[병을 세는 단위]

오늘의 단어 확인

1 빈칸에 알맞은 한자, 한어병음, 뜻을 써 보세요.

단어	한어병음	뜻
①	wèi	양 분[존칭]
来	②	동 (어떤 동작을) 하다
放	fàng	③
辣椒	làjiāo	④
⑤	bié	다른, 별도의
瓶	⑥	양 병[병을 세는 단위]

2 우리말에 해당하는 한자를 써 보세요.

① 위샹러우쓰
[음식명]

② 넣다

③ 조금, 약간

④ 더, 또

⑤ 필요하다,
원하다

⑥ 다른, 별도의

오늘의 회화를 학습합니다.　　　　　　　　　　　　　　　🔊 27-2

종업원

请问两位点什么菜？
Qǐngwèn liǎng wèi diǎn shénme cài?
실례지만, 두 분 어떤 음식을 주문하시겠어요?

왕란

来一份鱼香肉丝，多放一点儿辣椒。
Lái yí fèn yúxiāngròusī, duō fàng yìdiǎnr làjiāo.
위샹러우쓰 한 접시 주시고요, 고추 좀 많이 넣어 주세요.

종업원

还要别的吗？
Hái yào bié de ma?
더 필요한 것 있으세요?

왕란

再来两瓶可乐。
Zài lái liǎng píng kělè.
콜라도 두 병 주세요.

Tip

'来'의 기본적인 뜻은 '오다'이지만 음식을 주문할 때는 '~을(를) 가져다주세요, ~을(를) 주문할게요'라는 의미를 나타냅니다.

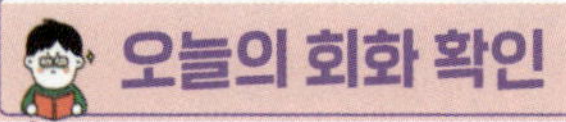

오늘의 회화 확인

1 녹음을 잘 듣고 그림과 일치하면 O, 일치하지 않으면 X표 하세요.   🔊 27-3

① 

② 

* 芝士 zhīshì 몡 치즈

2 앞에 제시된 회화문을 읽고 문장의 옳고 그름을 판단하세요.

① 王兰点一份鱼香肉丝和两瓶可乐。   O   X

② 王兰要求菜里不放辣椒。   O   X

* 要求 yāoqiú 동 요구하다, 요청하다 | 里 li 몡 안, 속

3 우리말을 보고 빈칸을 채운 뒤 완성된 문장을 읽어 보세요.

① _________ 一份鱼香肉丝，多 _________ 一点儿辣椒。

위샹러우쓰 한 접시 주시고요, 고추 좀 많이 넣어 주세요.

② _________ 别的吗？

더 필요한 것 있으세요?

1 수량사 一点儿

> **多放一点儿辣椒。**
> Duō fàng yìdiǎnr làjiāo.
> 고추 좀 많이 넣어 주세요.

수량사 '一点儿'은 일반적으로 동사나 형용사 뒤에 놓여 '조금, 약간'이라는 뜻을 나타내며, '一'를 생략하여 말할 수 있습니다.

多吃(一)点儿蔬菜吧。　　채소 좀 많이 먹어.
Duō chī (yì)diǎnr shūcài ba.

* 蔬菜 shūcài 명 채소

你早(一)点儿睡吧。　　너 일찍 좀 자.
Nǐ zǎo (yì)diǎnr shuì ba.

* 早 zǎo 형 이르다, 빠르다 ｜ 睡 shuì 동 (잠을) 자다

2 부사 还

> **还要别的吗?**
> Hái yào bié de ma?
> 더 필요한 것 있으세요?

부사 '还'는 '더, 또'라는 뜻으로 수량이 증가하거나 범위가 확대되는 것을 나타냅니다.

我还想吃牛排。　　나는 스테이크를 더 먹고 싶어.
Wǒ hái xiǎng chī niúpái.

* 牛排 niúpái 명 스테이크

你还要喝水吗?　　너 물 더 마실 거야?
Nǐ hái yào hē shuǐ ma?

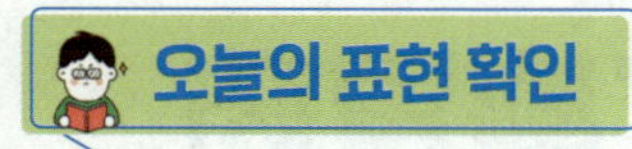

오늘의 표현 확인

🔊 27-4

표현 연습

我去超市买(一)点儿东西。
Wǒ qù chāoshì mǎi (yì)diǎnr dōngxi.

나는 마트에 가서 물건 좀 살게.

我们今天晚(一)点儿出发吧。
Wǒmen jīntiān wǎn (yì)diǎnr chūfā ba.

우리 오늘 좀 늦게 출발하자.

* 晚 wǎn 혱 늦다 | 出发 chūfā 동 출발하다

老板，能不能便宜(一)点儿？
Lǎobǎn, néng bu néng piányi (yì)diǎnr?

사장님, 좀 싸게 해 주실 수 있나요?

* 老板 lǎobǎn 몡 사장, 주인

 **Tip** 조동사 정반의문문은 조동사의 긍정형과 부정형을 동시에 써서 질문하는 의문문으로 '~할 수 있는지, 없는지'라는 뜻을 나타냅니다. 이때 '不'는 경성으로 발음합니다.

표현 연습

我还想和你聊天。
Wǒ hái xiǎng hé nǐ liáotiān.

나는 너와 더 얘기하고 싶어.

* 聊天 liáotiān 동 이야기하다

他还要吃几天药。
Tā hái yào chī jǐ tiān yào.

그는 며칠 약을 더 먹어야 해.

* 天 tiān 몡 날, 일 | 药 yào 몡 약

你还喝咖啡吗？
Nǐ hái hē kāfēi ma?

너 커피 더 마실래?

DAY 28

我今天早上吃了感冒药。

Wǒ jīntiān zǎoshang chī le gǎnmào yào.

나 오늘 아침에 감기약 먹었어.

★ 자신의 건강 상태를 말할 수 있습니다.
★ 조동사 应该와 동태조사 了를 학습합니다.

오늘의 단어

제시된 단어를 여러 번 따라 읽으며 자신의 것으로 만들어 보세요.   ◀) 28-1

脸色 liǎnsè 몡 안색, 얼굴빛	**差** chà 혱 좋지 않다, 나쁘다
舒服 shūfu 혱 편안하다	**还** hái 뷔 ~도, 또한, 그리고
发烧 fāshāo 동 열이 나다	**应该** yīnggāi 조동 ~해야 한다
医院 yīyuàn 몡 병원	**没事(儿)** méishì(r) 괜찮다, 상관없다
早上 zǎoshang 몡 아침	**了** le 조 ~했다

오늘의 단어 확인

1 빈칸에 알맞은 한자, 한어병음, 뜻을 써 보세요.

단어	한어병음	뜻
①	liǎnsè	명 안색, 얼굴빛
差	②	형 좋지 않다, 나쁘다
舒服	shūfu	③
④	hái	부 ~도, 또한, 그리고
应该	⑤	조동 ~해야 한다
早上	zǎoshang	⑥

2 우리말에 해당하는 한자를 써 보세요.

① 편안하다

② 열이 나다

③ ~해야 한다

④ 병원

⑤ 괜찮다, 상관없다

⑥ ~했다

오늘의 회화를 학습합니다. 🔊 28-2

김미나

你脸色很差，哪儿不舒服吗？
Nǐ liǎnsè hěn chà, nǎr bù shūfu ma?
너 안색이 좋지 않은데, 어디 아프니?

양웨이

我头疼，还有(一)点儿发烧。
Wǒ tóuténg, hái yǒu(yì)diǎnr fāshāo.
나 머리 아프고, 열도 조금 나.

김미나

你应该去医院啊！
Nǐ yīnggāi qù yīyuàn a!
너 병원 가야겠다!

양웨이

没事(儿)，我今天早上吃了感冒药。
Méishì(r), wǒ jīntiān zǎoshang chī le gǎnmào yào.
괜찮아. 나 오늘 아침에 감기약 먹었어.

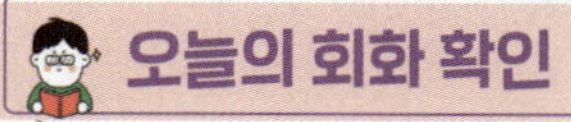 오늘의 회화 확인

1 녹음을 잘 듣고 그림과 일치하면 O, 일치하지 않으면 X표 하세요.　　28-3

① 

② 

2 앞에 제시된 회화문을 읽고 문장의 옳고 그름을 판단하세요.

① 杨伟的脸色不好。　　O　X

② 杨伟打算去医院。　　O　X

3 우리말을 보고 빈칸을 채운 뒤 완성된 문장을 읽어 보세요.

① 我 ________________ , 还有(一)点儿 ________________ 。

나 머리 아프고, 열도 조금 나.

② 你 ________________ 去医院啊！

너 병원 가야겠다!

1 조동사 应该

你**应该**去医院啊！
Nǐ **yīnggāi** qù yīyuàn a!
너 병원 가야겠다!

조동사 '应该'는 '(마땅히) ~해야 한다'라는 뜻으로 당연히 해야 하는 도리를 나타낼 때 씁니다.

学生**应该**努力学习。　　　학생은 열심히 공부해야 해.
Xuésheng **yīnggāi** nǔlì xuéxí.

* 努力 nǔlì 동 노력하다, 힘쓰다

我们**应该**向他道歉。　　　우리는 그에게 사과해야 해.
Wǒmen **yīnggāi** xiàng tā dàoqiàn.

* 向 xiàng 개 ~에게 ┃ 道歉 dàoqiàn 동 사과하다

2 동태조사 了

我今天早上吃**了**感冒药。
Wǒ jīntiān zǎoshang chī le gǎnmào yào.
나 오늘 아침에 감기약 먹었어.

동태조사 '了'는 '~했다'라는 뜻으로 동작의 실현이나 완료를 나타냅니다. 일반적으로 수식어가 있는 경우에는 동사 뒤에 '了'가 오며, 수식어가 없는 경우에는 문장 끝에 '了'가 옵니다. 또한 부정할 때는 '了'를 생략한 후에 '没(有)+동사' 형식으로 쓰이며 '~하지 않았다, ~하지 못했다'라는 뜻을 나타냅니다.

동사 뒤　我打**了**一个电话。　　　나는 전화를 한 통 걸었어.
　　　　　　　　　수식어
　　　　　Wǒ dǎ le yí ge diànhuà.

문장 끝　我打电话**了**。　　　나는 전화를 걸었어.
　　　　　Wǒ dǎ diànhuà le.

부정　我**没**打电话。　　　나는 전화를 걸지 않았어.
　　　　Wǒ méi dǎ diànhuà.

* 打 dǎ 동 (전화를) 걸다

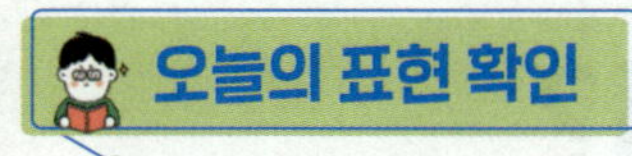
오늘의 표현 확인

◀)) 28-4

표현 연습

你**应该**在家休息。
Nǐ yīnggāi zài jiā xiūxi.

너는 집에서 쉬어야 해.

你**应该**早点儿回家。
Nǐ yīnggāi zǎo diǎnr huíjiā.

너는 일찍 (좀) 집에 들어가야 해.

* 回家 huíjiā ⑧ 집으로 돌아가다, 귀가하다

你**应该**下载这个软件。
Nǐ yīnggāi xiàzài zhège ruǎnjiàn.

너는 이 앱을 다운로드받아야 해.

* 下载 xiàzài ⑧ 다운로드하다 | 软件 ruǎnjiàn ⑲ 앱, 어플

표현 연습

我买**了**一本书。
Wǒ mǎi le yì běn shū.

나는 책을 한 권 샀어.

* 本 běn ⑳ 권[책을 세는 단위]

弟弟今天出院**了**。
Dìdi jīntiān chūyuàn le.

남동생은 오늘 퇴원했어.

* 出院 chūyuàn ⑧ 퇴원하다

我们一起看**了**一部电影。
Wǒmen yìqǐ kàn le yí bù diànyǐng.

우리는 같이 영화를 한 편 봤어.

* 部 bù ⑳ 편, 부[영화나 서적을 세는 단위]

DAY 29

你去过这家店吗?

Nǐ qùguo zhè jiā diàn ma?

너는 이 가게 가 본 적 있니?

✿ 경험을 묻고 답할 수 있습니다.
✿ 동태조사 过와 개사 离를 학습합니다.

🔊 오늘의 단어

제시된 단어를 여러 번 따라 읽으며 자신의 것으로 만들어 보세요.

◀)) 29-1

张 zhāng ⑱ 장[얇은 종이나 사진 등을 세는 단위]	**照片** zhàopiàn ⑲ 사진
过 guo ㉜ ~한 적 있다	**店** diàn ⑲ 가게, 상점
网上 wǎngshang ⑲ 인터넷, 온라인	**火** huǒ ㉕ 번창하다, 인기 있다
离 lí ㉐ ~에서, ~로부터	**远** yuǎn ㉕ 멀다
就 jiù ㉕ 바로	**王府井** Wángfǔjǐng ㉕ 왕푸징[베이징의 쇼핑 거리]

오늘의 단어 확인

1 빈칸에 알맞은 한자, 한어병음, 뜻을 써 보세요.

단어	한어병음	뜻
①	zhāng	양 장[얇은 종이나 사진 등을 세는 단위]
照片	②	명 사진
过	guo	③
④	wǎngshang	명 인터넷, 온라인
火	⑤	형 번창하다, 인기 있다
远	yuǎn	⑥

2 우리말에 해당하는 한자를 써 보세요.

① 사진

② 가게, 상점

③ ~에서, ~로부터

④ 멀다

⑤ 바로

⑥ 왕푸징 [베이징의 쇼핑 거리]

오늘의 회화를 학습합니다.　　　　　　　　　　　　　　　🔊 29-2

강희민

你看这张照片！你去过这家店吗？

Nǐ kàn zhè zhāng zhàopiàn! Nǐ qùguo zhè jiā diàn ma?

이 사진 봐 봐! 너는 이 가게 가 본 적 있니?

왕란

去过。这家店在网上很火。

Qùguo. Zhè jiā diàn zài wǎngshang hěn huǒ.

가 본 적 있어. 이 가게는 인터넷에서 아주 핫해.

강희민

他们家离这儿远吗？

Tāmen jiā lí zhèr yuǎn ma?

그 가게는 여기에서 머니?

왕란

不太远，就在王府井附近。

Bú tài yuǎn, jiù zài Wángfǔjǐng fùjìn.

그다지 멀지 않아. 바로 왕푸징 근처에 있어.

Tip

· '火'가 명사로 쓰일 때는 '불'이라는 뜻이지만, 본문에서처럼 형용사로 쓰일 때는 '핫하다, 인기가 있다'라는 뜻을 나타냅니다.

· '他们家'란 '그 가게'라는 뜻으로 앞에서 언급한 특정 가게나 기관을 다시 한번 언급할 때 쓰는 표현입니다. 본문에서 '他们家'는 '这家店'을 가리킵니다.

오늘의 회화 확인

1 녹음을 잘 듣고 그림과 일치하면 O, 일치하지 않으면 X표 하세요.   ◀)) 29-3

① 

② 

2 앞에 제시된 회화문을 읽고 문장의 옳고 그름을 판단하세요.

① 照片上的店很有名。 　　　　　　　　O　　X

② 照片上的店离王府井很远。 　　　　　O　　X

3 우리말을 보고 빈칸을 채운 뒤 완성된 문장을 읽어 보세요.

① 你去 　　　　　　　　 这家店吗？

너는 이 가게 가 본 적 있니?

② 这家店在 　　　　　　　 很 　　　　　　　　　。

이 가게는 인터넷에서 아주 핫해.

오늘의 표현

1 동태조사 过

你去过这家店吗?
Nǐ qùguo zhè jiā diàn ma?
너는 이 가게 가 본 적 있니?

동태조사 '过'는 '~한 적 있다'라는 뜻으로 동작의 경험을 나타냅니다. '过'의 부정은 '没+동사+过'로 '~한 적 없다'라는 뜻을 나타냅니다.

긍정
我谈过恋爱。　　　나는 연애해 본 적 있어.
Wǒ tánguo liàn'ài.

부정
我没谈过恋爱。　　나는 연애해 본 적 없어.
Wǒ méi tánguo liàn'ài.

의문
你谈过恋爱吗?　　너는 연애해 본 적 있니?
Nǐ tánguo liàn'ài ma?

＊ 谈 tán ⑧ 말하다, 이야기하다 | 恋爱 liàn'ài ⑲ 연애

2 개사 离

他们家离这儿远吗?
Tāmen jiā lí zhèr yuǎn ma?
그 가게는 여기에서 머니?

개사 '离'는 '~에서, ~로부터'라는 뜻으로 장소 사이의 거리나 시간 사이의 간격을 말할 때 씁니다.

장소
我们学校离这儿很近。　　우리 학교는 여기에서 가까워.
Wǒmen xuéxiào lí zhèr hěn jìn.

＊ 近 jìn ⑲ 가깝다

시간
离放假还有一个月。　　방학하려면 아직 한 달 남았어.
Lí fàngjià hái yǒu yí ge yuè.

＊ 放假 fàngjià ⑧ 방학하다 | 还 hái ⑨ 아직, 여전히

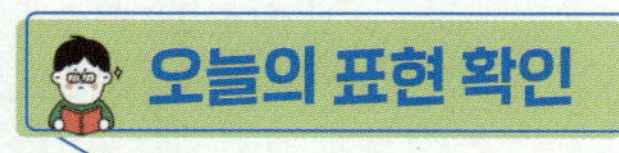 오늘의 표현 확인

◀» 29-4

표현 연습

我用过这个软件。
Wǒ yòngguo zhège ruǎnjiàn.

나는 이 앱을 써 본 적 있어.

我没见过明星。
Wǒ méi jiànguo míngxīng.

나는 연예인을 본 적 없어.

* 明星 míngxīng ⑲ 연예인, 스타

你去过欧洲吗?
Nǐ qùguo Ōuzhōu ma?

너는 유럽에 가 본 적 있니?

* 欧洲 Ōuzhōu ⑬ 유럽

표현 연습

超市离我家很近。
Chāoshì lí wǒ jiā hěn jìn.

마트는 우리 집에서 가까워.

地铁站离这儿不太远。
Dìtiě zhàn lí zhèr bú tài yuǎn.

지하철역은 여기에서 그다지 멀지 않아.

离下课还有一个小时。
Lí xiàkè hái yǒu yí ge xiǎoshí.

수업이 끝나려면 아직 한 시간 남았어.

* 小时 xiǎoshí ⑲ 시간

DAY 30

我最近胖了。
Wǒ zuìjìn pàng le.
나 요새 살쪘어.

✿ 다이어트와 관련된 표현을 익힐 수 있습니다.
✿ 어기조사 了와 从……开始를 학습합니다.

오늘의 단어

제시된 단어를 여러 번 따라 읽으며 자신의 것으로 만들어 보세요.   🔊 .30-1

胖 pàng 형 살찌다, 뚱뚱하다	**得** děi 조동 ~해야 한다
从 cóng 개 ~부터	**开始** kāishǐ 동 시작하다
晚饭 wǎnfàn 명 저녁밥	**还是** háishi 부 ~하는 편이 좋다
这样 zhèyàng 대 이렇게	**比较** bǐjiào 부 비교적
健康 jiànkāng 형 건강하다	

오늘의 단어 확인

1 빈칸에 알맞은 한자, 한어병음, 뜻을 써 보세요.

단어	한어한어병음	뜻
①	pàng	형 살찌다, 뚱뚱하다
得	②	조동 ~해야 한다
开始	kāishǐ	③
④	háishi	부 ~하는 편이 좋다
比较	⑤	부 비교적
健康	jiànkāng	⑥

2 우리말에 해당하는 한자를 써 보세요.

① ~부터

② 시작하다

③ 저녁밥

④ 이렇게

⑤ 비교적

⑥ 건강하다

오늘의 회화를 학습합니다.　　　🔊 30-2

我最近胖了，我得减肥。
Wǒ zuìjìn pàng le, wǒ děi jiǎnféi.
나 요새 살쪘어. 다이어트해야겠어.

我觉得你不胖啊。
Wǒ juéde nǐ bú pàng a.
내 생각에 너 살찌지 않았어.

不行！从今天开始，我不吃晚饭了。
Bù xíng! Cóng jīntiān kāishǐ, wǒ bù chī wǎnfàn le.
안 돼! 오늘부터 나 저녁밥 안 먹을 거야.

你还是多运动吧，这样比较健康。
Nǐ háishi duō yùndòng ba, zhèyàng bǐjiào jiànkāng.
너 운동을 많이 하는 게 나아. 그래야 비교적 건강하지.

Tip

'还是'는 '~하는 편이 좋다'라는 뜻으로 상대방에게 무언가를 부드럽게 권유할 때 쓰며, 문장 끝에 '吧'와 함께 자주 쓰입니다.

오늘의 회화 확인

1 녹음을 잘 듣고 그림과 일치하면 O, 일치하지 않으면 X표 하세요.　　30-3

① 

② 

2 앞에 제시된 회화문을 읽고 문장의 옳고 그름을 판단하세요.

① 金美娜觉得自己最近胖了。　　O　X

② 金美娜从今天开始不吃早饭。　　O　X

3 우리말을 보고 빈칸을 채운 뒤 완성된 문장을 읽어 보세요.

① 我最近 ＿＿＿＿＿＿ 了，我 ＿＿＿＿＿＿ 减肥。

나 요새 살쪘어. 다이어트해야겠어.

② ＿＿＿＿＿＿ 今天 ＿＿＿＿＿＿，我不吃晚饭了。

오늘부터 나 저녁밥 안 먹을 거야.

1 어기조사 了

我最近胖了。
Wǒ zuìjìn pàng le.
나 요새 살쪘어.

어기조사 '了'는 '~하게 되었다'라는 뜻으로 상황이나 상태의 변화를 나타내며 문장 끝에 위치합니다.

긍정
我有男朋友了。　　　나 남자 친구 생겼어.
Wǒ yǒu nán péngyou le.

부정형은 '不'나 '没(有)'를 쓰는데, '不……了'는 '~하지 않게 되었다', '没(有)……了'는 '~이 (있었는데) 없어졌다'라는 뜻을 나타냅니다.

부정
我不去中国了。　　　나는 중국에 가지 않게 되었어.
Wǒ bú qù Zhōngguó le.

我没有信心了。　　　나는 자신감이 없어졌어.
Wǒ méiyǒu xìnxīn le.

* 信心 xìnxīn 몡 자신(감), 확신

2 从……开始

从今天开始，我不吃晚饭了。
Cóng jīntiān kāishǐ, wǒ bù chī wǎnfàn le.
오늘부터 나 저녁밥 안 먹을 거야.

'从……开始'는 '~부터 시작하다'라는 뜻으로 '从' 뒤에는 시간이나 나이 등 시작점을 나타내는 단어가 옵니다. 또한 과거의 시점을 말할 때는 문장 끝에 습관적으로 '了'를 붙이기도 합니다.

시간
他们从去年开始交往(了)。　　그들은 작년부터 사귀기 시작했어.
Tāmen cóng qùnián kāishǐ jiāowǎng (le).

* 去年 qùnián 몡 작년 | 交往 jiāowǎng 동 사귀다, 교제하다

나이
她从五岁开始学芭蕾(了)。　　그녀는 다섯 살 때부터 발레를 배우기 시작했어.
Tā cóng wǔ suì kāishǐ xué bālěi (le).

* 芭蕾 bālěi 몡 발레

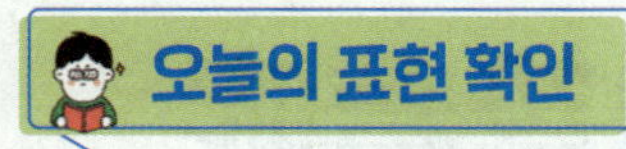 오늘의 표현 확인

🔊 30-4

표현 연습

天黑了。
Tiān hēi le.

날이 어두워졌어.

* 天 tiān 몡 하늘 | 黑 hēi 혱 어둡다, 까맣다

她今年二十岁了。
Tā jīnnián èrshí suì le.

그녀는 올해 스무 살이 되었어.

他不爱我了。
Tā bú ài wǒ le.

그는 나를 사랑하지 않게 되었어.

표현 연습

我从上周开始学开车(了)。
Wǒ cóng shàng zhōu kāishǐ xué kāichē (le).

나는 지난주부터 운전을 배우기 시작했어.

我从昨天开始发烧(了)。
Wǒ cóng zuótiān kāishǐ fāshāo (le).

나는 어제부터 열이 나기 시작했어.

我们从九点开始上课。
Wǒmen cóng jiǔ diǎn kāishǐ shàngkè.

우리는 9시부터 수업 시작해.

DAY 31

我在电影院门口等着呢。

Wǒ zài diànyǐngyuàn ménkǒu děngzhe ne.

나는 영화관 입구에서 기다리고 있어.

✱ 중국어로 약속 장소와 약속 시간에 대해 말할 수 있습니다.
✱ 동태조사 着와 1음절 형용사 중첩을 학습합니다.

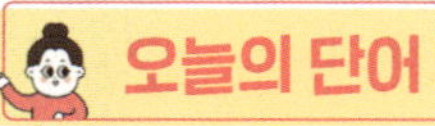

오늘의 단어

제시된 단어를 여러 번 따라 읽으며 자신의 것으로 만들어 보세요. ◀)) 31-1

喂 wéi (감탄) 여보세요 (원래는 제4성이지만 전화할 때는 제2성으로 발음함)	**快** kuài (부) 곧, 머지않아
已经 yǐjīng (부) 이미, 벌써	**电影院** diànyǐngyuàn (명) 영화관
门口 ménkǒu (명) 입구	**着** zhe (조) ~하고 있다, ~한 채로 있다
分钟 fēnzhōng (명) (시간의) 분	**慢** màn (형) 느리다

 **오늘의 단어 확인**

1 빈칸에 알맞은 한자, 한어병음, 뜻을 써 보세요.

단어	한어병음	뜻
①	wéi	(감탄) 여보세요
快	②	(부) 곧, 머지않아
已经	yǐjīng	③
④	zhe	(조) ~하고 있다, ~한 채로 있다
分钟	⑤	(명) (시간의) 분
慢	màn	⑥

2 우리말에 해당하는 한자를 써 보세요.

① 곧, 머지않아

② 이미, 벌써

③ 영화관

④ 입구

⑤ (시간의) 분

⑥ 느리다

오늘의 회화를 학습합니다.　　　31-2

강희민

喂，你在哪儿？我快到了。

Wéi, Nǐ zài nǎr? Wǒ kuài dào le.

여보세요, 너 어디야? 나 곧 도착해.

왕란

我已经到了。我在电影院门口等着呢。

Wǒ yǐjīng dào le. Wǒ zài diànyǐngyuàn ménkǒu děngzhe ne.

나 이미 도착했어. 영화관 입구에서 기다리고 있어.

강희민

我五分钟就到。

Wǒ wǔ fēnzhōng jiù dào.

나 5분이면 도착해.

왕란

行，你慢慢来，我等你。

Xíng, nǐ mànmàn lái, wǒ děng nǐ.

알겠어. 천천히 와. 기다릴게.

Tip '快'는 '곧, 머지않아'라는 뜻으로 '了'와 호응하여 '곧 ~하려고 하다'라는 의미를 나타내며, 어떤 일이 곧 일어날 것임을 나타낼 때 씁니다. '已经'은 '이미, 벌써'라는 뜻으로 '了'와 호응하여 '이미 ~했다'라는 의미를 나타내며, 어떤 동작을 이미 완료했음을 나타낼 때 씁니다.

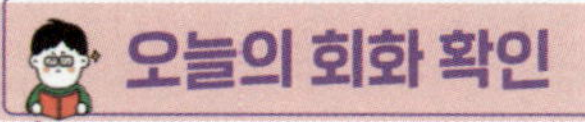
오늘의 회화 확인

1 녹음을 잘 듣고 그림과 일치하면 O, 일치하지 않으면 X표 하세요.   ◀) 31-3

① 

② 

2 앞에 제시된 회화문을 읽고 문장의 옳고 그름을 판단하세요.

① 姜熙民已经到了。   O   X

② 王兰在电影院门口等着。   O   X

3 우리말을 보고 빈칸을 채운 뒤 완성된 문장을 읽어 보세요.

① ＿＿＿＿＿＿＿＿，你在哪儿？我 ＿＿＿＿＿＿＿＿ 到了。

여보세요, 너 어디야? 나 곧 도착해.

② 你 ＿＿＿＿＿＿＿ 来，我等你。

천천히 와. 기다릴게.

1 동태조사 着

我在电影院门口等着呢。
Wǒ zài diànyǐngyuàn ménkǒu děngzhe ne.
나는 영화관 입구에서 기다리고 있어.

동태조사 '着'는 '~하고 있다, ~한 채로 있다'라는 뜻으로 동작이나 상태의 지속을 나타냅니다. '着'의 부정은 '没'로 '没+동사+着'의 형태로 쓰이며, '~하고 있지 않다'라는 뜻을 나타냅니다.

긍정
电视开着。　　텔레비전이 켜져 있어.
Diànshì kāizhe.

부정
电视没开着。　　텔레비전이 켜져 있지 않아.
Diànshì méi kāizhe.

Tip 상태의 지속이 아닌, 동작의 지속을 부정할 때는 뒤에 동태조사 '着'를 붙이지 않습니다.
예 我没等你。 나는 너를 기다리고 있지 않아.

의문
电视开着吗?　　텔레비전이 켜져 있니?
Diànshì kāizhe ma?

* 电视 diànshì 명 텔레비전 | 开 kāi 동 (기계를) 켜다

2 1음절 형용사 중첩

你慢慢来，我等你。
Nǐ mànmàn lái, wǒ děng nǐ.
천천히 와. 기다릴게.

'1음절 형용사 중첩'이란 형용사를 두 번 반복해서 말하는 것으로 형용사의 원래 의미보다 정도가 더 심화됨을 나타냅니다. 또한 형용사를 중첩한 후에는 앞에 '很, 非常' 등의 수식어를 쓸 수 없으며, '儿'이 붙을 경우 뒤에 오는 형용사는 제1성으로 발음합니다.

她的皮肤很白白的。　➡　她的皮肤白白的。　그녀의 피부는 새하얘.
　　　　　　　　　　　　Tā de pífū báibái de.

* 皮肤 pífū 명 피부 | 白 bái 형 희다

你明天非常早早儿来。　➡　你明天早早儿来。　너 내일 일찌감치 와.
　　　　　　　　　　　　Nǐ míngtiān zǎozāor lái.

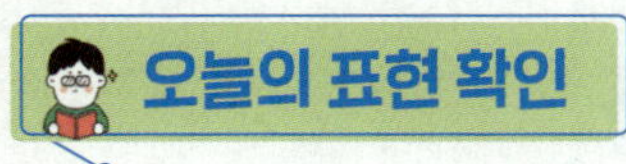
오늘의 표현 확인

◀)) 31-4

표현 연습

他写着作业呢。
Tā xiězhe zuòyè ne.

그는 숙제를 하고 있어.

* 作业 zuòyè ⑲ 숙제

她没躺着。
Tā méi tǎngzhe.

그녀는 누워 있지 않아.

* 躺 tǎng ⑧ 눕다

窗户开着吗?
Chuānghu kāizhe ma?

창문이 열려 있니?

* 窗户 chuānghu ⑲ 창문 | 开 kāi ⑧ (문을) 열다

표현 연습

天黑黑的。
Tiān hēihēi de.

날이 어두컴컴해.

她有长长的头发。
Tā yǒu chángcháng de tóufa.

그녀는 아주 긴 머리카락을 가지고 있어.

* 头发 tóufa ⑲ 머리카락

他的衣服厚厚的。
Tā de yīfu hòuhòu de.

그의 옷은 아주 두꺼워.

* 厚 hòu ⑲ 두껍다

今天比昨天更冷。

Jīntiān bǐ zuótiān gèng lěng.

오늘이 어제보다 더 추워.

학습 목표

✱ 날씨와 관련된 표현을 말할 수 있습니다.
✱ 부사 才와 비교문 比를 학습합니다.

말하기 트레이닝 영상

오늘의 단어

제시된 단어를 여러 번 따라 읽으며 자신의 것으로 만들어 보세요.

🔊 32-1

才 cái 부 겨우, 고작	度 dù 양 도[온도나 밀도를 세는 단위]
比 bǐ 개 ~보다, ~에 비해	刚好 gānghǎo 부 때마침, 알맞게
暖宝宝 nuǎnbǎobao 명 핫팩	给 gěi 동 주다
暖和 nuǎnhuo 형 따뜻하다	

오늘의 단어 확인

1 빈칸에 알맞은 한자, 한어병음, 뜻을 써 보세요.

단어	한어병음	뜻
才	①	부 겨우, 고작
②	dù	양 도[온도나 밀도를 세는 단위]
比	③	개 ~보다, ~에 비해
刚好	gānghǎo	④
暖宝宝	nuǎnbǎobao	⑤
⑥	gěi	동 주다

2 우리말에 해당하는 한자를 써 보세요.

① 겨우, 고작

② ~보다, ~에 비해

③ 때마침, 알맞게

④ 핫팩

⑤ 주다

⑥ 따뜻하다

오늘의 회화를 학습합니다. 🔊 32-2

김미나

好冷啊！今天才三度！
Hǎo lěng a! Jīntiān cái sān dù!
엄청 춥다! 오늘 겨우 3도래!

양웨이

对，今天比昨天更冷。
Duì, jīntiān bǐ zuótiān gèng lěng.
맞아. 오늘이 어제보다 더 추워.

김미나

我刚好有两个暖宝宝，给你一个。
Wǒ gānghǎo yǒu liǎng ge nuǎnbǎobao, gěi nǐ yí ge.
나 때마침 핫팩 두 개 있는데, 하나 너 줄게.

양웨이

谢谢你！好暖和啊！
Xièxie nǐ! Hǎo nuǎnhuo a!
고마워! 엄청 따뜻하다!

오늘의 회화 확인

1 녹음을 잘 듣고 그림과 일치하면 O, 일치하지 않으면 X표 하세요. 🔊 32-3

① 
② 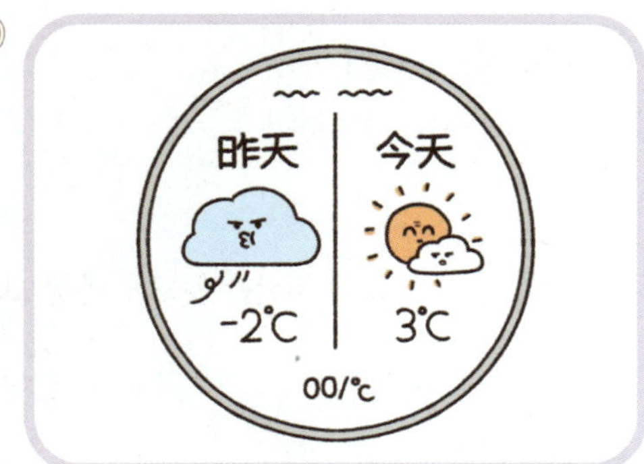

2 앞에 제시된 회화문을 읽고 문장의 옳고 그름을 판단하세요.

① 今天才三度！   O   X

② 今天比昨天更热。   O   X

3 우리말을 보고 빈칸을 채운 뒤 완성된 문장을 읽어 보세요.

① 我 ______ 有两个暖宝宝，______ 你一个。

나 때마침 핫팩 두 개 있는데, 하나 너 줄게.

② 谢谢你！这个暖宝宝好 ______ 啊！

고마워! 이 핫팩 엄청 따뜻하다!

1 부사 才

今天才三度！
Jīntiān cái sān dù!
오늘 겨우 3도래!

부사 '才'는 '겨우, 고작'이라는 뜻으로 예상보다 수량이 적거나 시간이 짧음을 나타낼 때 쓰입니다.

你才二十岁呀？　　너 겨우 스무살이니?
Nǐ cái èrshí suì ya?

* 呀 ya ㉗ 억양을 부드럽게 해주는 역할

我来中国才一年。　나 중국에 온 지 겨우 1년 됐어.
Wǒ lái Zhōngguó cái yì nián.

* 年 nián ⑲ 년, 해

2 비교문 比

今天比昨天更冷。
Jīntiān bǐ zuótiān gèng lěng.
오늘이 어제보다 더 추워.

비교문 '比'는 '~보다, ~에 비해'라는 뜻으로 'A+比+B+형용사' 형식으로 쓰여 사람이나 사물의 비교를 나타냅니다. 비교의 정도를 나타낼 때는 형용사 앞에 '更'이나 '还'를 쓸 수 있으며, 정도부사 '很'이나 '非常' 등은 쓸 수 없습니다.

我比妹妹很高。　➡　我比妹妹更高。　나는 여동생보다 더 (키가) 커.
　　　　　　　　　　Wǒ bǐ mèimei gèng gāo.

* 高 gāo ⑱ (키가) 크다, 높다

高铁票比飞机票非常贵。　➡　高铁票比飞机票还贵。　고속철도 표는 비행기표보다도 더 비싸.
　　　　　　　　　　　　　　Gāotiě piào bǐ fēijī piào hái guì.

* 高铁 gāotiě ⑲ 고속철도 | 票 piào ⑲ 표 | 飞机 fēijī ⑲ 비행기

'更'과 '还'는 모두 '더, 더욱'이라는 뜻이지만, '更'은 비슷한 수준을 비교할 때 쓰고, '还'는 비교하는 두 대상 중 한 대상의 정도가 훨씬 더 높은 경지에 있을 때 씁니다.

오늘의 표현 확인

🔊 32-4

표현 연습

现在**才**十点！
Xiànzài cái shí diǎn!

지금 겨우 10시야!

这本书**才**十块钱吗？
Zhè běn shū cái shí kuài qián ma?

이 책이 겨우 10위안이라고?

他**才**小学一年级。
Tā cái xiǎoxué yī niánjí.

그는 겨우 초등학교 1학년이야.

* 小学 xiǎoxué 명 초등학교 | 年级 niánjí 명 학년

TIP 숫자 '一'가 순서, 년도, 월, 일을 나타낼 때는 본래의 성조인 제1성으로 발음합니다.
예 第一 dì-yī 첫 번째 | 二零一一年 èr líng yī yī nián 2011년 | 一月 yī yuè 1월 | 一号 yī hào 1일

표현 연습

他**比**我大一岁。
Tā bǐ wǒ dà yí suì.

그는 나보다 한 살 많아.

她**比**以前**更**漂亮了。
Tā bǐ yǐqián gèng piàoliang le.

그녀는 예전보다 더 예뻐졌어.

* 以前 yǐqián 명 예전, 이전

他的汉语水平**比**我**还**好。
Tā de Hànyǔ shuǐpíng bǐ wǒ hái hǎo.

그의 중국어 실력은 나보다도 더 좋아.

* 水平 shuǐpíng 명 실력, 수준

녹음 대본 및 정답

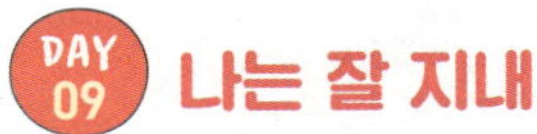

DAY 09 나는 잘 지내.

오늘의 단어 확인

1 ❶ ⑱ 오랫동안   ❷ 不见   ❸ nǐ
   ❹ ⑲ 요즘, 최근   ❺ 好   ❻ 吗

2 ❶ 嗨   ❷ 好久   ❸ 你
   ❹ 最近   ❺ 我   ❻ 很

오늘의 회화 확인

녹음 대본

1 ❶ 女: 杨伟，好久不见!   양웨이, 오랜만이야!
    男: 美娜，好久不见!   미나야, 오랜만이야!

❷ 女: 杨伟你最近好吗?   양웨이, 너 요즘 잘 지내니?
    男: 我最近很好。   나는 요즘 잘 지내.

1 ❶ O   ❷ X
2 ❶ O   ❷ X
3 ❶ 好久不见   ❷ 最近

DAY 10 너 커피 마실래?

오늘의 단어 확인

1 ❶ 喝   ❷ kāfēi   ❸ ⑳ (~이) 아니다, ~하지 않다
   ❹ ㉑ 그러면, 그렇다면   ❺ shénme   ❻ 奶茶

2 ❶ 喝   ❷ 咖啡   ❸ 不
   ❹ 那   ❺ 什么   ❻ 奶茶

1 ❶ 男：你喝茶吗？　너 차 마실래?
　　女：我喝茶。　　나 차 마실래.

　 ❷ 男：你喝什么？　너 뭐 마실래?
　　女：我喝咖啡。　나 커피 마실래.

1 ❶ O　　　　❷ X
2 ❶ X　　　　❷ O
3 ❶ 咖啡　　　❷ 奶茶

DAY 11 나는 왕란이라고 해.

1 ❶ 叫　　　　❷ Hánguó　　　❸ 汉语
　 ❹ zhēn　　　❺ xièxie　　　❻ ⑧ 칭찬하다

2 ❶ 是　　　　❷ 韩国　　　　❸ 人
　 ❹ 汉语　　　❺ 谢谢　　　　❻ 夸奖

1 ❶ 女：我叫王兰，是中国人。　　나는 왕란이라고 해. 중국인이야.
　　男：我叫姜熙民，是韩国人。　나는 강희민이라고 해. 한국인이야.

　 ❷ 女：你汉语真好！　너 중국어 정말 잘한다!
　　男：谢谢夸奖。　　칭찬해 줘서 고마워.

1 ❶ X　　　　❷ O
2 ❶ O　　　　❷ X
3 ❶ 韩国　　　❷ 汉语

오늘의 단어 확인

1 ❶ 有　　　❷ ⑲ 위챗[중국 모바일 앱]　　　❸ 当然
　❹ wǒmen　　❺ jiā　　　❻ ㉗ ~하자, ~해요[제안을 나타냄]

2 ❶ 当然　　❷ 我们　　❸ 加
　❹ 一下　　❺ 行　　❻ 扫

오늘의 회화 확인

녹음 대본

1 ❶ 男：你有微信吗？　　너 위챗 있니?
　　女：没有。　　　　　없어.

❷ 男：我们加一下微信吧。　우리 위챗 좀 추가하자.
　　女：好的，我扫你吧。　좋아, 내가 추가(스캔)할게.

1 ❶ X　　　❷ O
2 ❶ O　　　❷ X
3 ❶ 有　　　❷ 加

오늘의 단어 확인

1 ❶ 去　　　❷ nǎr　　　❸ ⑲ 은행
　❹ xuéxiào　　❺ ⑲ 근처, 부근　　❻ 中心

2 ❶ 哪儿　　❷ 银行　　❸ 学校
　❹ 附近　　❺ 在　　❻ 市

1 ❶ 男：你去哪儿？ 너 어디 가니?
　　女：我去公园。 나 공원에 가.

　❷ 男：中国银行在哪儿？　중국 은행은 어디에 있니?
　　女：中国银行在市中心。 중국 은행은 시내에 있어.

1 ❶ X　　　　❷ O
2 ❶ O　　　　❷ X
3 ❶ 哪儿　　　❷ 中国，银行

DAY 14 제 택배 있나요?

1 ❶ 몡 택배　　　❷ 쥬 5, 다섯　　　❸ líng
　❹ bā　　　　　❺ 呢　　　　　　❻ 这

2 ❶ 的　　　　　❷ 快递　　　　　❸ 五
　❹ 零　　　　　❺ 八　　　　　　❻ 这儿

1 ❶ 女：您好，有五零八的快递吗？ 안녕하세요, 508호 택배 있나요?
　　男：在这儿呢。 여기 있네요.

　❷ 女：您住五零八吗？　당신은 508호에 사나요?
　　男：不是，我住五零二。 아니요, 저는 502호에 살아요.

1 ❶ O　　　　❷ X
2 ❶ O　　　　❷ X
3 ❶ 快递　　　❷ 五零八

너 마라탕 먹는 것 좋아해?

오늘의 단어 확인

1 ❶ 喜欢   ❷ 몡 마라탕[음식명]   ❸ tèbié
   ❹ 明天   ❺ 貝 같이, 함께   ❻ zěnmeyàng

2 ❶ 喜欢   ❷ 麻辣烫   ❸ 特别
   ❹ 一起   ❺ 怎么样   ❻ 问题

오늘의 회화 확인

녹음 대본

1 ❶ 男：你喜欢吃麻辣烫吗？   너 마라탕 먹는 것 좋아해?
     女：我不喜欢吃麻辣烫。   나 마라탕 먹는 것 안 좋아해.

   ❷ 男：我们明天一起吃麻辣烫吧，怎么样？   우리 내일 같이 마라탕 먹자. 어때?
     女：没问题！   좋아!

1 ❶ X   ❷ O
2 ❶ O   ❷ X
3 ❶ 喜欢   ❷ 明天, 一起

너는 외동딸이니, 아니니?

오늘의 단어 확인

1 ❶ 몡 외동딸   ❷ yī   ❸ 姐姐
   ❹ jīnnián   ❺ 多   ❻ 혱 크다, (수량이) 많다

2 ❶ 独生女   ❷ 个   ❸ 今年
   ❹ 大   ❺ 二十九   ❻ 岁

녹음 대본

1 ❶ 男：你是不是独生女？　　너는 외동딸이니, 아니니?
　　女：不是，我有一个姐姐。　아니, 나는 언니가 한 명 있어.

　❷ 男：你的姐姐今年多大？　너희 언니는 올해 나이가 어떻게 되니?
　　女：她今年二十九岁。　　그녀는 올해 스물아홉 살이야.

1 ❶ O　　　　　　❷ X
2 ❶ O　　　　　　❷ X
3 ❶ 独生女　　　　❷ 有，姐姐

DAY 17 네 생각은 어때?

오늘의 단어 확인

1 ❶ 好　　　　　❷ 点　　　　　❸ 몡 배달 음식
　❹ xiǎng　　　 ❺ 몡 치킨, 닭튀김　❻ juéde

2 ❶ 饿　　　　　❷ 外卖　　　　❸ 想
　❹ 原味儿　　　❺ 意见　　　　❻ 请

오늘의 회화 확인

녹음 대본

1 ❶ 女：你想吃什么？　너는 무엇을 먹고 싶니?
　　男：我想吃炸鸡。　나는 치킨 먹고 싶어.

　❷ 男：我们点外卖吧，你觉得怎么样？　우리 배달시키자. 네 생각은 어때?
　　女：我不想点外卖。　나는 배달시키기 싫어.

1 ❶ O　　　　　　❷ X
2 ❶ O　　　　　　❷ X
3 ❶ 饿，外卖　　　❷ 原味儿

지하철 탈까, 아니면 버스 탈까?

오늘의 단어 확인

1 ❶ 星期六　　　❷ dìtiě　　　❸ háishi
　❹ 몡 버스　　　❺ 更　　　❻ 동 만나다

2 ❶ 商场　　　❷ 地铁　　　❸ 太
　❹ 多　　　❺ 方便　　　❻ 见

오늘의 회화 확인

녹음 대본

1 ❶ 女：今天是星期六吗?　　　오늘은 토요일이니?
　　男：不是，今天是星期五。　아니, 오늘은 금요일이야.

　❷ 女：你坐地铁还是坐公交车?　너 지하철 타니, 아니면 버스 타니?
　　男：坐公交车更方便。　　　　버스 타는 게 더 편해.

1 ❶ O　　　　　❷ X
2 ❶ O　　　　　❷ X
3 ❶ 星期六，商场　❷ 地铁，公交车

8월 8일은 샤오장의 생일이야.

오늘의 단어 확인

1 ❶ 月　　　❷ hào　　　❸ 몡 생일
　❹ 要　　　❺ sòng　　　❻ 啊

2 ❶ 生日　　　❷ 下　　　❸ 对
　❹ 要　　　❺ 送　　　❻ 礼物

1 ❶ 男：八月八号是小张的生日吗？ 8월 8일은 샤오장의 생일이니?
　　女：对，我要送他礼物。 맞아, 나는 그에게 선물을 주려고 해.

　❷ 男：我要去书店，你要一起去吗？ 나 서점에 가려고 하는데, 너 같이 갈래?
　　女：我没有时间。 나 시간 없어.

1 ❶ O　　　　　　❷ X
2 ❶ X　　　　　　❷ O
3 ❶ 要, 送　　　　❷ 一起, 买

DAY 20　어떻게 세탁하실 건가요?

1 ❶ xǐ　　　　　❷ 件　　　　　❸ ㈜ 어떻게
　❹ gānxǐ　　　　❺ ㈜ ~할 수 있다, ~해도 된다　❻ 取

2 ❶ 洗　　　　　❷ 怎么　　　　❸ 干洗
　❹ 可以　　　　❺ 不行　　　　❻ 后天

1 ❶ 男：这件衣服可以干洗吗？ 이 옷 드라이클리닝 할 수 있을까요?
　　女：可以。 할 수 있습니다.

　❷ 男：明天我可以取衣服吗？ 내일 옷을 찾을 수 있을까요?
　　女：明天可以。 내일 가능합니다.

1 ❶ O　　　　　　❷ X
2 ❶ O　　　　　　❷ X
3 ❶ 洗, 衣服　　　❷ 明天, 后天

지금은 12시야.

오늘의 단어 확인

1 ❶ 现在　　❷ diǎn　　❸ ⑧ 밥을 먹다
　 ❹ néng　　❺ ⑲ 맵다　　❻ 菜

2 ❶ 点　　❷ 吃饭　　❸ 川菜
　 ❹ 胃　　❺ 辣　　❻ 菜

오늘의 회화 확인

녹음 대본

1 ❶ 女：现在几点？　지금 몇 시니?
　　 男：现在一点。　지금은 1시야.

　 ❷ 女：你能吃川菜吗？　너 쓰촨 요리 먹을 수 있니?
　　 男：我胃不好，不能吃辣的菜。　나 위가 좋지 않아서 매운 음식을 먹을 수 없어.

1 ❶ X　　❷ O
2 ❶ O　　❷ X
3 ❶ 现在　　❷ 能，川菜

DAY 22

너 요가 할 줄 아니?

오늘의 단어 확인

1 ❶ 会　　❷ ⑲ 요가　　❸ jīngcháng
　 ❹ 在　　❺ ⑲ 집　　❻ yùndòng

2 ❶ 做　　❷ 瑜伽　　❸ 经常
　 ❹ 家　　❺ 那儿　　❻ 不错

녹음 대본

1 ❶ 男：你会做普拉提吗？ 너 필라테스 할 줄 아니?
　　女：不会。我不喜欢普拉提，我喜欢登山。 할 줄 몰라. 나는 필라테스는 안 좋아하고,
　　　　　　　　　　　　　　　　　　　　　등산을 좋아해.

　❷ 男：运动中心在哪儿？　스포츠 센터는 어디에 있니?
　　女：运动中心在我家附近。 스포츠 센터는 우리 집 근처에 있어.

1 ❶ ○　　　　　　❷ ○
2 ❶ ○　　　　　　❷ X
3 ❶ 经常，瑜伽　　❷ 运动，不错

DAY 23　우리 언제 갈까?

1 ❶ wǎnghóng　　❷ 餐厅　　　❸ 知道
　❹ yě　　　　　❺ ⑲ 때, 무렵　❻ ⑧ 예약하다

2 ❶ 网红　　　　❷ 餐厅　　　❸ 知道
　❹ 也　　　　　❺ 时候　　　❻ 预约

녹음 대본

1 ❶ 女：这里是网红餐厅，我们也去尝尝吧。 여기 인터넷에서 유명한 맛집인데,
　　　　　　　　　　　　　　　　　　　　우리도 가서 한번 먹어 보자.

　　男：什么时候去？我预约一下。 언제 갈까? 내가 예약할게.

　❷ 女：下个星期六你有时间吗？ 다음 주 토요일에 너 시간 있니?
　　男：当然有。 당연히 있지.

1 ❶ ○　　　　　　❷ X
2 ❶ X　　　　　　❷ ○
3 ❶ 网红　　　　❷ 时候

오늘의 단어 확인

1 ❶ 斤　　　　　　　　❷ píngguǒ　　　　　❸ duōshao
　❹ ㈜ 위안[중국의 화폐 단위]　❺ 家　　　　　❻ 好吃

2 ❶ 苹果　　　　　　　❷ 多少　　　　　　❸ 钱
　❹ 有(一)点儿　　　　❺ 贵　　　　　　　❻ 非常

오늘의 회화 확인

녹음 대본

1 ❶ 女：一斤草莓多少钱？　딸기 한 근에 얼마예요?
　　男：一斤草莓二十块。　딸기 한 근에 20위안이에요.

　❷ 女：这个苹果好吃吗？　　　이 사과 맛있나요?
　　男：我家的苹果非常好吃。　저희 집 사과는 아주 맛있어요.

1 ❶ X　　　　　　❷ O
2 ❶ O　　　　　　❷ X
3 ❶ 斤，多少　　　❷ 非常，好吃

오늘의 단어 확인

1 ❶ zài　　　　　　　　❷ 网购　　　　　　❸ 对了
　❹ 블랙 프라이데이　　　❺ dǎsuan　　　　　❻ ㈜ (값이) 저렴하다, 싸다

2 ❶ 在　　　　　　　　❷ 双十一　　　　　❸ 所以
　❹ 新　　　　　　　　❺ 大衣　　　　　　❻ 便宜

1 ❶ 男：你在看什么？　너는 무엇을 보고 있니?
　　女：我在网购。　　나는 인터넷 쇼핑을 하고 있어.

　❷ 男：今天是双十一，是吧？　　오늘 블랙 프라이데이지?
　　女：对，所以现在东西很便宜。　맞아, 그래서 지금 물건이 저렴해.

1 ❶ X　　　　　　❷ O
2 ❶ O　　　　　　❷ X
3 ❶ 双十一　　　　❷ 打算，大衣

DAY 26 그럼 제가 다음 주에 다시 올게요.

1 ❶ 请问　　　　❷ kuǎn　　　　❸ ⑱ 블루투스
　❹ 耳机　　　　❺ zài　　　　❻ ⑲ 연락하다

2 ❶ 蓝牙　　　　❷ 不好意思　　　❸ 周
　❹ 货　　　　　❺ 再　　　　　❻ 电话

1 ❶ 男：你好！请问有这款蓝牙耳机吗？　안녕하세요! 실례지만, 이 블루투스 이어폰 있나요?
　　女：不好意思，现在没有货。　죄송합니다. 지금은 상품이 없습니다.

　❷ 女：请写一下您的电话。货到的时候，我们联系您。
　　　고객님의 전화번호 좀 적어주세요. 상품이 도착했을 때 저희가 연락드리겠습니다.
　　男：好的。　알겠습니다.

1 ❶ X　　　　　　❷ O
2 ❶ X　　　　　　❷ O
3 ❶ 请问　　　　　❷ 不好意思

DAY 27 실례지만, 두 분 어떤 음식을 주문하시겠어요?

오늘의 단어 확인

1 ❶ 位　　　❷ lái　　　❸ ⑧ 넣다
　❹ ⑱ 고추　　❺ 别　　　❻ píng

2 ❶ 鱼香肉丝　❷ 放　　　❸ 一点儿
　❹ 还　　　❺ 要　　　❻ 别

오늘의 회화 확인

녹음 대본

1 ❶ 男：你点什么？　너는 무엇을 주문하니?
　　女：我点芝士汉堡。　나는 치즈버거를 주문해.

　❷ 男：还要别的吗？　더 필요한 것 있으세요?
　　女：再来一份鱼香肉丝。위샹러우쓰도 한 접시 주세요.

1 ❶ ○　　　❷ X
2 ❶ ○　　　❷ X
3 ❶ 来, 放　　❷ 还要

DAY 28 나 오늘 아침에 감기약 먹었어.

오늘의 단어 확인

1 ❶ 脸色　　❷ chà　　　❸ ⑲ 편안하다
　❹ 还　　　❺ yīnggāi　❻ ⑱ 아침

2 ❶ 舒服　　❷ 发烧　　　❸ 应该
　❹ 医院　　❺ 没事(儿)　❻ 了

1 ❶ 女: 你脸色很差, 哪儿不舒服吗? 너 안색이 좋지 않은데, 어디 아프니?
　　男: 我头疼, 还有(一)点儿发烧。 나 머리 아프고, 열도 조금 나.

　❷ 女: 你吃药了吗? 너 약 먹었니?
　　男: 我今天早上吃了感冒药。 나 오늘 아침에 감기약 먹었어.

1 ❶ X　　　　　　❷ O
2 ❶ O　　　　　　❷ X
3 ❶ 头疼, 发烧　　❷ 应该

DAY 29 너는 이 가게 가 본 적 있니?

1 ❶ 张　　　　❷ zhàopiàn　　❸ ㉿ ~한 적 있다
　❹ 网上　　❺ huǒ　　　　❻ ⑱ 멀다

2 ❶ 照片　　❷ 店　　❸ 离
　❹ 远　　　❺ 就　　❻ 王府井

1 ❶ 男: 你去过这家店吗? 너는 이 가게 가 본 적 있니?
　　女: 去过。这家店在网上很火。 가 본 적 있어. 이 가게는 인터넷에서 아주 핫해.

　❷ 男: 这家店离公司远吗? 이 가게는 회사에서 머니?
　　女: 不远。 멀지 않아.

1 ❶ O　　　　　　❷ X
2 ❶ O　　　　　　❷ X
3 ❶ 过　　　　　　❷ 网上, 火

나 요새 살쪘어.

오늘의 단어 확인

1 ❶ 胖 　　❷ děi 　　❸ ⑧ 시작하다
　❹ 还是 　　❺ bǐjiào 　　❻ ⑧ 건강하다

2 ❶ 从 　　❷ 开始 　　❸ 晚饭
　❹ 这样 　　❺ 比较 　　❻ 健康

오늘의 회화 확인

녹음 대본

1 ❶ 女: 我最近胖了，我得减肥。　나 요새 살쪘어. 다이어트해야겠어.
　 男: 我觉得你不胖啊。　　　　　내 생각에 너 살찌지 않았어.

　❷ 女: 从今天开始，我不吃晚饭了。　오늘부터 나 저녁밥 안 먹을 거야.
　 男: 你还是多运动吧。　　　　　　너 운동을 많이 하는 게 나아.

1 ❶ O 　　❷ X
2 ❶ O 　　❷ X
3 ❶ 胖，得 　　❷ 从，开始

DAY 31 나는 영화관 입구에서 기다리고 있어.

오늘의 단어 확인

1 ❶ 喂 　　❷ kuài 　　❸ ⑨ 이미, 벌써
　❹ 着 　　❺ fēnzhōng 　　❻ ⑧ 느리다

2 ❶ 快 　　❷ 已经 　　❸ 电影院
　❹ 门口 　　❺ 分钟 　　❻ 慢

1 ❶ 男：你在哪儿等着呢？　　　　너 어디에서 기다리고 있니?
　 女：我在电影院门口等着呢。　나는 영화관 입구에서 기다리고 있어.

　❷ 男：不好意思，我马上到。　　　미안해. 나 곧 도착해.
　 女：没事(儿)，你慢慢来，我等你。괜찮아. 천천히 와. 기다릴게.

1 ❶ X　　　　　　　❷ O
2 ❶ X　　　　　　　❷ O
3 ❶ 喂，快　　　　❷ 慢慢

DAY 32 오늘이 어제보다 더 추워.

1 ❶ cái　　　　　　❷ 度　　　　　　❸ bǐ
　❹ 閉 때마침, 알맞게　❺ 冏 핫팩　　　❻ 给

2 ❶ 才　　　　　　❷ 比　　　　　　❸ 刚好
　❹ 暖宝宝　　　　❺ 给　　　　　　❻ 暖和

1 ❶ 男：今天好冷啊！　오늘 엄청 춥다!
　 女：我刚好有两个暖宝宝，给你一个。　나 때마침 핫팩 두 개 있는데, 하나 너 줄게.

　❷ 男：今天才三度！　오늘 겨우 3도래!
　 女：对，今天比昨天更冷。　맞아. 오늘이 어제보다 더 추워.

1 ❶ O　　　　　　　❷ X
2 ❶ O　　　　　　　❷ X
3 ❶ 刚好，给　　　❷ 暖和

MEMO

중국어

진짜학습지

워크북

진짜학습지

원어민 MP3 음원은 시원스쿨 진짜학습지 홈페이지(daily.siwonschool.com) 접속 > 학습지원 > 공부 자료실에서 다운로드 받거나 해당 QR 코드를 스캔하여 이용할 수 있습니다.

DAY 01 중국어의 발음

1 녹음을 잘 듣고 알맞은 발음을 고르세요.　　🔊 01-1

① ǎ ……… á

② ī ……… ǐ

③ mā ……… mà

④ bō ……… bó

2 녹음을 잘 듣고 알맞은 성조에 연결하세요.　　🔊 01-2

① fa ·　　　　· ⓐ ∨

② he ·　　　　· ⓑ ／

③ gu ·　　　　· ⓒ －

④ po ·　　　　· ⓓ ＼

3 녹음을 잘 듣고 성조가 다른 발음을 고르세요. 🔊 01-3

① ku 　　he 　　ma

② pa 　　lu 　　le

③ ke 　　mo 　　te 

④ wu 　　nü 　　fa 

4 녹음을 잘 듣고 성조를 바르게 표기하세요. 🔊 01-4

① 
ba

② 
ke

③ 
fo

④ 
lu

5 <보기>의 단어에 알맞은 표를 고른 후, 해당 한어병음을 쓰세요.

보기   kū   tè   mǒ   pí

① 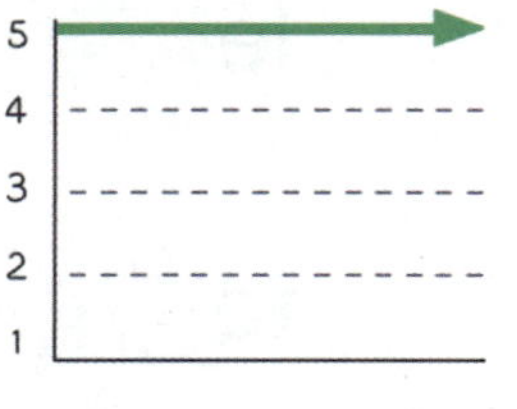

➡ ___________________

② 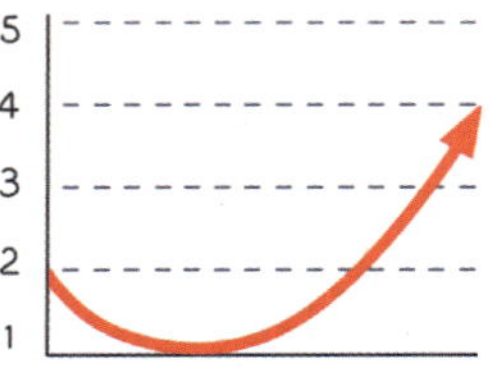

➡ ___________________

③

➡ ___________________

④

➡ ___________________

6 녹음을 잘 듣고 알맞은 발음을 고르세요.   ◁) 01-5

① 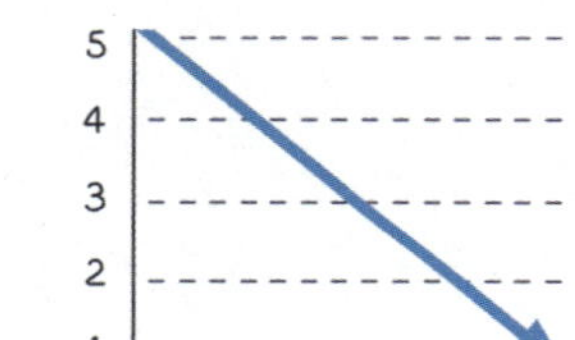

rù ········· lǜ

② 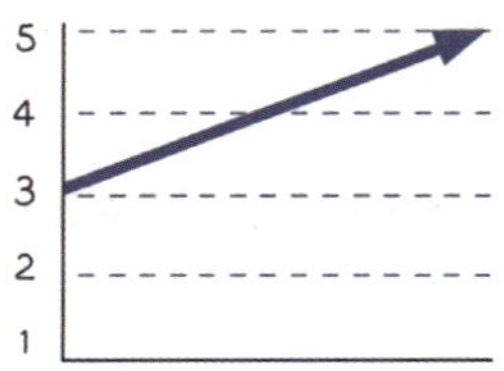

fā ········· tǎ

③ tī ········· pí

④ kě ········· gé

7 녹음을 잘 듣고 알맞은 운모를 찾아 ○ 표시하세요.　🔊 01-6

① w + ǒ / ǔ

② d + é / ú

③ k + ū / ā

④ p + ò / ù

8 다음 제시된 단운모와 일치하는 발음에 연결하세요.

① i ·　·ⓐ 우

② o ·　·ⓑ 이

③ u ·　·ⓒ 위

④ ü ·　·ⓓ 오~어

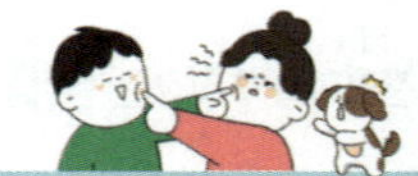

다음 제시된 한어병음을 연결하여 쓰고, 바르게 읽어 보세요.

① w ＋ ú ＝

② l ＋ ǜ ＝

③ k ＋ ě ＝

10 녹음을 잘 듣고 알맞은 발음을 고른 후, 해당 한어병음을 따라 쓰세요.　◀)) 01-7

① bā　fá　tǎ

② fó　mǒ　pò

③ hē　kě　tè

④ wú　nǚ　lǜ

11 녹음을 잘 듣고 빈칸에 알맞은 운모와 성조를 쓰세요.　🔊 01-8

① q ☐　　② k ☐

③ m ☐　　④ h ☐

12 녹음을 잘 듣고 성조를 바르게 표기하세요.　🔊 01-9

 yī

 er

 san

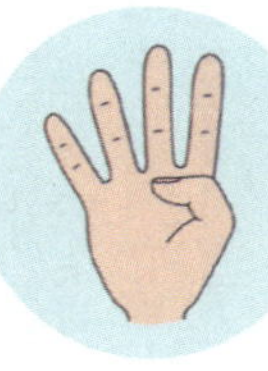 sì

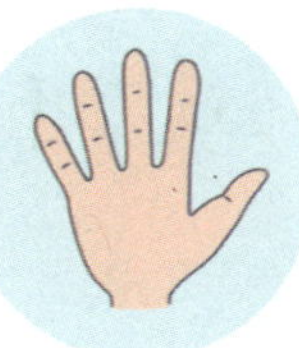 wu

 liu

qī

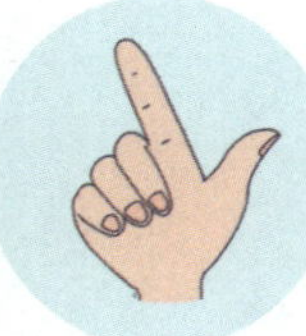 ba

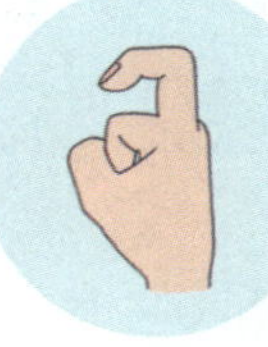 jiu

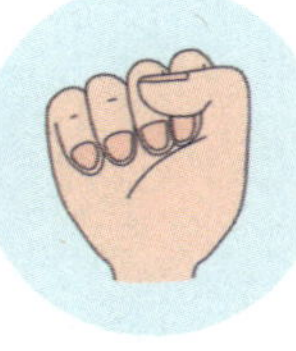 shí

DAY 02 중국어의 성모 1

1 녹음을 잘 듣고 해당하는 성모를 고르세요.　🔊 02-1

① p ☐　　f ☐

② b ☐　　d ☐

③ n ☐　　l ☐

④ f ☐　　t ☐

2 녹음을 잘 듣고 성모와 운모를 연결하세요.　🔊 02-2

① b ・　　　・ ⓐ ù

② p ・　　　・ ⓑ ǐ

③ m ・　　　・ ⓒ ō

④ f ・　　　・ ⓓ á

3 녹음을 잘 듣고 알맞은 발음을 고르세요. 🔊 02-3

① mù ·········· nù 　　② bú ·········· fú

③ pā ·········· fā 　　④ dǐ ·········· bǐ

4 녹음을 잘 듣고 빈칸에 알맞은 성모를 <보기>에서 고르세요. 중복 선택 가능 🔊 02-4

| 보기 | d　　b　　m　　f　　p　　h |

① ☐ à 　　② ☐ ù

③ ☐ ā 　　④ ☐ ǐ

⑤ ☐ é 　　⑥ ☐ ǔ

⑦ ☐ ì 　　⑧ ☐ ó

5 다음 제시된 한어병음을 연결하여 쓰고, 바르게 읽어 보세요.

① h + ā =

② t + ú =

③ n + ǎ =

④ k + ù =

6 녹음을 잘 듣고 알맞은 발음을 고른 후, 해당 한어병음을 따라 쓰세요.　◀)) 02-5

① bózi　　gūgu　　dùzi

② húli　　fùmǔ　　kělè

③ gébì　　dāli　　gèzi

④ hèkǎ　　tǐlì　　mótè

7 녹음을 잘 듣고 알맞은 성모를 찾아 ○ 표시하세요. ◁⎆ 02-6

① m / n **+** ǐ

② g / h **+** ú

③ t / d **+** è

④ k / l **+** ā

8 녹음을 잘 듣고 알맞은 발음을 고르세요. ◁⎆ 02-7

① móte ·········· mótè

② gébì ·········· gébī

③ kùzi ·········· kùzǐ

④ hècì ·········· hècí

⑤ fúmú ·········· fùmǔ

⑥ pópo ·········· pǒpò

9 녹음을 잘 듣고 빈칸에 알맞은 성모를 쓰세요.　🔊 02-8

① ☐ ā　　　② ☐ ú

③ ☐ ā ☐ ù　　④ ☐ ó ☐ è

10 녹음을 잘 듣고 성조를 바르게 표기하세요.　🔊 02-9

① 

Bali

② 

ditu

③ 

milu

④ 

heli

11 다음 제시된 한어병음을 바르게 나열하세요.

① 

i d ù z

➡ __________________________

②

l ǐ t ì

➡ __________________________

12 녹음을 잘 듣고 빈칸에 알맞은 한어병음을 쓰세요.　🔊 02-10

①

②

③

④

중국어의 성모 2

1 녹음을 잘 듣고 해당하는 성모를 고르세요. 🔊 03-1

① q ⬜ j ⬜

② zh ⬜ ch ⬜

③ x ⬜ s ⬜

④ z ⬜ c ⬜

2 녹음을 잘 듣고 성모와 운모를 연결하세요. 🔊 03-2

① j ·   · ⓐ ǐ

② x ·   · ⓑ ú

③ r ·   · ⓒ ē

④ ch ·   · ⓓ ě

3 녹음을 잘 듣고 알맞은 발음을 고르세요. 🔊 03-3

① jī ········· qī   ② qù ········· cù

③ shǔ ········· xǐ   ④ júzi ········· qǐzi

4 녹음을 잘 듣고 빈칸에 알맞은 성모를 <보기>에서 고르세요. 중복 선택 가능 🔊 03-4

보기	zh x j q sh r

① ☐ ū   ② ☐ ì

③ ☐ ìde   ④ ☐ èhu

⑤ ☐ ǐzi   ⑥ ☐ á

⑦ ☐ é   ⑧ ☐ ǔ

① zh + ǐ =

② r + è =

③ c + ā =

④ s + ú =

6 녹음을 잘 듣고 알맞은 발음을 고른 후, 해당 한어병음을 따라 쓰세요.   03-5

① xífù   cháhú   rúhé

② júzi   sījī   qǐzi

③ jìde   rèhu   zémà

④ chǔxù   xùshù   zìjǐ

7 녹음을 잘 듣고 알맞은 성모를 찾아 ○ 표시하세요.　🔊 03-6

① r / n + ù

② ch / sh + é

③ zh / z + ǐ

④ c / s + ā

8 녹음을 잘 듣고 알맞은 발음을 고르세요.　🔊 03-7

① chē ········· cè

② shǔ ········· chǔ

③ zìjī ········· zìjǐ

④ rèhu ········· rèhū

⑤ cìqí ········· cíqì

⑥ sùyǔ ········· súyǔ

9 녹음을 잘 듣고 빈칸에 알맞은 성모를 쓰세요.

① ☐ ī　　　② ☐ è

③ ☐ ú ☐ é　　　④ ☐ í ☐ ù

10 녹음을 잘 듣고 성조를 바르게 표기하세요. 　03-9

① 
chili

② 
quzhe

③ 
ziji

④ 
juzi

11 다음 제시된 한어병음을 바르게 나열하세요.

① f í x ù

➡ ______________________

② j ī s ī

➡ ______________________

12 녹음을 잘 듣고 빈칸에 알맞은 한어병음을 쓰세요.　🔊 03-10

①

②

③

④

중국어의 운모 1

1 녹음을 잘 듣고 해당하는 운모를 고르세요.　　🔊 04-1

① ai 　　　ei

② ao 　　　ou

③ en 　　　an

④ eng 　　　ong

2 녹음을 잘 듣고 성모와 운모를 연결하세요.　　🔊 04-2

① p ·　　　· ⓐ ào

② s ·　　　· ⓑ ái

③ m ·　　　· ⓒ ǎn

④ z ·　　　· ⓓ āng

3 녹음을 잘 듣고 알맞은 발음을 고르세요. 🔊 04-3

① kāi ·········· bāi　　② dǎo ·········· lǎo

③ kàn ·········· hàn　　④ méng ·········· máng

4 녹음을 잘 듣고 빈칸에 알맞은 운모를 <보기>에서 고르세요. 　중복 선택 가능　🔊 04-4

| 보기 | ān | ái | áo | òng | ōu | ǎng |

① p ☐ zi　　② b ☐

③ t ☐　　④ zh ☐

⑤ m ☐　　⑥ d ☐

⑦ n ☐　　⑧ l ☐

 다음 발음을 성모, 운모, 성조로 나누어 써 보세요.

	rēng	kǒng	shàng
성모			
운모			
성조			

6 녹음을 잘 듣고 알맞은 발음을 고른 후, 해당 한어병음을 따라 쓰세요. ◁)) 04-5

① téng   děng   mèng

② pánzi   pénzi   páizi

③ érzi   ěrjī   èrbǎi

④ nǎinai   mèimei   mǎimai

7 녹음을 잘 듣고 알맞은 운모를 찾아 ○ 표시하세요. 🔊 04-6

① c + ōng / áng

② p + ái / éi

③ g + òu / ēn

④ h + ǎn / ěn

8 녹음을 잘 듣고 알맞은 발음을 고르세요. 🔊 04-7

① fēijì ·········· fēijī

② ěrzi ·········· érzi

③ zhèn ·········· zhēn

④ hóuzi ·········· hòuzi

⑤ měng ·········· mèng

⑥ tǎng ·········· tāng

9 녹음을 잘 듣고 빈칸에 알맞은 운모와 성조를 쓰세요. 🔊 04-8

① f [   ] j [   ]   ② Sh [   ] h [   ]

③ ch [   ] sh [   ]   ④ f [   ] n [   ]

10 녹음을 잘 듣고 성조를 바르게 표기하세요. 🔊 04-9

①

caidan

② 

Shou'er

③ 

ertong

④ 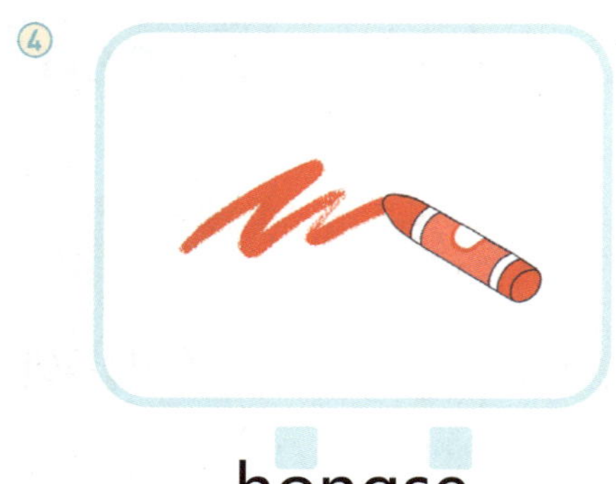

hongse

11 다음 제시된 한어병음을 바르게 나열하세요.

① 

ā n b

②

g ē n r

➡ ____________________

➡ ____________________

12 녹음을 잘 듣고 빈칸에 알맞은 한어병음을 쓰세요. ◁) 04-10

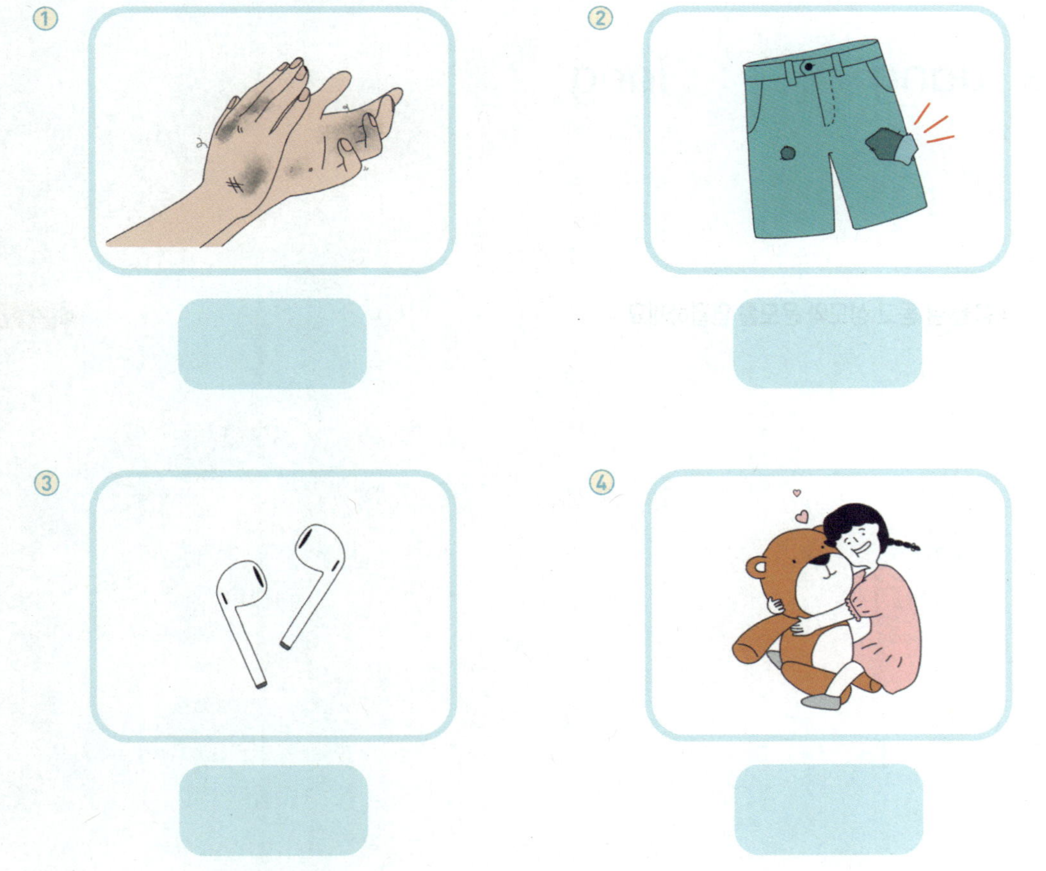

①

②

③

④

중국어의 운모 2

1 녹음을 잘 듣고 해당하는 운모를 고르세요.　　 05-1

① ia 　□　　ie 　□

② iao 　□　　iou 　□

③ ua 　□　　uo 　□

④ uang 　□　　iang 　□

2 녹음을 잘 듣고 성모와 운모를 연결하세요.　　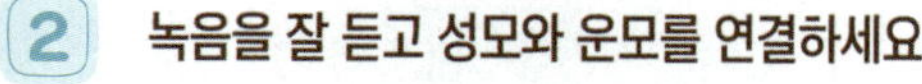 05-2

① d ・　　・ⓐ iào

② j ・　　・ⓑ ián

③ p ・　　・ⓒ iē

④ q ・　　・ⓓ iǔ

3 녹음을 잘 듣고 알맞은 발음을 고르세요. 🔊 05-3

① qiǎ ········· liǎ

② qiáo ········· piáo

③ jīn ········· qīn

④ ruò ········· guò

4 녹음을 잘 듣고 빈칸에 알맞은 운모를 <보기>에서 고르세요. 중복 선택 가능 🔊 05-4

| 보기 | uǎi | iě | iàn | iú | íng | ià |

① j [　] jie

② p [　]

③ m [　] bāo

④ n [　] nǎi

⑤ j [　] rì

⑥ m [　] zi

⑦ sh [　]

⑧ d [　] nǎo

5 다음 발음을 성모, 운모, 성조로 나누어 써 보세요.

	jiāng	qióng	shuì
성모			
운모			
성조			

6 녹음을 잘 듣고 알맞은 발음을 고른 후, 해당 한어병음을 따라 쓰세요.　🔊 05-5

① míngzi　　pǐnzhì　　mínzú

② zuǐ　　huí　　tuī

③ huán　　suān　　zhuàn

④ huálì　　kuàilè　　huáiyí

7 녹음을 잘 듣고 알맞은 운모를 찾아 ○ 표시하세요. 🔊 05-6

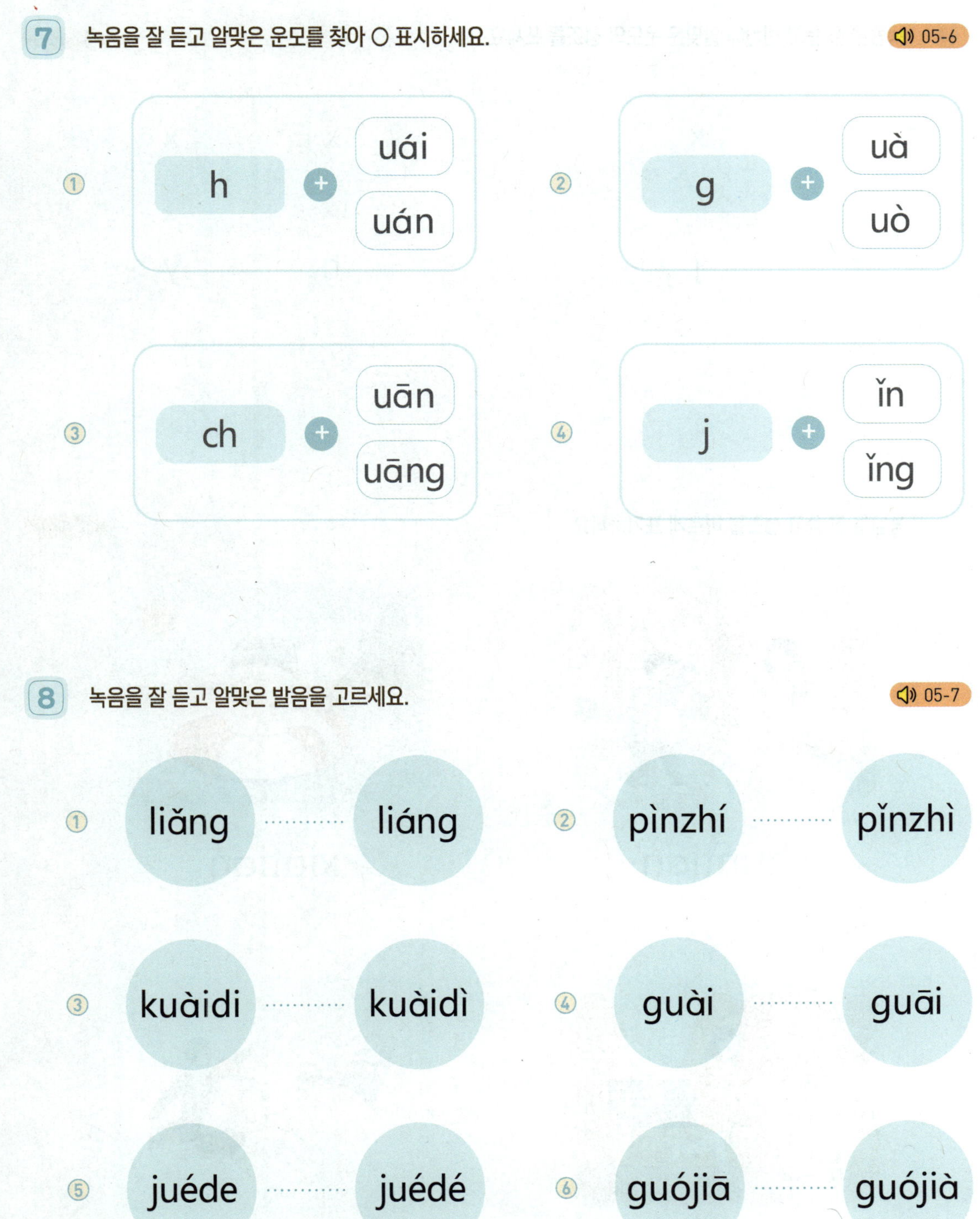

8 녹음을 잘 듣고 알맞은 발음을 고르세요. 🔊 05-7

9 녹음을 잘 듣고 빈칸에 알맞은 운모와 성조를 쓰세요. 🔊 05-8

① d ☐ x ☐   ② x ☐ x ☐

③ t ☐ j ☐   ④ h ☐ y ☐

10 녹음을 잘 듣고 성조를 바르게 표기하세요. 🔊 05-9

①

chuntian

②

xiatian

③

qiutian

④

dongtian

11 다음 제시된 한어병음을 바르게 나열하세요.

①

u r ò

➡ __________________________

② 

n d ǎ i

➡ __________________________

12 녹음을 잘 듣고 빈칸에 알맞은 한어병음을 쓰세요. ◁» 05-10

①

②

③

④

중국어의 성조 변화 1

1 녹음을 잘 듣고 알맞은 발음을 고르세요. ◀)) 06-1

① hǎochī ……… huǒchē

② mèimei ……… cǎoméi

③ kělè ……… kě'ài

④ nǐ hǎo ……… nǐmen

2 녹음을 잘 듣고 성조를 바르게 표기하세요. ◀)) 06-2

① 

laoshi

② 

yufa

③ 

yanjing

④ 

lüxing

3 녹음을 잘 듣고 성조가 다른 발음을 고르세요.　🔊 06-3

① yufa ☐　　xuduo ☐　　hen hao ☐

② shuiguo ☐　　meitian ☐　　dakai ☐

③ kele ☐　　wanfan ☐　　jiejie ☐

④ haokan ☐　　jianfei ☐　　malu ☐

4 녹음을 잘 듣고 빈칸에 알맞은 운모를 <보기>에서 고르세요.　**중복 선택 가능**　🔊 06-4

| 보기 | uǐ | ǎo | ěn | ǐ | ǔ | iǎo |

① y [　　] zi　　② h [　　] kàn

③ y [　　] yán　　④ b [　　] zi

⑤ j [　　] zi　　⑥ sh [　　] guǒ

⑦ m [　　] qīn　　⑧ x [　　] xīn

5 <보기>의 단어에 알맞은 표를 고른 후, 해당 한어병음을 쓰세요.

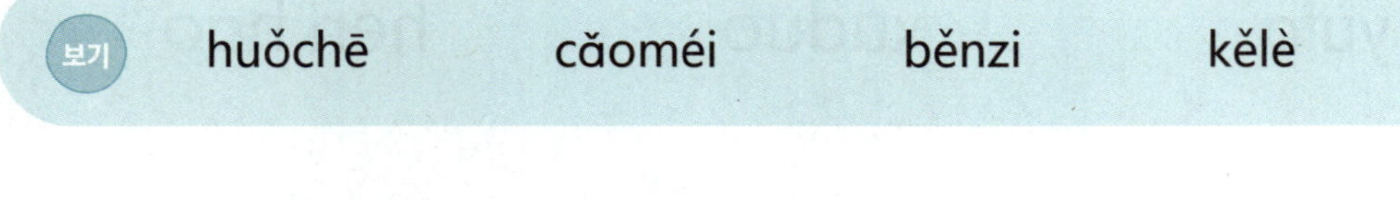

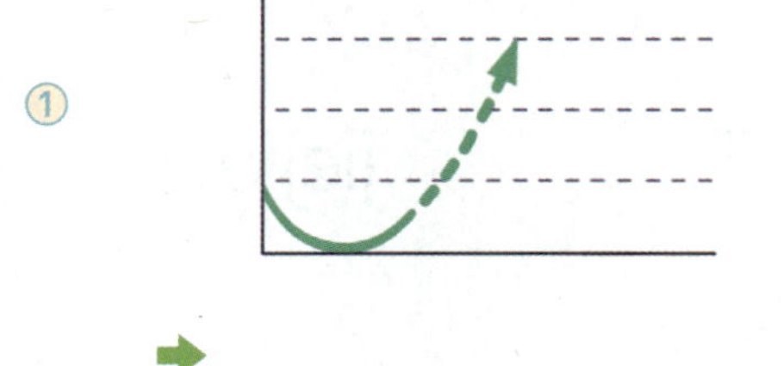

➡ _______________

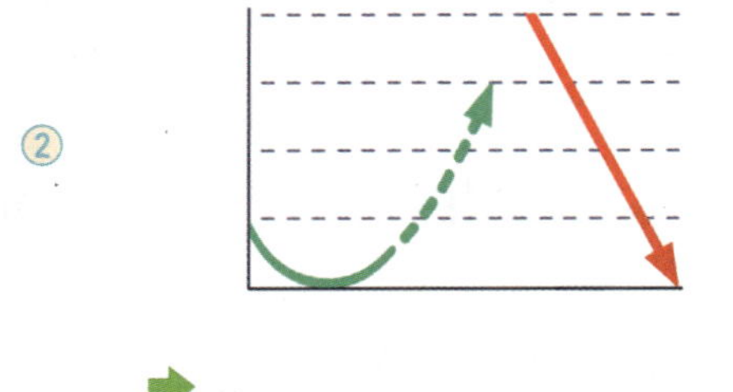

➡ _______________

③

➡ _______________

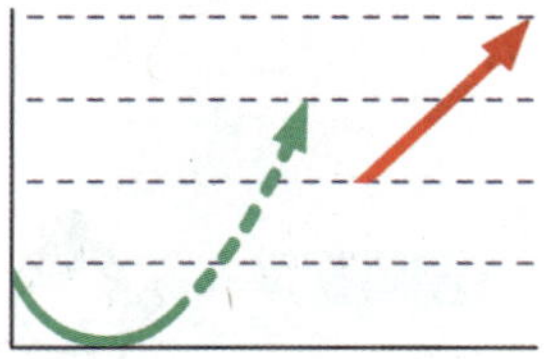

④

➡ _______________

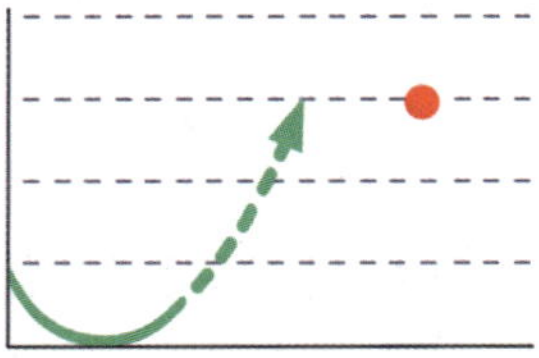

6 다음 제시된 발음의 성조 변화를 쓰세요.

① 제3성 + 경성 ➡ [   ] + 경성

② 제3성 + 제4성 ➡ [   ] + 제4성

③ 제3성 + 제3성 ➡ [   ] + 제3성

④ 제3성 + 제2성 ➡ [   ] + 제2성

7 녹음을 잘 듣고 해당하는 발음을 고르세요.　

① māma ☐　　màma ☐

② yěye ☐　　yéye ☐

③ bàba ☐　　bāba ☐

④ jiějie ☐　　jiéjie ☐

8 다음 제시된 표와 알맞은 성조를 연결하세요.

① 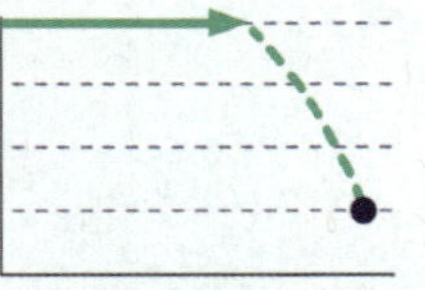　　ⓐ nǎinai

② 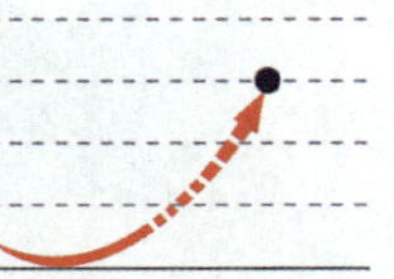　　ⓑ yéye

③ 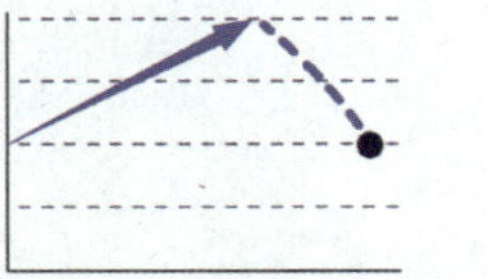　　ⓒ gēge

④ 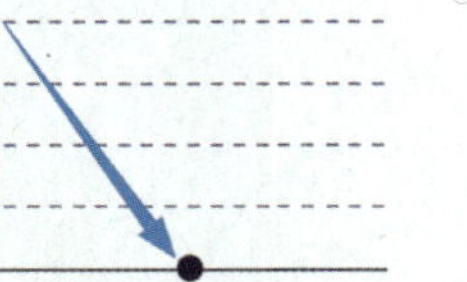　　ⓓ dìdi

9 녹음을 잘 듣고 해당하는 발음에 ○ 표시하세요.   ◁)) 06-6

① xínglǐ　xǐzǎo　xǐhuan　xǔduō

② yǔfǎ　lǐfà　yǔyán　yǐzi

③ hěn hǎo　huǒchē　lǎoshī　hǎochī

④ wǔfàn　yǒuxiào　yǒudiǎnr　yǐjīng

10 녹음을 잘 듣고 알맞은 발음을 고른 후, 해당 한어병음을 따라 쓰세요.   ◁)) 06-7

① dōngxi　guānxi　xíguàn

② nǎinai　nuǎnhuo　huòzhě

③ kuàilè　kèqi　kuàizi

④ pénzi　péngyou　fánnǎo

11 녹음을 잘 듣고 빈칸에 알맞은 운모와 성조를 쓰세요. 🔊 06-8

① g ☐ m ☐　　② l ☐ x ☐

③ sh ☐ b ☐　　④ x ☐ d ☐

12 녹음을 잘 듣고 빈칸에 알맞은 한어병음을 쓰세요. 🔊 06-9

① 

② 

③ 

④ 

중국어의 성조 변화 2

1 녹음을 잘 듣고 알맞은 발음을 고르세요. ◁» 07-1

① bú qù ········· bù xǐ   ② búcuò ········· bù duō

③ yì bēi ········· yì běn   ④ yìqǐ ········· yì qún

2 녹음을 잘 듣고 빈칸에 알맞은 한어병음을 쓰세요. ◁» 07-2

① b ☐ lěng   ② b ☐ tián

③ b ☐ è   ④ b ☐ dàn

⑤ y ☐ tiān   ⑥ y ☐ kuài

⑦ y ☐ qún   ⑧ y ☐ ge

3 녹음을 잘 듣고 성조가 다른 발음을 고르세요.  07-3

① bu ku ☐ bu duo ☐ bu leng ☐

② bu man ☐ bu lai ☐ bu tian ☐

③ yizhi ☐ yi ping ☐ yiding ☐

④ yi qun ☐ yiqi ☐ yi tai ☐

4 녹음을 잘 듣고 성조를 바르게 표기하세요.  07-4

① 

bu ting

② 

bu la

③ 

yi wan

④ 

yi kuai

5 녹음을 잘 듣고 알맞은 발음에 연결하세요.　 07-5

① bú ·　　　· ⓐ hē

② bù ·　　　· ⓑ kàn

③ yí ·　　　· ⓒ zhí

④ yì ·　　　· ⓓ dìng

6 다음 제시된 발음의 성조 변화를 쓰세요.

① bù + 제3성　➡　☐ + 제3성

② bù + 제4성　➡　☐ + 제4성

③ yī + 경성　➡　☐ + 경성

④ yī + 제2성　➡　☐ + 제2성

7 녹음을 잘 듣고 해당하는 발음을 고르세요. 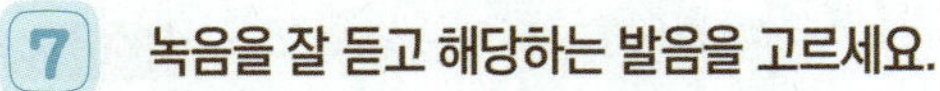 07-6

① bù máng ☐　　bú máng ☐

② bù là ☐　　bú là ☐

③ yìyáng ☐　　yíyàng ☐

④ yìqǐ ☐　　yǐqǐ ☐

8 녹음을 잘 듣고 알맞은 발음을 고른 후, 해당 한어병음을 따라 쓰세요. 07-7

① bù xué　　bù xǐ　　bù tīng

② bù máng　　bú màn　　bù mǎi

③ yì běn　　yì bēi　　yì duǒ

④ yì tiān　　yìqún　　yí jiàn

9 녹음을 잘 듣고 해당하는 발음에 〇 표시하세요.

① bù tīng	bù tián	bù lěng	bù máng
② bù xué	bù xǐ	bù kū	bú kàn
③ yì běn	yìbān	yì duǒ	yì bēi
④ yídìng	yì píng	yí jiàn	yì zhāng

10 다음 성조를 올바르게 고치세요.

① bú chī   ➡

② bù là   ➡

③ yīzhí   ➡

④ yìyàng   ➡

⑤ yì ge   ➡

11 녹음을 잘 듣고 빈칸에 알맞은 한어병음을 쓰세요. ◀》 07-9

12 녹음을 잘 듣고 성조를 바르게 표기하세요. ◀》 07-10

① Bu he shui.

② Bu kan shu.

③ yi jian yifu

④ yi duo hua

DAY 08 중국어의 인사

1 녹음을 잘 듣고 한자에 알맞은 발음을 찾아 ○표 한 후, 밑줄 친 부분에 써 보세요. 🔊 08-1

> xiè le   hǎo   kèqi   nǐmen   shìr

① 好 ➡ ________________________

② 你们 ➡ ________________________

2 녹음을 잘 듣고 성조를 바르게 표기하세요. 🔊 08-2

① Ni hao!

② Baibai!

③ Nimen hao!

④ Mingtian jian!

3 제시된 한어병음과 우리말 뜻을 바르게 연결하세요.

① Nǐ hǎo!　·　　　·　ⓐ 안녕!

② Báibái!　·　　　·　ⓑ 내일 봐!

③ Nǐmen hǎo!　·　　　·　ⓒ 바이바이!(잘 가!)

④ Míngtiān jiàn!　·　　　·　ⓓ 얘들아, 안녕!

4 빈칸에 알맞은 한자와 한어병음을 써서 문장을 완성하세요.

① 你(　　　　　)！ 안녕!
　Nǐ （　　　　　）！

② （　　　　　)见！ 내일 봐!
　（　　　　　） jiàn!

③ （　　　　　)拜！ 바이바이!(잘 가!)
　（　　　　　） bái!

④ （　　　　　)好！ 얘들아, 안녕!
　（　　　　　） hǎo!

5 다음 빈칸에 들어갈 알맞은 한어병음을 <보기>에서 찾아 쓰세요.

보기   jiàn   kèqi   yìsi

① Míngtiān (   )! 내일 봐!

② Xiǎo (   )! 별것 아니야!

③ Bú (   )! 천만에!(천만에요!)

6 녹음을 잘 듣고 빈칸에 알맞은 한어병음을 쓰세요. ◁» 08-3

① 죄송합니다!

② 괜찮습니다!

③ 고마워!

④ 별것 아니야!

7 녹음의 내용이 그림과 일치하면 ○, 일치하지 않으면 ✕표시하세요. ◁》 08-4

① 

② 

8 제시된 한어병음을 올바르게 나열하세요.

① 고마워!

le / xiè ➡ ________________________________ !

② 별것 아니야!

si / yì / xiǎo ➡ ________________________________ !

③ 천만에!(천만에요!)

qi / bú / kè ➡ ________________________________ !

④ 고마워!(감사합니다!)

xie / xiè ➡ ________________________________ !

9 녹음을 잘 듣고 알맞은 발음을 고른후, 해당 한어병음을 따라 쓰세요.　　🔊 08-5

① Duìbuqǐ!　　　　Xièxie!

② Nǐ hǎo!　　　　Méi guānxi!

③ Méi shìr!　　　　Míngtiān jiàn!

④ Bù hǎoyìsi!　　　　Báibái!

10 다음 제시된 한어병음에 알맞은 우리말 뜻을 쓰세요.

① Méi shìr!

② Bú kèqi!

　➡

③ Xiǎoyìsi!

　➡

④ Bù hǎoyìsi!

　➡

 녹음을 잘 듣고 빈칸에 알맞은 한어병음을 쓰세요.  08-6

보기 　　Xiǎoyìsi　　　Méi shìr　　　Báibái　　　Duìbuqǐ

① 

Ⓐ ＿＿＿＿＿＿＿＿＿＿!

Ⓑ Méi guānxi!

② 

Ⓐ ＿＿＿＿＿＿＿＿＿＿!

Ⓑ Míngtiān jiàn!

③ 

Ⓐ Bù hǎoyìsi!

Ⓑ ＿＿＿＿＿＿＿＿＿＿!

④ 

Ⓐ Xiè le!

Ⓑ ＿＿＿＿＿＿＿＿＿＿!

DAY 09

我很好。

Wǒ hěn hǎo.

나는 잘 지내.

1 녹음을 잘 듣고 해당하는 우리말에 〇 표시한 후 중국어를 써 보세요.　🔊 09-1

① | 오랫동안 — 금방 |

➡ ______________________

② | 나쁘다 — 좋다 |

➡ ______________________

③ | 매우 — 조금 |

➡ ______________________

④ | 그 — 나 |

➡ ______________________

2 중국어와 우리말 뜻을 바르게 연결해 보세요.

① 不见　·　　　　　·　ⓐ 어이

② 嗨　·　　　　　·　ⓑ ~이니?, ~입니까?

③ 吗　·　　　　　·　ⓒ 만나지 않다

3 다음 빈칸에 들어갈 알맞은 중국어를 써 보세요.

① | 너 | 오늘 뭐해?　　　　________________________

② | 요즘 | 날씨가 너무 추워.　　　　________________________

③ 시험에 합격해서 | 매우 | 기뻐.　　　　________________________

4 우리말 뜻을 보고 빈칸에 해당하는 단어를 <보기>에서 찾아 쓰세요.

보기　　累　　好久　　最近　　可爱

① 귀엽다

➡ ________________________

② 요즘, 최근

➡ ________________________

③ 피곤하다

➡ ________________________

④ 오랫동안

➡ ________________________

5 녹음을 잘 듣고 빈칸을 채운 뒤 문장을 따라 읽어 보세요. ◀)) 09-2

① 好久 _______________!

② 你 _______________ 好 _______________?

③ 我 _______________ _______________ 好。

6 녹음을 잘 듣고 대답으로 알맞은 말에 V 표시해 보세요. ◀)) 09-3

①

好久不见! 

再见! 

②

嗨，你好! 

他最近很好。 

＊**再见** zàijiàn 동 잘 가, 또 만나

7 다음 빈칸에 들어갈 알맞은 말을 써 보세요.

①

A ＿＿＿＿＿＿＿＿＿＿＿＿＿＿＿？
너 요즘 잘 지내니?

B 我很好。
나는 잘 지내.

②

A 好久不见！
오랜만이야!

B ＿＿＿＿＿＿＿＿＿＿＿＿＿！
오랜만이야!

③

A 他们最近好吗？
그들은 요즘 잘 지내니?

B ＿＿＿＿＿＿＿＿＿＿＿＿＿。
그들은 요즘 잘 지내.

8　다음 단어를 올바르게 배열하여 문장을 만들어 보세요.

① 나는 기뻐.

高兴 / 我 / 很

➡ ______________________________________ 。

② 그는 잘 생겼니?

吗 / 帅 / 他

➡ ______________________________________ ?

③ 날씨 좋다.

很 / 天气 / 好

➡ ______________________________________ 。

9　다음 빈칸에 들어갈 알맞은 단어를 <보기>에서 찾아 쓰세요.

| 보기 | 忙　　　累　　　漂亮 |

① 她(　　　　)吗？　　　그녀는 예쁘니?

② 我最近很(　　　　)。　　나는 요즘 피곤해.

③ 他今天很(　　　　)。　　그는 오늘 바빠.

＊ 今天 jīntiān 몡 오늘

10 다음 문장을 제시어에 맞는 문장으로 바꿔 보세요.

① 天气好吗?　날씨 좋니?

😊 긍정　➡ ____ 。

② 他最近很累。　그는 요즘 피곤해.

😮 의문　➡ ____ ?

③ 她很可爱。　그녀는 귀여워.

😮 의문　➡ ____ ?

④ 她漂亮吗?　그녀는 예쁘니?

😊 긍정　➡ ____ 。

⑤ 杨伟很帅。　양웨이는 잘생겼어.

😮 의문　➡ ____ ?

你喝咖啡吗?

Nǐ hē kāfēi ma?

너 커피 마실래?

1 녹음을 잘 듣고 해당하는 우리말에 〇 표시한 후 중국어를 써 보세요.　◀) 10-1

① 밀크티　녹차

➡ ______________________________

② 어디, 어느　무엇, 무슨

➡ ______________________________

③ 그러면, 그렇다면　그러나, 하지만

➡ ______________________________

④ 먹다　마시다

➡ ______________________________

2 중국어와 우리말 뜻을 바르게 연결해 보세요.

① 不　·

② 那　·

③ 咖啡　·

· ⓐ 그러면, 그렇다면

· ⓑ 커피

· ⓒ (~이) 아니다, ~하지 않다

3 다음 빈칸에 들어갈 알맞은 중국어를 써 보세요.

① 동생은 　밀크티　 를 좋아해.　　________________________

② 　무슨　 일 있어?　　________________________

③ 나는 매일 아침 　커피　 를 마셔.　________________________

4 우리말 뜻을 보고 빈칸에 해당하는 단어를 <보기>에서 찾아 쓰세요.

> **보기**　　牛奶　　吃　　喝　　面包

① 마시다

➡ ________________________

② 먹다

➡ ________________________

③ 빵, 베이커리

➡ ________________________

④ 우유

➡ ________________________

5 녹음을 잘 듣고 빈칸을 채운 뒤 문장을 따라 읽어 보세요. ◁》 10-2

① 你喝 ＿＿＿＿＿＿＿＿＿＿＿？

② 你喝 ＿＿＿＿＿＿＿＿＿ 吗？

③ 我 ＿＿＿＿＿＿＿＿＿ 喝 ＿＿＿＿＿＿＿＿＿。

6 녹음을 잘 듣고 대답으로 알맞은 말에 V 표시해 보세요. ◁》 10-3

① 

我不喝牛奶。 

我很好。 

② 

我最近很忙。 

我喝咖啡。 

7 다음 빈칸에 들어갈 알맞은 말을 써 보세요.

①

A **你喝什么？**
너 뭐 마실래?

B ______________________________ 。
나 콜라 마실래.

* **可乐** kělè 명 콜라

②

A **你喝奶茶吗？**
너 밀크티 마실래?

B ______________________________ 。
나 밀크티 안 마실래.

③

A ______________________________ ？
그는 커피 마시니?

B **他喝咖啡。**
그는 커피 마셔.

8 다음 단어를 올바르게 배열하여 문장을 만들어 보세요.

① 너는 무엇을 보니?

什么/你/看

➡ ____ ?

② 그녀는 무엇을 하니?

什么/干/她

➡ ____ ?

③ 나는 우유 안 마실래.

牛奶/不/我/喝

➡ ____ 。

9 다음 빈칸에 들어갈 알맞은 단어를 <보기>에서 찾아 쓰세요.

보기   面包   说   衣服

① 他(   )什么？   그가 뭐라고 하니?

② 我吃(   )。   나는 빵을 먹어.

③ 我不买(   )。   나는 옷을 사지 않아.

10 다음 문장을 제시어에 맞는 문장으로 바꿔 보세요.

① 他听音乐。   그는 음악을 들어.

부정 → ____ 。

② 我看书。   나는 책을 봐.   * 书 shū 명 책

의문 → ____ ?

③ 我买裤子。   나는 바지 살래.   * 裤子 kùzi 명 바지

부정 → ____ 。

④ 我不喝果汁。   나는 과일 주스 안 마실래.   * 果汁 guǒzhī 명 과일 주스

긍정 → ____ 。

⑤ 她吃早饭。   그녀는 아침밥을 먹어.   * 早饭 zǎofàn 명 아침밥

의문 → ____ ?

我叫王兰。
Wǒ jiào Wáng Lán.
나는 왕란이라고 해.

1 녹음을 잘 듣고 해당하는 우리말에 〇 표시한 후 중국어를 써 보세요.　◀)) 11-1

① 사람 ― 동물

➡ ______________________

② 한국어 ― 중국어

➡ ______________________

③ 미안합니다 ― 감사합니다

➡ ______________________

④ 칭찬하다 ― 꾸짖다

➡ ______________________

2 중국어와 우리말 뜻을 바르게 연결해 보세요.

① 是 ・　　　　　・ⓐ 한국

② 韩国 ・　　　　　・ⓑ 사람

③ 人 ・　　　　　・ⓒ ~이다

3 다음 빈칸에 들어갈 알맞은 중국어를 써 보세요.

① 그는 　　한국　　 인이야.　　＿＿＿＿＿＿＿＿＿＿＿＿＿＿＿＿

② 그녀는 　　중국어　　 를 정말 잘해.　　＿＿＿＿＿＿＿＿＿＿＿＿＿＿＿＿ .

③ 도와 주셔서 　　감사합니다　　 .　　＿＿＿＿＿＿＿＿＿＿＿＿＿＿＿＿

4 우리말 뜻을 보고 빈칸에 해당하는 단어를 <보기>에서 찾아 쓰세요.

| 보기 | 大学生　　　　叫　　　　美国　　　　真 |

① 정말

➡ ＿＿＿＿＿＿＿＿＿＿＿＿＿

② (이름을) ~라고 하다, 부르다

➡ ＿＿＿＿＿＿＿＿＿＿＿＿＿

③ 대학생

➡ ＿＿＿＿＿＿＿＿＿＿＿＿＿

④ 미국

➡ ＿＿＿＿＿＿＿＿＿＿＿＿＿

5 녹음을 잘 듣고 빈칸을 채운 뒤 문장을 따라 읽어 보세요.　◀)) 11-2

① 你好！你是 ＿＿＿＿＿＿＿＿＿＿ 吗？

② 你汉语 ＿＿＿＿＿＿＿＿ 好！

③ 谢谢 ＿＿＿＿＿＿＿＿。

6 녹음을 잘 듣고 대답으로 알맞은 말에 V 표시해 보세요.　◀)) 11-3

①

他是韩国人。

他叫姜熙民。

②

你做什么？

谢谢夸奖。

7 다음 빈칸에 들어갈 알맞은 말을 써 보세요.

①

A 你好！我叫姜熙民。
안녕! 나는 강희민이라고 해.

B ______________________ 。
안녕! 나는 왕란이라고 해.

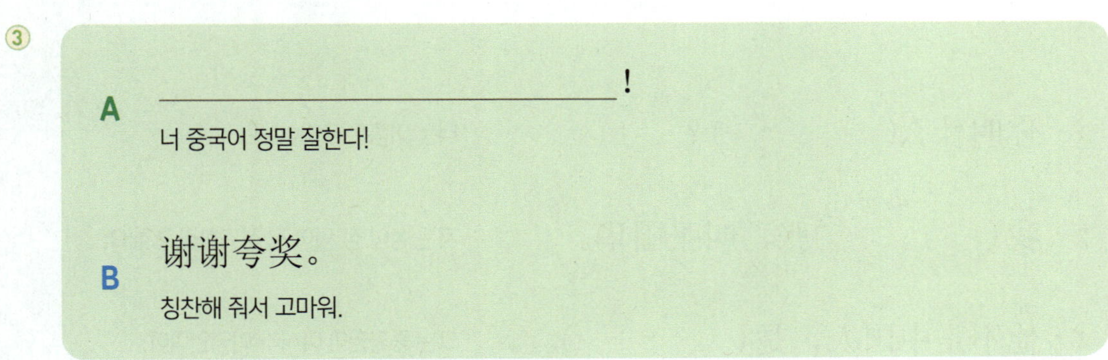

②

A 你是中国人吗？
너는 중국인이니?

B ______________________ 。
아니, 나는 한국인이야.

③

A ______________________ ！
너 중국어 정말 잘한다!

B 谢谢夸奖。
칭찬해 줘서 고마워.

8 다음 단어를 올바르게 배열하여 문장을 만들어 보세요.

① 성함이 어떻게 되세요?
姓 / 您 / 贵

➡ ____ ?

② 그녀는 직장인이야.
是 / 上班族 / 她

➡ ____ 。

③ 나는 대학생이 아니야.
大学生 / 我 / 不是

➡ ____ 。

9 다음 빈칸에 들어갈 알맞은 단어를 <보기>에서 찾아 쓰세요.

보기　　　姓　　　名字　　　美国人

① 你叫什么(　　　　　)?　　　　너는 이름은 무엇이니?

② 我(　　　　　)张，叫张国华。　　　저는 성이 장 씨이고, 장궈화라고 해요.

③ 他不是中国人，是(　　　　　)。　　그는 중국인이 아니라 미국인이야.

10 다음 문장을 제시어에 맞는 문장으로 바꿔 보세요.

① 他是老师。　그는 선생님이야.　　　*老师 lǎoshī 몡 선생님

😣 부정　➡ ＿＿＿＿＿＿＿＿＿＿＿＿＿＿＿＿＿＿＿＿＿＿＿＿。

② 我是中国人。　나는 중국인이야.

😮 의문　➡ ＿＿＿＿＿＿＿＿＿＿＿＿＿＿＿＿＿＿＿＿＿＿＿＿?

③ 她不是咖啡师。　그녀는 바리스타가 아니야.　　*咖啡师 kāfēishī 몡 바리스타

🙂 긍정　➡ ＿＿＿＿＿＿＿＿＿＿＿＿＿＿＿＿＿＿＿＿＿＿＿＿。

④ 他们是韩国人吗？　그들은 한국인이니?

🙂 긍정　➡ ＿＿＿＿＿＿＿＿＿＿＿＿＿＿＿＿＿＿＿＿＿＿＿＿。

⑤ 她英语很好。　그녀는 영어를 잘해.　　　*英语 Yīngyǔ 몡 영어

😣 부정　➡ ＿＿＿＿＿＿＿＿＿＿＿＿＿＿＿＿＿＿＿＿＿＿＿＿。

你有微信吗?

Nǐ yǒu wēixìn ma?

너 위챗 있니?

---

1 녹음을 잘 듣고 해당하는 우리말에 ○ 표시한 후 중국어를 써 보세요.　　🔊 12-1

① | 당연히, 물론 ― 우연히 |

➡ _______________________

② | 덜다, 줄이다 ― 더하다, 보태다 |

➡ _______________________

③ | 우리(들) ― 그들 |

➡ _______________________

④ | 안 된다 ― 좋다, 괜찮다 |

➡ _______________________

---

2 중국어와 우리말 뜻을 바르게 연결해 보세요.

① 我们　　　　　·　　　　　· ⓐ 더하다, 보태다

② 加　　　　　·　　　　　· ⓑ 좋다, 괜찮다

③ 行　　　　　·　　　　　· ⓒ 우리(들)

3 다음 빈칸에 들어갈 알맞은 중국어를 써 보세요.

① 나   위챗   가입했어.   _______________________________

② 목표는   당연히   우승이죠!   _______________________________

③ 나 오늘 시간   있어   .   _______________________________

4 우리말 뜻을 보고 빈칸에 해당하는 단어를 <보기>에서 찾아 쓰세요.

| 보기 | 吧 | 休息 | 扫 | 一下 |

① (QR 코드를) 찍다, 스캔하다

➡ _______________________________

② 좀 ~하다, 한번 ~해 보다

➡ _______________________________

③ ~하자, ~해요[제안을 나타냄]

➡ _______________________________

④ 쉬다, 휴식하다

➡ _______________________________

5 녹음을 잘 듣고 빈칸을 채운 뒤 문장을 따라 읽어 보세요. 　🔊 12-2

① 你 ＿＿＿＿＿＿＿＿＿ 微信吗？

② 我们 ＿＿＿＿＿＿＿＿＿ ＿＿＿＿＿＿＿＿＿ 微信吧。

③ 我 ＿＿＿＿＿＿＿＿＿ 你吧。

6 녹음을 잘 듣고 대답으로 알맞은 말에 V 표시해 보세요. 　🔊 12-3

① 

我没有微信。 

他不是美国人。 

② 

我喝奶茶。 

我扫你吧。 

7 다음 빈칸에 들어갈 알맞은 말을 써 보세요.

①

A 你有微信吗？
너 위챗 있니?

B ＿＿＿＿＿＿＿＿＿＿＿＿＿＿＿。
당연히 있지.

②

A ＿＿＿＿＿＿＿＿＿＿＿＿＿＿＿？
너 보조배터리 있니?

B 没有。
없어.

＊ 充电宝 chōngdiànbǎo 명 보조배터리

③

A ＿＿＿＿＿＿＿＿＿＿＿＿＿＿＿。
우리 위챗 좀 추가하자.

B 行，我扫你吧。
좋아, 내가 추가(스캔)할게.

8 다음 단어를 올바르게 배열하여 문장을 만들어 보세요.

① 너는 약속이 있니?
约 / 你 / 吗 / 有

➡ ________________________________ ?

② 우리 좀 쉬자.
我们 / 一下 / 休息

➡ ________________________________ 。

③ 너 커피 좀 마셔 봐.
尝 / 咖啡 / 吧 / 你 / 一下

➡ ________________________________ 。

9 다음 빈칸에 들어갈 알맞은 단어를 <보기>에서 찾아 쓰세요.

| 보기 | 介绍 | 快 | 充电器 |

① 我（　　　　　）一下。　　　내가 소개 좀 할게.

② 我现在没有（　　　　　）。　　나는 지금 충전기가 없어.

③ 你（　　　　　）看一下。　　너 빨리 좀 봐 봐.

10 다음 문장을 제시어에 맞는 문장으로 바꿔 보세요.

① 我今天有约。 나는 오늘 약속이 있어.

부정 ➡ ＿＿＿＿＿＿＿＿＿＿＿＿＿＿＿＿＿＿＿＿＿＿。

② 我有笔记本。 나는 노트북이 있어.

의문 ➡ ＿＿＿＿＿＿＿＿＿＿＿＿＿＿＿＿＿＿＿＿＿＿？

③ 他没有时间。 그는 시간이 없어.

긍정 ➡ ＿＿＿＿＿＿＿＿＿＿＿＿＿＿＿＿＿＿＿＿＿＿。

④ 她有微信。 그녀는 위챗이 있어.

부정 ➡ ＿＿＿＿＿＿＿＿＿＿＿＿＿＿＿＿＿＿＿＿＿＿。

⑤ 我有妹妹。 나는 여동생이 있어.　　　＊ 妹妹 mèimei 명 여동생

의문 ➡ ＿＿＿＿＿＿＿＿＿＿＿＿＿＿＿＿＿＿＿＿＿＿？

你去哪儿?

Nǐ qù nǎr?

너 어디 가니?

 녹음을 잘 듣고 해당하는 우리말에 ○ 표시한 후 중국어를 써 보세요.　◀)) 13-1

① 학교 ─ 회사　　　② 외곽 ─ 근처, 부근

➡ ________________________　➡ ________________________

③ ~에 있다 ─ ~에 없다　　　④ 가다 ─ 오다

➡ ________________________　➡ ________________________

 중국어와 우리말 뜻을 바르게 연결해 보세요.

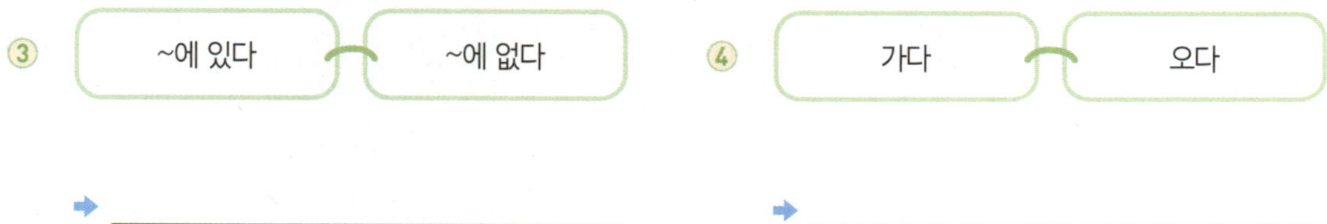

① 中心　　　·　　　·　ⓐ　은행

② 哪儿　　　·　　　·　ⓑ　중심, 센터

③ 银行　　　·　　　·　ⓒ　어디

3 다음 빈칸에 들어갈 알맞은 중국어를 써 보세요.

① 지금 　어디　 가니? _______________________

② 회사 　근처　 에 좋은 카페가 있어. _______________________

③ 오후에 　은행　 좀 갔다 오려고 해. _______________________

4 우리말 뜻을 보고 빈칸에 해당하는 단어를 <보기>에서 찾아 쓰세요.

보기　　　中心　　　书店　　　住　　　市

① 시, 도시

➡ _______________________

② 살다

➡ _______________________

③ 중심, 센터

➡ _______________________

④ 서점

➡ _______________________

 녹음을 잘 듣고 빈칸을 채운 뒤 문장을 따라 읽어 보세요.　🔊 13-2

① 你去 ＿＿＿＿＿＿＿＿？

② 我去中国 ＿＿＿＿＿＿＿。

③ 学校 ＿＿＿＿＿＿ 有中国 ＿＿＿＿＿＿＿ 吗？

6 녹음을 잘 듣고 대답으로 알맞은 말에 V 표시해 보세요.　🔊 13-3

① 

我喝奶茶。　

我去学校。　

② 

在市中心。　

他不在。　

7 다음 빈칸에 들어갈 알맞은 말을 써 보세요.

①

A 她去哪儿？
그녀는 어디 가니?

B _______________________________。
그녀는 은행에 가.

②

A 附近有咖啡厅吗？
근처에 커피숍 있니?

B _______________________________。
근처에 커피숍 없어.

* 咖啡厅 kāfēitīng 몡 커피숍

③

A _______________________________？
학교는 어디에 있니?

B 学校在市中心。
학교는 시내에 있어.

8 다음 단어를 올바르게 배열하여 문장을 만들어 보세요.

① 아빠는 회사에 계셔.

在 / 爸爸 / 公司

➡ ____ 。

② 형(오빠)은 서점에 가.

去 / 书店 / 哥哥

➡ ____ 。

③ 너는 어디에 사니?

哪儿 / 住 / 你

➡ ____ ?

9 다음 빈칸에 들어갈 알맞은 단어를 <보기>에서 찾아 쓰세요.

보기	坐 　　 不在 　　 市场

① 妈妈在(　　　　)。　　　엄마는 시장에 계셔.

② 她(　　　　)公园。　　　그녀는 공원에 없어.

③ 你(　　　　)哪儿?　　　너는 어디에 앉아 있니?

10 다음 문장을 제시어에 맞는 문장으로 바꿔 보세요.

① 我去补习班。　　나는 학원에 가.　　＊补习班 bǔxíbān 몡 학원

부정 ➡ ____ 。

② 爸爸在北京。　　아빠는 베이징에 계셔.　　＊北京 Běijīng 고유 베이징[중국의 수도]

의문 ➡ ____ ?

③ 她不在学校。　　그녀는 학교에 없어.

긍정 ➡ ____ 。

④ 他们在公司。　　그들은 회사에 있어.

부정 ➡ ____ 。

⑤ 他去图书馆。　　그는 도서관에 가.　　＊图书馆 túshūguǎn 몡 도서관

의문 ➡ ____ ?

有我的快递吗?

Yǒu wǒ de kuàidì ma?

제 택배 있나요?

1 녹음을 잘 듣고 해당하는 우리말에 ○ 표시한 후 중국어를 써 보세요.　◀) 14-1

① 택배 ｜ 편지

➡ _______________________

② 저기, 저곳 ｜ 여기, 이곳

➡ _______________________

③ 2, 둘 ｜ 0, 영

➡ _______________________

④ ~의 ｜ ~이다

➡ _______________________

2 중국어와 우리말 뜻을 바르게 연결해 보세요.

① 五　·

② 呢　·

③ 这　·

· ⓐ 이, 이것

· ⓑ 5, 다섯

· ⓒ 강조를 나타냄

3 다음 빈칸에 들어갈 알맞은 중국어를 써 보세요.

① 여기　　자리 있어.

____

② 택배　　가 아직 안 도착했어.

____

③ 나는　　여덟　　시에 출근해.

____

4 우리말 뜻을 보고 빈칸에 해당하는 단어를 <보기>에서 찾아 쓰세요.

> 보기　　　零　　　电脑　　　卡　　　手机

① 컴퓨터

➡ _______________________________

② 카드

➡ _______________________________

③ 휴대 전화

➡ _______________________________

④ 0, 영

➡ _______________________________

5 녹음을 잘 듣고 빈칸을 채운 뒤 문장을 따라 읽어 보세요.

① 有你的 ＿＿＿＿＿＿＿＿＿＿。

② 你叫什么 ＿＿＿＿＿＿＿＿？

③ 他 ＿＿＿＿＿＿＿＿ 四零二。

6 녹음을 잘 듣고 대답으로 알맞은 말에 V 표시해 보세요.　14-3

① 

② 

没有你的快递。

爸爸在公司。

我去银行。

我住三零二。

7 다음 빈칸에 들어갈 알맞은 말을 써 보세요.

①

A 这是什么？
이것은 무엇이니?

B ＿＿＿＿＿＿＿＿＿＿＿＿＿＿＿＿＿＿。
이것은 내 택배야.

②

A 他住五零八吗？
그는 508호에 사니?

B ＿＿＿＿＿＿＿＿＿＿＿＿＿＿＿＿＿。
아니. 그는 805호에 살아.

③

A ＿＿＿＿＿＿＿＿＿＿＿＿＿＿＿＿？
내 열쇠는 어디 있니?

B 在这儿呢。
여기 있어.

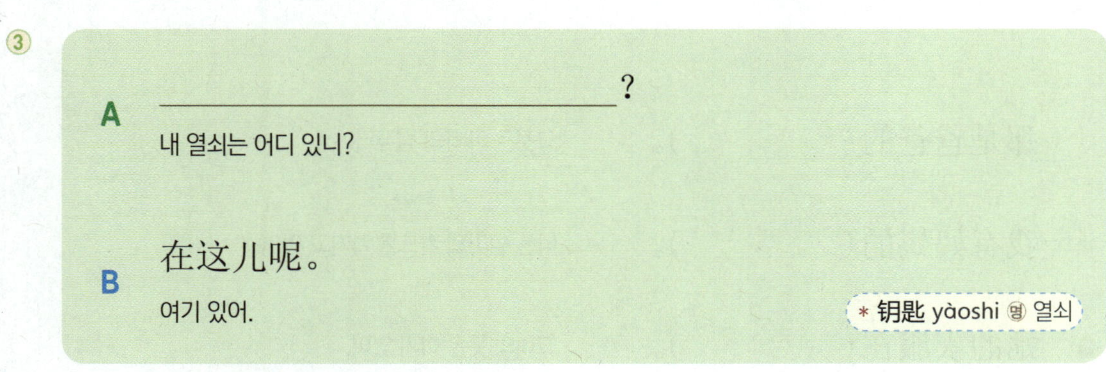

＊钥匙 yàoshi 몡 열쇠

8 다음 단어를 올바르게 배열하여 문장을 만들어 보세요.

① 이것은 내 지갑이야.

我/钱包/的/是/这

➡ ＿＿＿＿＿＿＿＿＿＿＿＿＿＿＿＿＿＿＿＿＿＿＿＿＿＿＿。

② 이것은 형(오빠)의 차야.

哥哥/是/这/车/的

➡ ＿＿＿＿＿＿＿＿＿＿＿＿＿＿＿＿＿＿＿＿＿＿＿＿＿＿＿。

③ 그것은 그녀의 립스틱이 아니야.

不是/口红/的/她/那

➡ ＿＿＿＿＿＿＿＿＿＿＿＿＿＿＿＿＿＿＿＿＿＿＿＿＿＿＿。

9 다음 빈칸에 들어갈 알맞은 단어를 <보기>에서 찾아 쓰세요. 

보기	这儿	电脑	卡

① 那是爸爸的（　　　　）。　　　그것은 아빠의 컴퓨터야.

② 我有妈妈的（　　　　）。　　　나는 엄마의 카드를 가지고 있어.

③ 她的衣服在（　　　　）。　　　그녀의 옷은 여기 있어.

10 다음 문장을 제시어에 맞는 문장으로 바꿔 보세요.

① 那是妈妈的手机。　그것은 엄마의 휴대 전화야.

부정 ➡ ______________________________________ 。

② 这是我的书包。　이것은 내 책가방이야.

의문 ➡ ______________________________________ ?

③ 这儿有你的快递。　여기 네 택배가 있어.

부정 ➡ ______________________________________ 。

④ 那是我的保温杯。　그것은 나의 텀블러야.　　* 保温杯 bǎowēnbēi 명 텀블러

의문 ➡ ______________________________________ ?

⑤ 这不是我的笔记本。　이것은 내 노트북이 아니야.

긍정 ➡ ______________________________________ 。

DAY 15

你喜欢吃麻辣烫吗?

Nǐ xǐhuan chī málàtàng ma?

너 마라탕 먹는 것 좋아해?

1 녹음을 잘 듣고 해당하는 우리말에 ◯ 표시한 후 중국어를 써 보세요.　🔊 15-1

① 아주, 특히 ― 조금, 약간

→ _________________________

② 오늘 ― 내일

→ _________________________

③ 어떠하다 ― 어디

→ _________________________

④ 혼자 ― 같이, 함께

→ _________________________

2 중국어와 우리말 뜻을 바르게 연결해 보세요.

① 麻辣烫　·　　　·ⓐ 아주, 특히

② 特别　·　　　·ⓑ 문제

③ 问题　·　　　·ⓒ 마라탕[음식명]

3 다음 빈칸에 들어갈 알맞은 중국어를 써 보세요.

① 나는 양꼬치를   좋아해   .   _______________________________

② 전혀   문제   없어.   _______________________________

③ 나   내일   해외여행 가.   _______________________________

4 우리말 뜻을 보고 빈칸에 해당하는 단어를 <보기>에서 찾아 쓰세요.

보기   网速   写   喜欢   味道

① 맛

➡ _______________________________

② 인터넷 속도

➡ _______________________________

③ (글씨를) 쓰다

➡ _______________________________

④ 좋아하다

➡ _______________________________

 녹음을 잘 듣고 빈칸을 채운 뒤 문장을 따라 읽어 보세요. 🔊 15-2

① 爸爸喜欢吃 ＿＿＿＿＿＿＿＿＿＿ 吗？

② 我 ＿＿＿＿＿＿＿ 喜欢 ＿＿＿＿＿＿＿ 电脑。

③ 我们 ＿＿＿＿＿＿＿ 吃 ＿＿＿＿＿＿＿ 吧。

6 녹음을 잘 듣고 대답으로 알맞은 말에 V 표시해 보세요. 🔊 15-3

① 

②

我不喜欢吃。　

没有快递。　

我不喝奶茶。　

没问题！

7 다음 빈칸에 들어갈 알맞은 말을 써 보세요.

①

A 你喜欢吃麻辣烫吗？
너 마라탕 먹는 것 좋아해?

B ____。
나 아주 좋아해.

②

A 我们一起吃汉堡吧，怎么样？
우리 같이 햄버거 먹자. 어때?

B ____！
좋아!(문제 없어!)

＊ 汉堡 hànbǎo 몡 햄버거

③

A ____？
너 밀크티 마시는 것 좋아해?

B 我不喜欢。
나 안 좋아해.

8   다음 단어를 올바르게 배열하여 문장을 만들어 보세요.

① 오늘 날씨는 어때?
天气 / 怎么样 / 今天

➡ ____ ?

② 나는 음악 듣는 것을 좋아해.
听 / 喜欢 / 我 / 音乐

➡ ____ 。

③ 우리 같이 영화 보자. 어때?
怎么样 / 一起 / 电影 / 我们 / 看 / 吧

➡ ____ ?

9   다음 빈칸에 들어갈 알맞은 단어를 <보기>에서 찾아 쓰세요.

보기	网速	秋天	日记

① (　　　　　)怎么样?　　　　인터넷 속도는 어때?

② 我每天写(　　　　　)。　　　나는 매일 일기를 써.

③ 我女朋友喜欢(　　　　　)。　내 여자 친구는 가을을 좋아해.

＊ **每天** měi tiān 매일 ｜ **女朋友** nǚ péngyou 여자 친구

10 다음 제시된 문장을 올바르게 고쳐 보세요.

① 我夏天不喜欢。　　나는 여름을 좋아하지 않아.　　＊夏天 xiàtiān 몡 여름

➡ ____。

② 我们逛街一起，怎么样？　　우리 같이 쇼핑하는 것 어때?　　＊逛街 guàngjiē 동 쇼핑하다

➡ ____？

③ 麻辣烫怎么样味道？　　마라탕 맛이 어때?

➡ ____？

④ 哥哥喜欢电脑玩。　　형(오빠)은 컴퓨터 하는 것을 좋아해.

➡ ____。

⑤ 我喜欢特别吃火锅。　　나는 훠궈 먹는 것을 아주 좋아해.

➡ ____。

DAY 16

你是不是独生女?

Nǐ shì bu shì dúshēngnǚ?

너는 외동딸이니, 아니니?

---

1 녹음을 잘 듣고 해당하는 우리말에 ○ 표시한 후 중국어를 써 보세요. 🔊 16-1

① | 누나, 언니 ⌒ 형, 오빠 |

➡ ________________________________

② | 올해 ⌒ 내년 |

➡ ________________________________

③ | 살, 세 ⌒ 명, 개 |

➡ ________________________________

④ | 크다, (수량이) 많다 ⌒ 작다, (수량이) 적다 |

➡ ________________________________

2 중국어와 우리말 뜻을 바르게 연결해 보세요.

① 多 •   • ⓐ 외동딸

② 独生女 •   • ⓑ 누나, 언니

③ 姐姐 •   • ⓒ 얼마나

3 다음 빈칸에 들어갈 알맞은 중국어를 써 보세요.

① 올해 겨울은 너무 추워. ____________________________

② 내 남자 친구는 서른세 살 이야. ____________________________

③ 너 외동딸 이었어? ____________________________

4 우리말 뜻을 보고 빈칸에 해당하는 단어를 <보기>에서 찾아 쓰세요.

| 보기 | 年纪 | 冷 | 个 | 学生 |

① 명, 개

➡ ____________________________

② 학생

➡ ____________________________

③ 연세, 나이

➡ ____________________________

④ 춥다

➡ ____________________________

5 녹음을 잘 듣고 빈칸을 채운 뒤 문장을 따라 읽어 보세요.

① 我不是 ＿＿＿＿＿＿＿＿＿＿。

② 我有 ＿＿＿＿＿＿＿＿ 姐姐。

③ 她 ＿＿＿＿＿＿＿＿ 二十 ＿＿＿＿＿＿＿＿。

6 녹음을 잘 듣고 대답으로 알맞은 말에 V 표시해 보세요.

16-3

① 

②

没有，他是独生子。 

今天天气很好。 

不是，他是爸爸。 

我今年十九岁。 

＊ 独生子 dúshēngzǐ 몡 외아들, 외동아들

7 다음 빈칸에 들어갈 알맞은 말을 써 보세요.

①

A **你今年多大？**
너는 올해 나이가 어떻게 되니?

B _____________________________________。
나는 올해 서른다섯 살이야.

②

A **他是不是老大？**
그는 첫째니, 아니니?

B ___________________________________。
아니, 그는 막내야.

＊ **老大** lǎo dà 첫째 | **老小** lǎo xiǎo 막내

③

A ___________________________________？
너는 누나(언니)가 있니?

B **我没有姐姐，有一个妹妹。**
나는 누나(언니)는 없고, 여동생이 한 명 있어.

＊ **妹妹** mèimei 영 여동생

8 다음 단어를 올바르게 배열하여 문장을 만들어 보세요.

① 너는 시간 있니, 없니?

有 / 时间 / 你 / 没有

➡ ____ ?

② 아빠는 올해 예순일곱 살이셔.

六十七 / 爸爸 / 今年 / 岁

➡ ____ 。

③ 당신은 올해 연세가 어떻게 되시나요?

今年 / 大 / 年纪 / 多 / 您

➡ ____ ?

9 다음 빈칸에 들어갈 알맞은 단어를 <보기>에서 찾아 쓰세요.

보기	香菜	学生	几

① 你吃不吃 (   )？　　　너는 고수 먹니, 안 먹니?

② 你今年 (   )岁？　　　너는 올해 몇 살이니?

③ 你弟弟是不是 (   )？　　　네 남동생은 학생이니, 아니니?

* 弟弟 dìdi 몡 남동생

10 다음 제시된 문장을 올바르게 고쳐 보세요.

① 你是不是大学生吗?　　너는 대학생이니, 아니니?

→ ____?

② 哥哥二十八岁今年。　　형(오빠)은 올해 스물여덟 살이야.

→ ____。

③ 明天天气热没热?　　내일 날씨 덥니, 안 덥니?　　*热 rè 혱 덥다

→ ____?

④ 你爸爸年纪多大?　　너희 아버지는 연세가 어떻게 되시니?

→ ____?

⑤ 姐姐去市中心不去?　　누나(언니)는 시내에 가니, 안 가니?

→ ____?

你觉得怎么样?

Nǐ juéde zěnmeyàng?

네 생각은 어때?

---

1 녹음을 잘 듣고 해당하는 우리말에 ○ 표시한 후 중국어를 써 보세요. 🔊 17-1

① 치킨, 닭튀김 — 피자

➡ ______________________

② 돈을 내다 — 한턱내다

➡ ______________________

③ 의견 — 방법

➡ ______________________

④ 배부르다 — 배고프다

➡ ______________________

---

2 중국어와 우리말 뜻을 바르게 연결해 보세요.

① 外卖 •　　　　　　• ⓐ 주문하다

② 想 •　　　　　　• ⓑ ~하고 싶다

③ 点 •　　　　　　• ⓒ 배달 음식

3 다음 빈칸에 들어갈 알맞은 중국어를 써 보세요.

① 와, 떡볶이 　엄청　 맵다.　　　_______________________________

② 우리 　배달 음식　 시켜 먹자.　　　_______________________________

③ 지금 　치킨　 이 너무 먹고 싶어.　　　_______________________________

4 우리말 뜻을 보고 빈칸에 해당하는 단어를 <보기>에서 찾아 쓰세요.

보기	难	饮料	觉得	原味儿

① 프라이드, 오리지널 맛

➡ _______________________________

② 음료(수)

➡ _______________________________

③ 어렵다

➡ _______________________________

④ ~라고 생각하다, ~라고 느끼다

➡ _______________________________

5 녹음을 잘 듣고 빈칸을 채운 뒤 문장을 따라 읽어 보세요.

① 我们点 ＿＿＿＿＿＿＿＿＿ 吧。

② 我没 ＿＿＿＿＿＿＿＿＿！你点吧。

③ 我想吃 ＿＿＿＿＿＿＿＿＿。

6 녹음을 잘 듣고 대답으로 알맞은 말에 V 표시해 보세요. 17-3

①

你扫我吧。 

你请我吧。 

②

我不想吃炸鸡。 

我喜欢喝奶茶。 

7 다음 빈칸에 들어갈 알맞은 말을 써 보세요.

①

A 我好饿，我们点外卖吧。
나 엄청 배고파. 우리 배달시키자.

B ______________________________!
나는 콜! 네가 한턱내!

* **请客** qǐngkè ⑧ 한턱내다

②

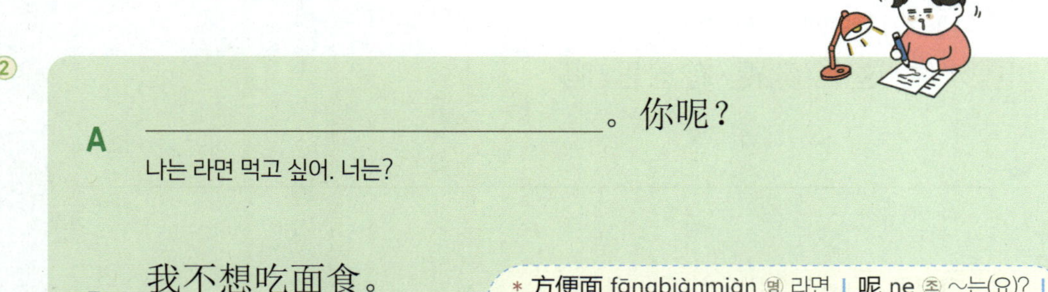

A ______________________________。你呢？
나는 라면 먹고 싶어. 너는?

B 我不想吃面食。
나는 밀가루 음식 먹고 싶지 않아.

* **方便面** fāngbiànmiàn ⑲ 라면 ｜ **呢** ne ㉗ ～는(요)? ｜
面食 miànshí ⑲ 밀가루 음식

③

A ______________________________？
너는 이 옷이 어떻다고 생각하니?

B 我觉得衣服的颜色很漂亮。
나는 옷 컬러가 예쁘다고 생각해.

* **颜色** yánsè ⑲ 색, 색깔

8 다음 단어를 올바르게 배열하여 문장을 만들어 보세요.

① 나는 음료수 마시고 싶어.
喝/想/我/饮料

➡ ______________________________________ 。

② 나는 그녀가 예쁘다고 생각해.
她/漂亮/很/我/觉得

➡ ______________________________________ 。

③ 너는 이 영화가 재미있다고 생각하니?
电影/你/这个/觉得/有意思/吗

➡ ______________________________________ ?

＊ **有意思** yǒu yìsi 재미있다

9 다음 빈칸에 들어갈 알맞은 단어를 <보기>에서 찾아 쓰세요.

보기	英语　　　　难　　　　热情

① 我不想学(　　　　　)。　　　　나는 영어 공부를 하고 싶지 않아.

② 我觉得她很(　　　　　)。　　　　나는 그녀가 친절하다고 생각해.

③ 我不觉得汉语很(　　　　　)。　나는 중국어가 어렵다고 생각하지 않아.

＊ **学** xué 图 공부하다, 배우다

10 다음 제시된 문장을 올바르게 고쳐 보세요.

① 她英语觉得很难。　　그녀는 영어가 어렵다고 생각해.

➡ ____。

② 你吃原味儿的炸鸡想吗？　　너는 프라이드 치킨이 먹고 싶니?

➡ ____？

③ 我很觉得他们配。　　나는 그들이 잘 어울린다고 생각해.

➡ ____。

④ 我想不买衣服。　　나는 옷을 사고 싶지 않아.

➡ ____。

⑤ 你觉得她好性格吗？　　너는 그가 성격이 좋다고 생각하니?　　＊性格 xìnggé 명 성격

➡ ____？

DAY 18

坐地铁还是坐公交车?

Zuò dìtiě háishi zuò gōngjiāochē?

지하철 탈까, 아니면 버스 탈까?

---

1 녹음을 잘 듣고 해당하는 우리말에 ○ 표시한 후 중국어를 써 보세요.　🔊 18-1

① | 아니면, 또는 ⌒ 그리고, 또한 |　② | 비행기 ⌒ 지하철 |

➡ __________________________　　➡ __________________________

③ | 만나다 ⌒ 헤어지다 |　④ | 별로, 그다지 ⌒ 더, 더욱 |

➡ __________________________　　➡ __________________________

---

2 중국어와 우리말 뜻을 바르게 연결해 보세요.

① 太　•　　　　　•ⓐ 편리하다

② 方便　•　　　　　•ⓑ 많다

③ 多　•　　　　　•ⓒ 너무

3 다음 빈칸에 들어갈 알맞은 중국어를 써 보세요.

① 나는 매일 　버스　 타고 출퇴근해. ＿＿＿＿＿＿＿＿＿＿＿＿＿＿＿

② 우리 　쇼핑몰　 앞에서 만날까? ＿＿＿＿＿＿＿＿＿＿＿＿＿＿＿＿＿

③ 이번 주 　토요일　 에 뭐해? ＿＿＿＿＿＿＿＿＿＿＿＿＿＿＿＿＿

4 우리말 뜻을 보고 빈칸에 해당하는 단어를 <보기>에서 찾아 쓰세요.

| 보기 | 裙子 | 方便 | 星期 | 地铁 |

① 지하철

➡ ＿＿＿＿＿＿＿＿＿＿＿＿＿＿

② 요일, 주

➡ ＿＿＿＿＿＿＿＿＿＿＿＿＿＿

③ 치마

➡ ＿＿＿＿＿＿＿＿＿＿＿＿＿＿

④ 편리하다

➡ ＿＿＿＿＿＿＿＿＿＿＿＿＿＿

5 녹음을 잘 듣고 빈칸을 채운 뒤 문장을 따라 읽어 보세요. 18-2

① 坐地铁 ＿＿＿＿＿＿＿ 坐公交车？

② 我们去 ＿＿＿＿＿＿＿ 吧。

③ ＿＿＿＿＿＿＿ 车太多，坐地铁更 ＿＿＿＿＿＿＿。

6 녹음을 잘 듣고 대답으로 알맞은 말에 V 표시해 보세요. 18-3

①

②

我坐公交车方便。 

他不在公司。 

那明天见。 

明天是星期一。 

7 다음 빈칸에 들어갈 알맞은 말을 써 보세요.

①

A 你今天不开车吗?
너 오늘 운전 안 하니?

B ＿＿＿＿＿＿＿＿＿＿＿＿＿＿＿＿＿＿＿＿。
나 운전 안 해. 토요일은 차가 너무 많아.

＊ 开车 kāichē ⑧ 운전하다

②

A ＿＿＿＿＿＿＿＿＿＿＿＿＿＿＿＿＿＿＿＿＿。
내일 우리 쇼핑몰에 가자.

B 好，那明天见。
좋아, 그럼 내일 만나.

③

A ＿＿＿＿＿＿＿＿＿＿＿＿＿＿＿＿＿＿＿?
여기에서 드세요, 아니면 가지고 가세요?

B 我们在这儿吃。
저희 여기에서 먹을게요.

8 다음 단어를 올바르게 배열하여 문장을 만들어 보세요.

① 내일은 일요일이야.

是 / 明天 / 星期天

➡ ____________________________________ 。

② 오늘은 화요일이니, 아니면 수요일이니?

星期三 / 是 / 还是 / 星期二 / 今天

➡ ________________________________ ?

③ 너 햄버거 먹을래, 아니면 피자 먹을래?

你 / 吃比萨 / 还是 / 吃汉堡

➡ ________________________________ ?

9 다음 빈칸에 들어갈 알맞은 단어를 <보기>에서 찾아 쓰세요.

보기	星期六　　　　电视剧　　　　还是

① 周末我喜欢看(　　　　　)。　　　주말에 나는 드라마 보는 것을 좋아해.

② 今天不是(　　　　　)。　　　오늘은 토요일이 아니야.

③ 你们在这儿吃(　　　　　)带走?　　　여기에서 드세요, 아니면 가지고 가세요?

＊ 周末 zhōumò 명 주말

10 다음 제시된 문장을 올바르게 고쳐 보세요.

① 昨天是不星期五。　　　어제는 금요일이 아니야.

➡ ___________________________________ 。

② 你冰的喝还是热的喝？　　너 차가운 것 마실래, 아니면 따뜻한 것 마실래?

* 冰 bīng 혱 차다, 차갑다

➡ ___________________________________ 。

③ 明天是星期七。　　　내일은 일요일이야.

➡ ___________________________________ 。

④ 你裤子买还是裙子买？　　너 바지 살래, 아니면 치마 살래?

➡ ___________________________________ ？

⑤ 坐公交车更很方便。　　버스 타는 게 더 편해.

➡ ___________________________________ 。

八月八号是小张的生日。

Bā yuè bā hào shì Xiǎo Zhāng de shēngrì.

8월 8일은 샤오장의 생일이야.

---

1 녹음을 잘 듣고 해당하는 우리말에 ○ 표시한 후 중국어를 써 보세요. ◀)) 19-1

① 월, 달 — 요일, 주

➡ ______________________________

② 틀리다, 아니다 — 맞다, 옳다

➡ ______________________________

③ 휴일 — 생일

➡ ______________________________

④ ~하려고 하다, ~할 것이다 — ~하고 있다

➡ ______________________________

---

2 중국어와 우리말 뜻을 바르게 연결해 보세요.

① 送 ·

② 号 ·

③ 下 ·

· ⓐ 다음, 나중

· ⓑ 일[날짜를 가리킴]

· ⓒ 선물하다, 주다

3 다음 빈칸에 들어갈 알맞은 중국어를 써 보세요.

① 생일 축하해. _______________________

② 나 다음 달 에 결혼해. _______________________

③ 남자 친구가 준 선물 정말 마음에 들어. _______________________

4 우리말 뜻을 보고 빈칸에 해당하는 단어를 <보기>에서 찾아 쓰세요.

| 보기 | 啊 | 请假 | 健身房 | 换 |

① 바꾸다

➡ _______________________

② 감탄이나 긍정의 어기를 나타냄

➡ _______________________

③ 헬스장

➡ _______________________

④ 휴가를 신청하다

➡ _______________________

5 녹음을 잘 듣고 빈칸을 채운 뒤 문장을 따라 읽어 보세요. 🔊 19-2

① 明天是他的 ＿＿＿＿＿＿＿＿＿＿。

② 我要 ＿＿＿＿＿＿＿＿ 他礼物。

③ 我们 ＿＿＿＿＿＿＿＿ 一起去买吧。

6 녹음을 잘 듣고 대답으로 알맞은 말에 V 표시해 보세요. 🔊 19-3

① 

② 

不，是下个星期。　

那我们叫外卖吧！　

明天是星期四。　

那我们去商场买吧！　

7 다음 빈칸에 들어갈 알맞은 말을 써 보세요.

①

A 我们一起去旅行怎么样？
우리 같이 여행가는 것 어때?

B _______________________!
좋아, 그럼 우리 다음 주에 같이 가자!

＊ 旅行 lǚxíng ⑧ 여행하다

②

A 你要送他礼物吗？
너는 그에게 선물을 주려고 하니?

B _______________________?
맞아, 너 같이 할래?

③

A 你的生日是几月几号？
네 생일은 몇 월 며칠이니?

B _______________________。
내 생일은 9월 3일이야.

8 다음 단어를 올바르게 배열하여 문장을 만들어 보세요.

① 나는 휴가를 신청하려고 해.
请假／要／我

➡ ________________________________ 。

② 2월 14일은 밸런타인데이야.
二月／是／十四号／情人节

➡ ________________________________ 。

③ 너는 헬스장에 가려고 하니?
去／吗／要／你／健身房

➡ ________________________________ ?

9 다음 빈칸에 들어갈 알맞은 단어를 <보기>에서 찾아 쓰세요.

| 보기 | 换 | 不想 | 生日 |

① 下个星期是我的（　　　　　）。　　　다음 주는 내 생일이야.

② 你要（　　　　　）手机吗？　　　너는 휴대 전화를 바꾸려고 하니?

③ 我今天太累，（　　　　　）运动。　　　나 오늘 너무 피곤해서 운동하고 싶지 않아.

10 다음 제시된 문장을 올바르게 고쳐 보세요.

① 你要电脑换吗?   너는 컴퓨터를 바꾸려고 하니?

➡ ____ ?

② 我送她要礼物。   나는 그녀에게 선물을 주려고 해.

➡ ____ 。

③ 我见朋友要去。   나는 친구를 만나러 가려고 해.   * 朋友 péngyou 명 친구

➡ ____ 。

④ 我不想健身房去。   나는 헬스장에 가고 싶지 않아.

➡ ____ 。

⑤ 十二月二十五号圣诞节。   12월 25일은 크리스마스야.

➡ ____ 。

您要怎么洗?

Nín yào zěnme xǐ?

어떻게 세탁하실 건가요?

1 녹음을 잘 듣고 해당하는 우리말에 ○ 표시한 후 중국어를 써 보세요. 🔊 20-1

① 내일 ― 모레

② 드라이클리닝하다 ― 물빨래하다

➡ ______________________

➡ ______________________

③ 안 된다 ― ~하려고 하다

④ 어떻게 ― 언제

➡ ______________________

➡ ______________________

2 중국어와 우리말 뜻을 바르게 연결해 보세요.

① 洗 ·

② 取 ·

③ 后天 ·

· ⓐ 모레

· ⓑ 씻다, 세탁하다

· ⓒ 찾다

3 다음 빈칸에 들어갈 알맞은 중국어를 써 보세요.

① 지하철역까지 [어떻게] 가나요? ______________________

② 나 [모레] 휴가 낼 거야. ______________________

③ 어제 원피스 한 [벌] 샀어. ______________________

4 우리말 뜻을 보고 빈칸에 해당하는 단어를 <보기>에서 찾아 쓰세요.

보기　　拍照　　　取　　　可以　　　见面

① 만나다

➡ ______________________

② 찾다

➡ ______________________

③ 사진을 찍다, 촬영하다

➡ ______________________

④ ~할 수 있다, ~해도 된다

➡ ______________________

5 녹음을 잘 듣고 빈칸을 채운 뒤 문장을 따라 읽어 보세요. 🔊 20-2

① 您要 ＿＿＿＿＿＿＿＿＿ 洗？

② 我想 ＿＿＿＿＿＿＿＿＿ 这件衣服。

③ ＿＿＿＿＿＿＿＿＿ 我可以 ＿＿＿＿＿＿＿＿＿ 衣服吗？

6 녹음을 잘 듣고 대답으로 알맞은 말에 V 표시해 보세요. 🔊 20-3

① 

干洗吧。 

我坐地铁。 

② 

明天和朋友去咖啡厅。 

明天来取吧。 

7 다음 빈칸에 들어갈 알맞은 말을 써 보세요.

①

A 你去哪儿?

너 어디 가니?

B ______________________________ 。

나 옷 찾으러 가.

②

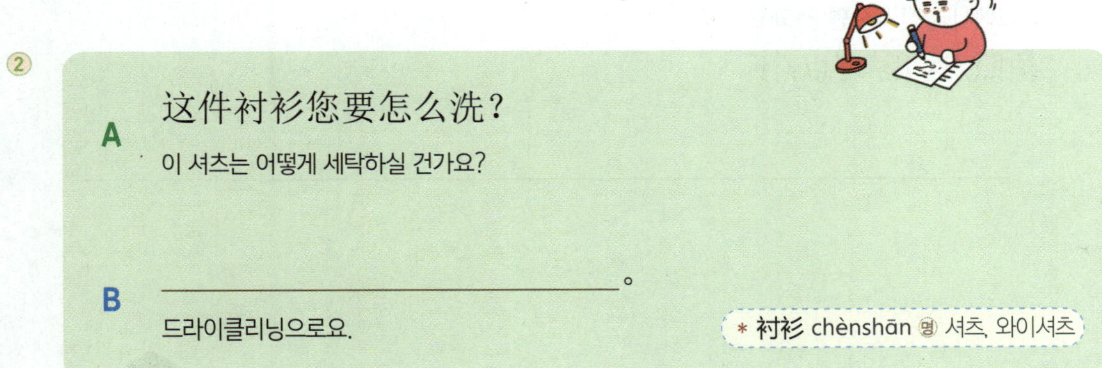

A 这件衬衫您要怎么洗?

이 셔츠는 어떻게 세탁하실 건가요?

B ______________________________ 。

드라이클리닝으로요.

＊ 衬衫 chènshān 명 셔츠, 와이셔츠

③

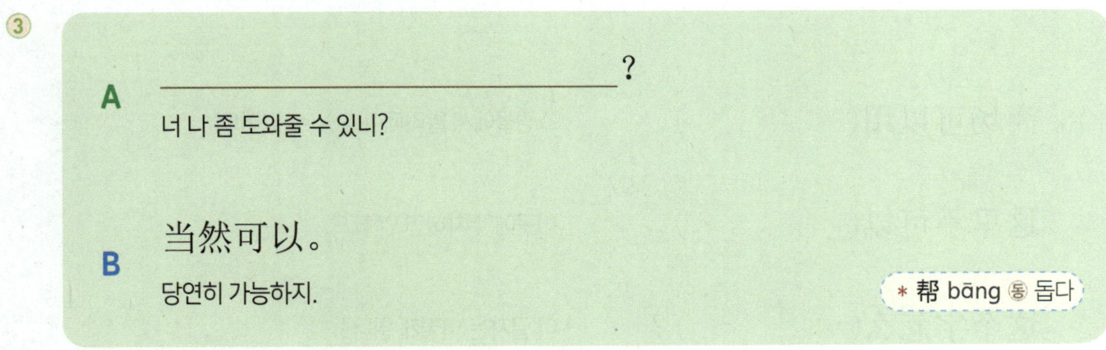

A ______________________________ ?

너 나 좀 도와줄 수 있니?

B 当然可以。

당연히 가능하지.

＊ 帮 bāng 통 돕다

8 다음 단어를 올바르게 배열하여 문장을 만들어 보세요.

① 은행은 어떻게 가니?
去/银行/怎么

➡ ________________________________ ?

② 너는 중국어 공부를 어떻게 하니?
学习/你/怎么/汉语

➡ ________________________________ ?

③ 여기에서 사진 찍으면 안 돼요.
拍照/这儿/可以/不

➡ ________________________________ 。

9 다음 빈칸에 들어갈 알맞은 단어를 <보기>에서 찾아 쓰세요.

보기	支付宝　　　读　　　停车

① 商场可以用(　　　　　)。　　　쇼핑몰에서 알리페이를 쓸 수 있어요.

② 这里不可以(　　　　　)。　　　이곳에 주차하면 안 돼요.

③ 这个字怎么(　　　　　)?　　　이 글자는 어떻게 읽니?

10 다음 제시된 문장을 올바르게 고쳐 보세요.

① 今天见可以面。　　오늘 만날 수 있어.

➡ ____。

② 怎么故宫去？　　구궁은 어떻게 가니?　　* 故宫 Gù Gōng 고유 구궁, 고궁[명·청 시대의 궁궐]

➡ ____？

③ 这儿不可以小狗带。　　이곳에 강아지를 데려오면 안 돼요.　　* 小狗 xiǎo gǒu 강아지

➡ ____。

④ 这儿拍照可以吗？　　여기에서 사진 찍을 수 있나요?

➡ ____？

⑤ 这个什么用？　　이것은 어떻게 사용하니?

➡ ____？

DAY 21

现在十二点。

Xiànzài shí'èr diǎn.

지금은 12시야.

---

1 녹음을 잘 듣고 해당하는 우리말에 ○ 표시한 후 중국어를 써 보세요. 　　🔊 21-1

① ((시간의) 시 ～ (시간의) 분)

➡ ______________________

② (음식, 요리 ～ 음료)

➡ ______________________

③ (짜다 ～ 맵다)

➡ ______________________

④ (밥을 먹다 ～ 커피를 마시다)

➡ ______________________

---

2 중국어와 우리말 뜻을 바르게 연결해 보세요.

① 能　　·　　　　　　　·　ⓐ ~할 수 있다

② 川菜　　·　　　　　　·　ⓑ 지금, 현재

③ 现在　　·　　　　　　·　ⓒ 쓰촨 요리

3 다음 빈칸에 들어갈 알맞은 중국어를 써 보세요.

① 몇 [시] 에 출발할 거니?　　　_______________________

② [쓰촨 요리] 는 너무 매워.　　　_______________________

③ 요 며칠 [위] 가 쓰려요.　　　_______________________

4 우리말 뜻을 보고 빈칸에 해당하는 단어를 <보기>에서 찾아 쓰세요.

보기　　参加　　　現在　　　能　　　起床

① 일어나다, 기상하다　　　➡ _______________

② 지금, 현재　　　➡ _______________

③ ~할 수 있다　　　➡ _______________

④ 참석하다, 참가하다　　　➡ _______________

5 녹음을 잘 듣고 빈칸을 채운 뒤 문장을 따라 읽어 보세요.

① 我们去 ＿＿＿＿＿＿＿＿＿ 吧！

② 我 ＿＿＿＿＿＿＿＿＿ 不好，不能吃辣的 ＿＿＿＿＿＿＿＿＿。

③ ＿＿＿＿＿＿＿＿＿ 特别辣吗？

6 녹음을 잘 듣고 대답으로 알맞은 말에 V 표시해 보세요. 21-3

① 

② 

我想休息。 

我十点睡觉。 

我想吃比萨。 

我九点上班。 

＊ **睡觉** shuìjiào 〔동〕(잠을) 자다 ｜ **上班** shàngbān 〔동〕출근하다

7 다음 빈칸에 들어갈 알맞은 말을 써 보세요.

①

A 你每天几点起床？
너는 매일 몇 시에 일어나니?

B _______________________。
나는 8시에 일어나.

② 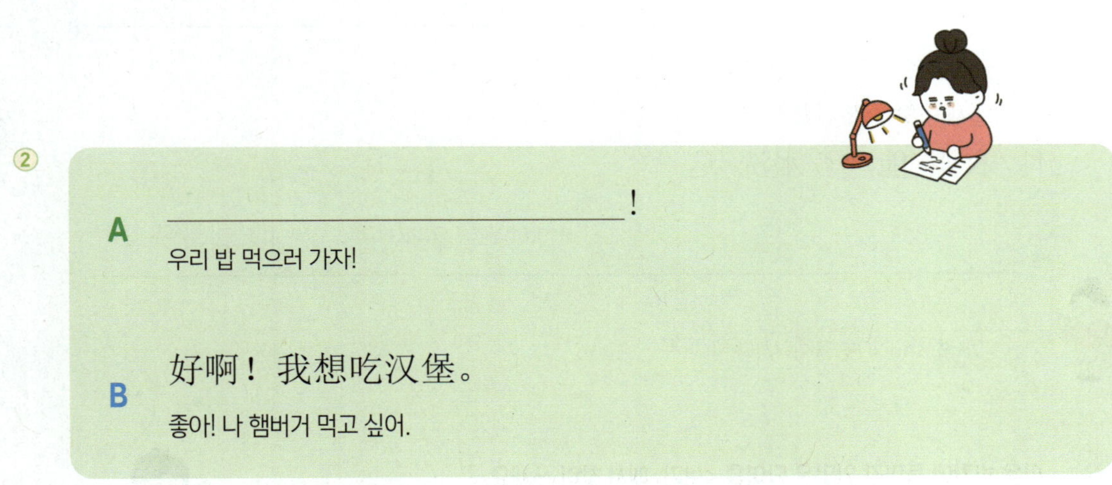

A _______________________！
우리 밥 먹으러 가자!

B 好啊！我想吃汉堡。
좋아! 나 햄버거 먹고 싶어.

③ 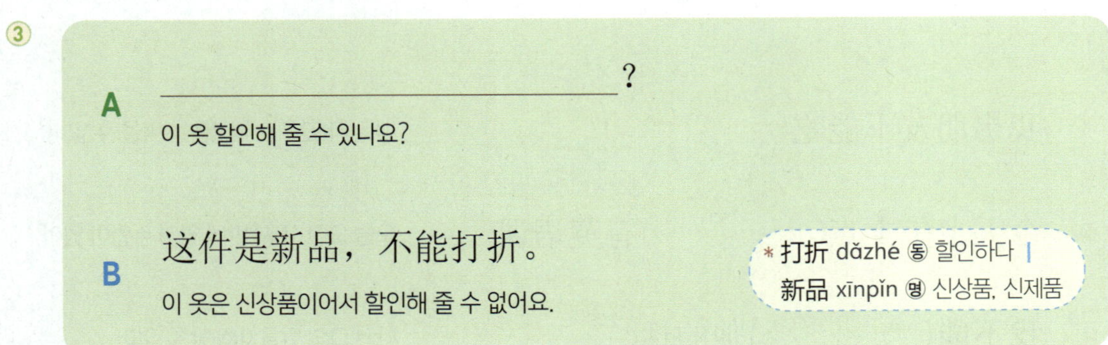

A _______________________？
이 옷 할인해 줄 수 있나요?

B 这件是新品，不能打折。
이 옷은 신상품이어서 할인해 줄 수 없어요.

* **打折** dǎzhé ⑧ 할인하다 |
新品 xīnpǐn ⑲ 신상품, 신제품

8 다음 단어를 올바르게 배열하여 문장을 만들어 보세요.

① 지금은 3시15분이야.

三 / 一刻 / 点 / 现在

➡ ____ 。

② 그는 중국어를 가르칠 수 있니?

吗 / 他 / 能 / 汉语 / 教

➡ ____ ?

③ 이 옷 물세탁 할 수 있나요?

件 / 衣服 / 能 / 吗 / 水洗 / 这

➡ ____ ?

9 다음 빈칸에 들어갈 알맞은 단어를 <보기>에서 찾아 쓰세요.

보기	半	海鲜	理解

① 我男朋友不能吃(　　　　　)。　　　내 남자 친구는 해산물을 먹을 수 없어.

② 今天上午十点(　　　　　)有英语课。　　　오늘 오전 10시 반에 영어 수업이 있어.

③ 我不能(　　　　　)他的话。　　　나는 그의 말을 이해할 수 없어.

10 다음 제시된 문장을 올바르게 고쳐 보세요.

① 今天下午二点下课。   오늘 오후 2시에 수업이 끝나.   * 下午 xiàwǔ 몡 오후

➡ _______________________________________。

② 我能不吃花生。   나는 땅콩을 먹을 수 없어.   * 花生 huāshēng 몡 땅콩

➡ _______________________________________。

③ 他睡觉晚上十一点。   그는 밤 11시에 잠을 자.   * 晚上 wǎnshang 몡 밤, 저녁

➡ _______________________________________。

④ 我不能辣的菜吃。   나는 매운 음식을 먹을 수 없어.

➡ _______________________________________。

⑤ 你今天能聚餐参加吗？   너는 오늘 회식에 참석할 수 있니?

➡ _______________________________________？

你会做瑜伽吗?

Nǐ huì zuò yújiā ma?

너 요가 할 줄 아니?

1 녹음을 잘 듣고 해당하는 우리말에 ○ 표시한 후 중국어를 써 보세요.　◁) 22-1

① 자주, 늘　／　가끔, 종종

➡ ______________________

② 나쁘다　／　좋다, 괜찮다

➡ ______________________

③ 학교　／　집

➡ ______________________

④ 요가　／　필라테스

➡ ______________________

2 중국어와 우리말 뜻을 바르게 연결해 보세요.

① 运动　•　　　•ⓐ　~에서

② 在　•　　　•ⓑ　운동, 운동하다

③ 那儿　•　　　•ⓒ　거기, 그곳

3 다음 빈칸에 들어갈 알맞은 중국어를 써 보세요.

① 요가 한 지 얼마나 됐니? ______________________

② 거기 날씨는 어때? ______________________

③ 요즘 자주 깜빡깜빡해. ______________________

4 우리말 뜻을 보고 빈칸에 해당하는 단어를 <보기>에서 찾아 쓰세요.

보기　　　会　　　登山　　　游泳　　　做

① 수영하다
➡ ______________________

② ~할 줄 알다, ~할 수 있다
➡ ______________________

③ 하다, 만들다
➡ ______________________

④ 등산하다
➡ ______________________

5 녹음을 잘 듣고 빈칸을 채운 뒤 문장을 따라 읽어 보세요.　　🔊 22-2

① 你在哪儿做 _________________？

② 公司附近有 _______________ 中心。

③ 那儿很 _______________。

6 녹음을 잘 듣고 대답으로 알맞은 말에 V 표시해 보세요.　　🔊 22-3

① 

② 

那我们去吃饭吧。　

那我们一起做瑜伽吧。　

我不想去健身房。　

学校附近没有药店。

＊药店 yàodiàn 명 약국

7 다음 빈칸에 들어갈 알맞은 말을 써 보세요.

①

A **瑜伽有意思吗？**
요가 재미있니?

B ___________________________。
당연히 재미있지. 나는 자주 해.

②

A **便利店在哪儿？**
편의점은 어디에 있니?

B ___________________________。
집 근처에 있어.

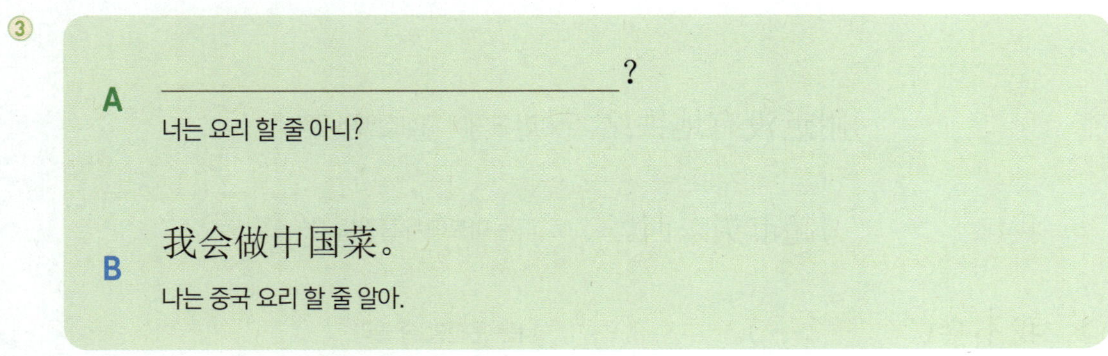

＊ **便利店** biànlìdiàn 명 편의점

③

A ___________________________？
너는 요리 할 줄 아니?

B **我会做中国菜。**
나는 중국 요리 할 줄 알아.

8 다음 단어를 올바르게 배열하여 문장을 만들어 보세요.

① 여동생은 수영할 줄 몰라.

游泳 / 会 / 妹妹 / 不

➡ ____ 。

② 그는 어디에서 일하니?

哪儿 / 在 / 工作 / 他

➡ ____ ？

③ 너는 스케이트 탈 줄 아니?

会 / 吗 / 滑冰 / 你

➡ ____ ？

9 다음 빈칸에 들어갈 알맞은 단어를 <보기>에서 찾아 쓰세요.

보기	在　　　开车　　　家

① (　　　　　)附近没有地铁站。　　　집 근처에 지하철역이 없어.

② 我(　　　　　)超市买东西。　　　나는 마트에서 물건을 사.

③ 我不会(　　　　　)。　　　나는 운전할 줄 몰라.

＊站 zhàn 몡 역, 정거장 | 超市 chāoshì 몡 마트, 슈퍼마켓 | 东西 dōngxi 몡 물건

10 다음 제시된 문장을 올바르게 고쳐 보세요.

① 我星巴克在喝咖啡。　　나는 스타벅스에서 커피를 마셔.

➡ _______________________________________。

② 你在哪儿普拉提做？　　너는 어디에서 필라테스를 하니?

➡ _______________________________________?

③ 我在工作贸易公司。　　나는 무역 회사에서 일해.

➡ _______________________________________。

④ 妈妈说不会汉语。　　엄마는 중국어를 할 줄 모르셔.

➡ _______________________________________。

⑤ 我们见面在哪儿？　　우리 어디에서 만날까?

➡ _______________________________________?

我们什么时候去?

Wǒmen shénme shíhou qù?

우리 언제 갈까?

1 녹음을 잘 듣고 해당하는 우리말에 ○ 표시한 후 중국어를 써 보세요.　◀)) 23-1

① ［때, 무렵　│　어디, 어느］

➡ _______________________

② ［식당　│　호텔］

➡ _______________________

③ ［취소하다　│　예약하다］

➡ _______________________

④ ［알다, 이해하다　│　모르다］

➡ _______________________

2 중국어와 우리말 뜻을 바르게 연결해 보세요.

① 也 ・　　　　・ ⓐ 때, 무렵

② 预约 ・　　　　・ ⓑ ~도, 역시

③ 时候 ・　　　　・ ⓒ 예약하다

3 다음 빈칸에 들어갈 알맞은 중국어를 써 보세요.

① 나   도   여행가고 싶어.   ___________________________________

② 여기는 인터넷에서 유명한 맛집이야.   ___________________________________

③ 이   식당   은 미리 예약해야 해.   ___________________________________

4 우리말 뜻을 보고 빈칸에 해당하는 단어를 <보기>에서 찾아 쓰세요.

보기	闻	毕业	网红	知道

① 알다, 이해하다

➡ ___________________________________

② 졸업하다

➡ ___________________________________

③ 냄새를 맡다

➡ ___________________________________

④ 인터넷에서 유명한

➡ ___________________________________

5 녹음을 잘 듣고 빈칸을 채운 뒤 문장을 따라 읽어 보세요.

① 这里是 ＿＿＿＿＿＿＿＿ 餐厅。

② 我想 ＿＿＿＿＿＿＿＿ 你做的菜。

③ 你什么 ＿＿＿＿＿＿＿＿ 到？

6 녹음을 잘 듣고 대답으로 알맞은 말에 V 표시해 보세요. 23-3

① 

② 

下个星期六我有时间。 

我想喝可乐。 

我们在机场见。

我们也尝尝吧。 

＊ 机场 jīchǎng 명 공항

7 다음 빈칸에 들어갈 알맞은 말을 써 보세요.

①

A **我们什么时候见面？**
우리 언제 만날까?

B ______________________________________。
이번 주 일요일에 나 시간 있어.

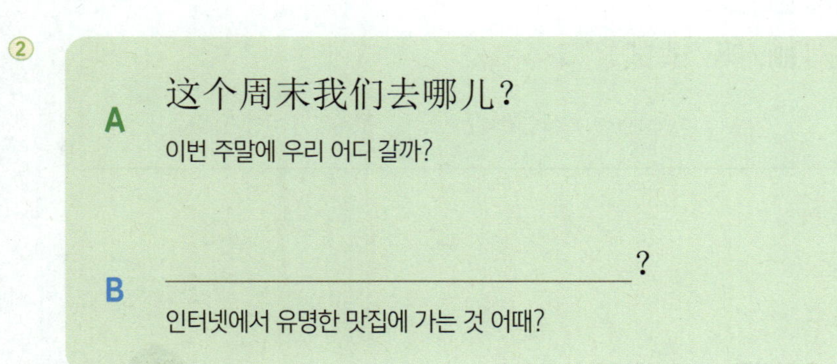

②

A **这个周末我们去哪儿？**
이번 주말에 우리 어디 갈까?

B _________________________________？
인터넷에서 유명한 맛집에 가는 것 어때?

③

A _________________________________？
저 이 옷 입어 봐도 되나요?

B **当然可以。**
당연히 가능합니다.

8 다음 단어를 올바르게 배열하여 문장을 만들어 보세요.

① 너 이 향수 냄새 좀 맡아 봐.

这个 / 闻闻 / 香水 / 你

➡ ____ 。

② 그녀는 언제 졸업하니?

毕业 / 她 / 时候 / 什么

➡ ____ ?

③ 저 이 티셔츠 좀 입어 봐도 되나요?

可以 / 我 / 件 / 这 / T恤 / 吗 / 试试

➡ ____ ?

9 다음 빈칸에 들어갈 알맞은 단어를 <보기>에서 찾아 쓰세요.

보기	找找	时候	等等

① 你(   )，我马上下去。   조금만 기다려, 나 금방 내려갈게.

② 你什么(   )能到？   너는 언제 도착할 수 있니?

③ 你快去(   )。   너 빨리 가서 좀 찾아 봐.

10 다음 제시된 문장을 올바르게 고쳐 보세요.

① 你什么时候下课吗？　　너 언제 수업 끝나니?

➡ ____ ?

② 你想想自己吧。　　너 스스로 잘 생각해 봐.

➡ ____ 。

③ 你看看出去。　　너 나가서 좀 봐 봐.

➡ ____ 。

④ 他们回什么时候来？　　그들은 언제 돌아오니?

➡ ____ ?

⑤ 我想北京烤鸭尝尝。　　나 베이징 카오야 먹어 보고 싶어.　＊烤鸭 kǎoyā 몡 카오야[오리구이]

➡ ____ 。

一斤苹果多少钱?

Yì jīn píngguǒ duōshao qián?

사과 한 근에 얼마예요?

---

1 녹음을 잘 듣고 해당하는 우리말에 ○ 표시한 후 중국어를 써 보세요.　　24-1

① | 돈　　시간

➡ ＿＿＿＿＿＿＿＿＿＿＿＿＿＿＿

② | 딸기　　사과

➡ ＿＿＿＿＿＿＿＿＿＿＿＿＿＿＿

③ | 재미있다　　맛있다

➡ ＿＿＿＿＿＿＿＿＿＿＿＿＿＿＿

④ | 얼마, 몇　　언제

➡ ＿＿＿＿＿＿＿＿＿＿＿＿＿＿＿

---

2 중국어와 우리말 뜻을 바르게 연결해 보세요.

① 贵　　　　·　　　　·　ⓐ 아주, 대단히

② 有(一)点儿　　·　　　　·　ⓑ 비싸다

③ 非常　　　　·　　　　·　ⓒ 조금, 약간

3　다음 빈칸에 들어갈 알맞은 중국어를 써 보세요.

①　이 고기는 식감이 좋고 굉장히 　맛있어요　. ________________________

②　이 원피스는 예쁘지만 좀 　비싸요　. ________________________

③　소고기 두 　근　 주세요. ________________________

4　우리말 뜻을 보고 빈칸에 해당하는 단어를 <보기>에서 찾아 쓰세요.

> **보기**　　考试　　　块　　　担心　　　有(一)点儿

①　걱정하다

➡ ________________________

②　시험, 시험을 보다

➡ ________________________

③　위안[중국의 화폐 단위]

➡ ________________________

④　조금, 약간

➡ ________________________

5 녹음을 잘 듣고 빈칸을 채운 뒤 문장을 따라 읽어 보세요.　◀) 24-2

① 这件衣服很 ＿＿＿＿＿＿＿＿。

② 一 ＿＿＿＿＿＿＿＿ 苹果多少钱？

③ 我 ＿＿＿＿＿＿＿ 的水果 ＿＿＿＿＿＿＿ 好吃。

6 녹음을 잘 듣고 대답으로 알맞은 말에 V 표시해 보세요.　◀) 24-3

① 

② 

一斤二十块，不贵吧？　

非常好吃。

我不喜欢吃苹果。　

这件衣服有(一)点儿贵。

7 다음 빈칸에 들어갈 알맞은 말을 써 보세요.

①

A 我们去星巴克吧。
우리 스타벅스 가자.

B ＿＿＿＿＿＿＿＿＿＿＿＿＿＿＿＿＿＿。
나는 스타벅스 커피가 조금 비싼 것 같아.

②

A 一斤草莓多少钱？
딸기 한 근에 얼마예요?

B ＿＿＿＿＿＿＿＿＿＿＿＿＿＿＿＿＿。
한 근에 25위안이에요.

③

A ＿＿＿＿＿＿＿＿＿＿＿＿＿＿＿＿？
이 책가방은 얼마예요?

B 两百二(十块)。
220위안이에요.

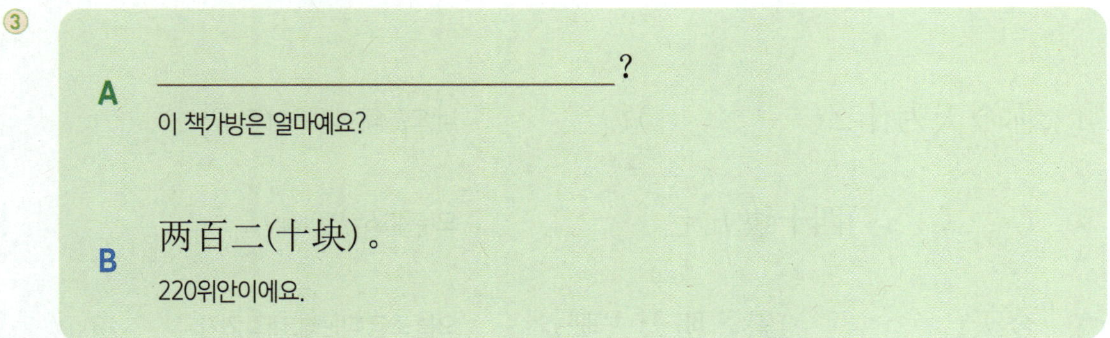

8 다음 단어를 올바르게 배열하여 문장을 만들어 보세요.

① 꿔바로우 한 접시에 30위안이에요.

三十块 / 一 / 锅包肉 / 份

➡ ____。

② 이번 시험은 조금 어려워.

考试 / 这 / 次 / 难 / 有(一)点儿

➡ ____。

③ 이 음식은 조금 매워.

这 / 有(一)点儿 / 菜 / 辣 / 道

➡ ____。

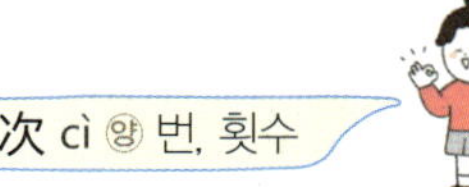

9 다음 빈칸에 들어갈 알맞은 단어를 <보기>에서 찾아 쓰세요.

보기	有(一)点儿　　　头疼　　　一共

① 你今天为什么(　　　　　)?　　　　　너 오늘 왜 머리가 아프니?

② (　　　　　)四十块五毛。　　　　　모두 40.5위안이에요.

③ 今天(　　　　　)累，明天去吧。　　　오늘 조금 피곤해, 내일 가자.

10 다음 제시된 문장을 올바르게 고쳐 보세요.

① 我紧张有(一)点儿。　　나는 조금 긴장돼.

　* 紧张 jǐnzhāng 휑 긴장하다

➡ ＿＿＿＿＿＿＿＿＿＿＿＿＿＿＿＿＿＿＿。

② 一个面包二块。　　빵 한 개에 2위안이에요.

➡ ＿＿＿＿＿＿＿＿＿＿＿＿＿＿＿＿＿＿＿。

③ 一共多少钱三斤？　　세 근에 모두 얼마예요?

➡ ＿＿＿＿＿＿＿＿＿＿＿＿＿＿＿＿＿＿＿?

④ 我最近忙有(一)点儿。　　나는 요즘 조금 바빠.

➡ ＿＿＿＿＿＿＿＿＿＿＿＿＿＿＿＿＿＿＿。

⑤ 一件衣服六百五块。　　한 벌에 605위안이에요.

➡ ＿＿＿＿＿＿＿＿＿＿＿＿＿＿＿＿＿＿＿。

我打算买一件新的大衣。

Wǒ dǎsuan mǎi yí jiàn xīn de dàyī.

나는 새 코트를 한 벌 살 계획이야.

1 녹음을 잘 듣고 해당하는 우리말에 ○ 표시한 후 중국어를 써 보세요. 🔊 25-1

① | (값이) 저렴하다, 싸다 ‿ (값이) 비싸다

➡ _______________________

② | 그러나 ‿ 그래서

➡ _______________________

③ | 바지 ‿ 코트

➡ _______________________

④ | 새로운, 새롭다 ‿ 오래 되다, 헐다

➡ _______________________

2 중국어와 우리말 뜻을 바르게 연결해 보세요.

① 双十一 •   • ⓐ ~하고 있다, ~하는 중이다

② 网购 •   • ⓑ 블랙 프라이데이

③ 在 •   • ⓒ 인터넷 쇼핑을 하다

3 다음 빈칸에 들어갈 알맞은 중국어를 써 보세요.

① 요즘 오버핏 　코트　 가 유행이야.　＿＿＿＿＿＿＿＿＿＿＿＿＿＿＿＿＿＿

② 　맞다　 , 너 오늘 약속 있다고 했지?　＿＿＿＿＿＿＿＿＿＿＿＿＿＿＿＿＿＿

③ 이번 　블랙 프라이데이　 에 뭐 살 거야?　＿＿＿＿＿＿＿＿＿＿＿＿＿＿＿＿＿＿

4 우리말 뜻을 보고 빈칸에 해당하는 단어를 <보기>에서 찾아 쓰세요.

보기	打工	网购	打算	留学

① ~할 계획이다, ~할 예정이다

➡ ＿＿＿＿＿＿＿＿＿＿＿＿＿＿＿＿

② 아르바이트하다

➡ ＿＿＿＿＿＿＿＿＿＿＿＿＿＿＿＿

③ 인터넷 쇼핑을 하다

➡ ＿＿＿＿＿＿＿＿＿＿＿＿＿＿＿＿

④ 유학하다

➡ ＿＿＿＿＿＿＿＿＿＿＿＿＿＿＿＿

5 녹음을 잘 듣고 빈칸을 채운 뒤 문장을 따라 읽어 보세요.

① 我在 ______________。

② 下个星期是 ______________，是吧？

③ 我 ______________ 买大衣，现在很 ______________。

6 녹음을 잘 듣고 대답으로 알맞은 말에 V 표시해 보세요.

① 

我不去，我喜欢网购。 

我想吃汉堡。 

② 

我要请假。 

我打算去旅游。 

7 다음 빈칸에 들어갈 알맞은 말을 써 보세요.

①

A 你在做什么？
너는 무엇을 하고 있니?

B ________________________________。
나는 인터넷 쇼핑을 하고 있어.

②

A 下个星期是圣诞节吧？
다음 주가 크리스마스지?

B ________________________________。
맞아, 그래서 나는 남자 친구와 데이트를 할 계획이야.

＊ 约会 yuēhuì 동 데이트하다

③

A ________________________________？
너는 이 코트 살 계획이니?

B 我觉得有(一)点儿贵，所以我不买。
내 생각에 조금 비싼 것 같아서 안 사려고.

8 다음 단어를 올바르게 배열하여 문장을 만들어 보세요.

① 너는 무엇을 하고 있니?
干/你/什么/在

➡ ____ ?

② 나는 모바일 게임을 하고 있어.
玩/呢/手机/在/我/游戏

➡ ____ 。

③ 그들은 올해 5월에 결혼할 계획이야.
今年/他们/结婚/打算/五月

➡ ____ 。

9 다음 빈칸에 들어갈 알맞은 단어를 <보기>에서 찾아 쓰세요.

보기	打工　　　打算　　　减肥

① 我们（　　　　　　）搬家。　　　　　　우리는 이사를 갈 계획이야.

② 我在（　　　　　　），所以不能吃太多。　　나는 다이어트를 하고 있어서 너무 많이 먹을 수 없어.

③ 周末弟弟（　　　　　　），不能休息。　　주말에 남동생은 아르바이트를 해서 쉴 수 없어.

* 搬家 bānjiā 〔동〕 이사하다

10 다음 제시된 문장을 올바르게 고쳐 보세요.

① 他在电脑玩游戏。　　그는 컴퓨터 게임을 하고 있어.

➡ ＿＿＿＿＿＿＿＿＿＿＿＿＿＿＿＿＿＿＿＿＿＿＿＿。

② 这周末我去旅游打算。　　이번 주말에 나는 여행을 갈 계획이야.

➡ ＿＿＿＿＿＿＿＿＿＿＿＿＿＿＿＿＿＿＿＿＿＿＿＿。

③ 我看在油管视频呢。　　나는 유튜브 동영상을 보고 있어.

➡ ＿＿＿＿＿＿＿＿＿＿＿＿＿＿＿＿＿＿＿＿＿＿＿＿。

④ 我打算工作找。　　나는 직장을 찾을 계획이야.

➡ ＿＿＿＿＿＿＿＿＿＿＿＿＿＿＿＿＿＿＿＿＿＿＿＿。

⑤ 她打算不留学。　　그녀는 유학하지 않을 계획이야.

➡ ＿＿＿＿＿＿＿＿＿＿＿＿＿＿＿＿＿＿＿＿＿＿＿＿。

DAY 26

那我下周再来吧。
Nà wǒ xià zhōu zài lái ba.

그럼 제가 다음 주에 다시 올게요.

1 녹음을 잘 듣고 해당하는 우리말에 ○ 표시한 후 중국어를 써 보세요.　🔊 26-1

① 휴대 전화 ― 이어폰

➡ ___________________________

② 연락하다 ― 만나다

➡ ___________________________

③ 전화 ― 번호

➡ ___________________________

④ 월, 달 ― 주, 요일

➡ ___________________________

2 중국어와 우리말 뜻을 바르게 연결해 보세요.

① 蓝牙　·　　　　　·　ⓐ 다시, 또, 더

② 再　·　　　　　·　ⓑ 상품, 물건

③ 货　·　　　　　·　ⓒ 블루투스

3 다음 빈칸에 들어갈 알맞은 중국어를 써 보세요.

① 미안해요 , 조금 늦을 것 같아요. _______________________

② 주문하신 상품 은 품절입니다. _______________________

③ 이 디자인 이 훨씬 마음에 들어요. _______________________

4 우리말 뜻을 보고 빈칸에 해당하는 단어를 <보기>에서 찾아 쓰세요.

보기   请问   商量   告诉   蓝牙

① 알리다, 말하다

➡ _______________________

② 상의하다

➡ _______________________

③ 실례합니다, 말씀 좀 여쭙겠습니다

➡ _______________________

④ 블루투스

➡ _______________________

5 녹음을 잘 듣고 빈칸을 채운 뒤 문장을 따라 읽어 보세요. 🔊 26-2

① 你有 __________________ 耳机吗？

② 我们下次 __________________ 说吧。

③ __________________ 到的时候，我们 __________________ 您。

6 녹음을 잘 듣고 대답으로 알맞은 말에 V 표시해 보세요. 🔊 26-3

① 
②

不好意思，现在没有货。 

那件衣服很适合你。 

我在网购。 

非常方便。 

* 适合 shìhé ⑧ 어울리다

7 다음 빈칸에 들어갈 알맞은 말을 써 보세요.

①

A 快递什么时候能到?
배송은 언제 되나요?

B ________________________________。
배송은 모레 도착할 수 있어요.

②

A 请问有这个游戏机吗?
실례지만, 이 게임기 있나요?

B ________________________________。
죄송합니다. 지금은 상품이 없습니다.

* 游戏机 yóuxìjī 명 게임기

③

A ________________________________。
당신의 전화번호 좀 적어 주세요.

B 好的，请随时联系我。
알겠습니다. 언제든지 연락하세요.

* 随时 suíshí 부 언제나, 수시로

8 다음 단어를 올바르게 배열하여 문장을 만들어 보세요.

① 감기에 걸렸을 때 물 많이 마셔.
多 / 感冒 / 的时候 / 喝 / 水

➡ ________________________________。

② 그는 젊었을 때 잘생겼었어.
帅 / 的时候 / 年轻 / 他 / 很

➡ ________________________________。

③ 우리 나중에 다시 얘기하자.
以后 / 说 / 我们 / 再 / 吧

➡ ________________________________。

9 다음 빈칸에 들어갈 알맞은 단어를 <보기>에서 찾아 쓰세요.

보기	商量	的时候	改天

① 你结婚(　　　　)，一定要告诉我。　　너 결혼할 때 나에게 꼭 알려줘야 해.

② 我们(　　　　)再见吧。　　우리 다음에 다시 만나자.

③ 我们再(　　　　)一下吧。　　우리 다시 상의 좀 하자.

10 다음 제시된 문장을 올바르게 고쳐 보세요.

① 一会儿再我们说吧。　　우리 조금 이따가 다시 얘기하자.　　＊ **一会儿** yíhuìr 수량 좀, 잠시

➡ ______________________________________。

② 我吃的时候炸鸡，喝一定可乐。　　나는 치킨을 먹을 때 꼭 콜라를 마셔.

➡ ______________________________________。

③ 每天要喝多水。　　매일 물을 많이 마셔야 해.

➡ ______________________________________。

④ 你出去的时候，伞带吧。　　너 나갈 때 우산 챙겨.

➡ ______________________________________。

⑤ 他开车的时候，听音乐喜欢。　　그는 운전할 때 음악 듣는 것을 좋아해.

➡ ______________________________________。

DAY 27

请问两位点什么菜?

Qǐngwèn liǎng wèi diǎn shénme cài?

실례지만, 두 분 어떤 음식을 주문하시겠어요?

---

1 녹음을 잘 듣고 해당하는 우리말에 ○ 표시한 후 중국어를 써 보세요.　◁» 27-1

① | 후추 ⌒ 고추 |
　➡ ________________________

② | 넣다 ⌒ 빼다 |
　➡ ________________________

③ | 다른, 별도의 ⌒ 각자, 개별의 |
　➡ ________________________

④ | 필요하다, 원하다 ⌒ 불필요하다 |
　➡ ________________________

2 중국어와 우리말 뜻을 바르게 연결해 보세요.

① 来 ・　　　　・ ⓐ 조금, 약간

② 一点儿 ・　　　　・ ⓑ (어떤 동작을) 하다

③ 瓶 ・　　　　・ ⓒ 병[병을 세는 단위]

3 다음 빈칸에 들어갈 알맞은 중국어를 써 보세요.

① 일행이 총 몇 **분** 이세요? _______________________

② **고추** 좀 빼 주세요. _______________________

③ **더** 필요한 것 있으세요? _______________________

4 우리말 뜻을 보고 빈칸에 해당하는 단어를 <보기>에서 찾아 쓰세요.

보기 出发   聊天   蔬菜   一点儿

① 채소

➡ _______________________

② 조금, 약간

➡ _______________________

③ 이야기하다

➡ _______________________

④ 출발하다

➡ _______________________

5 녹음을 잘 듣고 빈칸을 채운 뒤 문장을 따라 읽어 보세요.

① 还要 ＿＿＿＿＿＿＿＿＿ 吗？

② ＿＿＿＿＿＿＿＿ 一份麻辣烫。

③ 多 ＿＿＿＿＿＿＿ 一点儿 ＿＿＿＿＿＿＿。

6 녹음을 잘 듣고 대답으로 알맞은 말에 V 표시해 보세요.　◀)) 27-3

①

②

我不喜欢麻辣烫。　

我要一份麻辣烫，
多放辣椒。　

再来一份羊肉串。　

我今天不想吃饺子。　

＊ 羊肉串 yángròuchuàn 양꼬치

7 다음 빈칸에 들어갈 알맞은 말을 써 보세요.

①

A 请问两位点什么菜？

실례지만, 두 분 어떤 음식을 주문하시겠어요?

B _________________________________。

불고기버거 두 개 주세요.

＊ 烤肉 kǎoròu 몡 불고기

②

A 我们再点一点儿肉，怎么样？

우리 고기 조금 더 주문하는 것 어때?

B _________________________________。

좋아, 그러면 1인분 더 시키자.

＊ 肉 ròu 몡 고기

③

A _________________________________？

더 필요한 것 있으세요?

B 现在没有，我们一会儿再说吧。

지금은 없어요, 조금 이따가 다시 말씀드릴게요.

8 다음 단어를 올바르게 배열하여 문장을 만들어 보세요.

① 과일 좀 많이 먹어.

水果/吃/多/一点儿/吧

➡ ____。

② 나는 너와 더 얘기하고 싶어.

聊天/我/你/还/和/想

➡ ____。

③ 나는 스테이크를 더 먹고 싶어.

我/牛排/吃/想/还

➡ ____。

9 다음 빈칸에 들어갈 알맞은 단어를 <보기>에서 찾아 쓰세요.

| 보기 | 一点儿　　　　还　　　　再 |

① (　　　　　　)来两瓶可乐。　　　콜라도 두 병 주세요.

② 多吃(　　　　　　)蔬菜吧。　　　채소 좀 많이 먹어.

③ 你(　　　　　　)喝咖啡吗？　　　너 커피 더 마실래?

10 다음 제시된 문장을 올바르게 고쳐 보세요.

① 你吃多一点儿饭吧。　　너 밥 좀 많이 먹어.

➡ ＿＿＿＿＿＿＿＿＿＿＿＿＿＿＿＿＿＿＿＿＿＿＿＿。

② 他还要几天吃药。　　그는 며칠 약을 더 먹어야 해.

➡ ＿＿＿＿＿＿＿＿＿＿＿＿＿＿＿＿＿＿＿＿＿＿＿＿。

③ 老板，便宜一点儿能不能？　　사장님, 좀 싸게 해 주실 수 있나요?

➡ ＿＿＿＿＿＿＿＿＿＿＿＿＿＿＿＿＿＿＿＿＿＿＿＿？

④ 你要还喝水吗？　　너 물 더 마실 거야?

➡ ＿＿＿＿＿＿＿＿＿＿＿＿＿＿＿＿＿＿＿＿＿＿＿＿？

⑤ 我们今天出发晚一点儿吧。　　우리 오늘 좀 늦게 출발하자.

➡ ＿＿＿＿＿＿＿＿＿＿＿＿＿＿＿＿＿＿＿＿＿＿＿＿。

我今天早上吃了感冒药。

Wǒ jīntiān zǎoshang chī le gǎnmào yào.

나 오늘 아침에 감기약 먹었어.

1 녹음을 잘 듣고 해당하는 우리말에 ○ 표시한 후 중국어를 써 보세요. ◀» 28-1

① | 편안하다 — 불편하다
→ _______________________

② | 아침 — 저녁
→ _______________________

③ | 배가 아프다 — 열이 나다
→ _______________________

④ | 병원 — 학교
→ _______________________

2 중국어와 우리말 뜻을 바르게 연결해 보세요.

① 差 •　　　　　　　　　　• ⓐ ~해야 한다

② 脸色 •　　　　　　　　　　• ⓑ 좋지 않다, 나쁘다

③ 应该 •　　　　　　　　　　• ⓒ 안색, 얼굴빛

3 다음 빈칸에 들어갈 알맞은 중국어를 써 보세요.

① [병원] 에서 약 처방 받았어. ___________________________

② [괜찮아], 너무 걱정하지 마. ___________________________

③ 나는 요즘 [아침] 마다 운동해. ___________________________

4 우리말 뜻을 보고 빈칸에 해당하는 단어를 <보기>에서 찾아 쓰세요.

| 보기 | 了　　　还　　　努力　　　道歉 |

① 사과하다

➡ ___________________________

② ~도, 또한, 그리고

➡ ___________________________

③ ~했다

➡ ___________________________

④ 노력하다, 힘쓰다

➡ ___________________________

5 녹음을 잘 듣고 빈칸을 채운 뒤 문장을 따라 읽어 보세요.　　🔊 28-2

① 我 ＿＿＿＿＿＿＿＿＿，还有(一)点儿 ＿＿＿＿＿＿＿＿＿。

② 你 ＿＿＿＿＿＿＿＿＿ 马上去 ＿＿＿＿＿＿＿＿＿。

③ 你 ＿＿＿＿＿＿＿＿＿ 很差。

* 马上 mǎshàng (부) 곧, 즉시

6 녹음을 잘 듣고 대답으로 알맞은 말에 V 표시해 보세요.　　🔊 28-3

① 

②

我咳嗽，还有(一)点儿 发烧。　

我身体很好。　

我没意见！　

没事(儿)，我今天早上 吃了感冒药。

* 咳嗽 késou (동) 기침하다 | 身体 shēntǐ (명) 몸, 건강

7 다음 빈칸에 들어갈 알맞은 말을 써 보세요.

①

A 你脸色怎么这么差！
너 안색이 왜 이렇게 안 좋아!

B ___________________________________。
나 열이 조금 나.

> * 怎么 zěnme 때 왜, 어째서 | 这么 zhème 때 이렇게

②

A ___________________________________。
나 어제 영화를 한편 봤는데 재미있었어.

B 是什么电影？ 告诉我吧！
무슨 영화야? 나에게 알려줘!

③

A ___________________________________?
너 어디 아프니?

B 我肚子很疼。
나는 배가 아파.

> * 肚子 dùzi 명 배 | 疼 téng 동 아프다

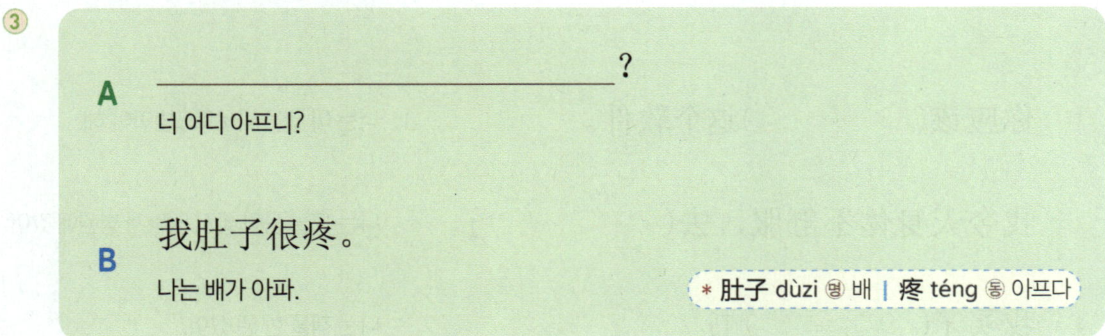

8 다음 단어를 올바르게 배열하여 문장을 만들어 보세요.

① 학생은 열심히 공부해야 해.

应该/学生/学习/努力

➡ ____。

② 우리는 그에게 사과해야 해.

向/他/我们/道歉/应该

➡ ____。

③ 나는 전화를 걸지 않았어.

没/电话/打/我

➡ ____。

9 다음 빈칸에 들어갈 알맞은 단어를 <보기>에서 찾아 쓰세요.

| 보기 | 一本 | 医院 | 下载 |

① 你应该(　　　　　)这个软件。　　　　너는 이 앱을 다운로드받아야 해.

② 我今天身体不舒服，去(　　　　　)了。　　　나는 오늘 몸이 좋지 않아서 병원에 갔어.

③ 我买了(　　　　　)书。　　　　나는 책을 한 권 샀어.

10 다음 제시된 문장을 올바르게 고쳐 보세요.

① 弟弟今天了出院。　　남동생은 오늘 퇴원했어.

➡ ____ 。

② 你应该早回家点儿。　　너는 일찍 (좀) 집에 들어가야 해.

➡ ____ 。

③ 他上课没来。　　그는 수업에 오지 않았어.

➡ ____ 。

④ 我打一个电话了。　　나는 전화를 한 통 걸었어.

➡ ____ 。

⑤ 你这个周末应该休息在家。　　너는 이번 주말에 집에서 쉬어야 해.

➡ ____ 。

DAY 29

你去过这家店吗?

Nǐ qùguo zhè jiā diàn ma?

너는 이 가게 가 본 적 있니?

---

1 녹음을 잘 듣고 해당하는 우리말에 ○ 표시한 후 중국어를 써 보세요.　29-1

① 사진 〜 그림

　➡ ______________________

② 가깝다 〜 멀다

　➡ ______________________

③ ~한 적 있다 〜 ~하고 있다

　➡ ______________________

④ 바로 〜 나중에, 다음

　➡ ______________________

---

2 중국어와 우리말 뜻을 바르게 연결해 보세요.

① 火　　　　　　　　　　　ⓐ 번창하다, 인기 있다

② 离　　　　　　　　　　　ⓑ 인터넷, 온라인

③ 网上　　　　　　　　　　ⓒ ~에서, ~로부터

3 다음 빈칸에 들어갈 알맞은 중국어를 써 보세요.

① [왕푸징] 은 베이징의 유명한 쇼핑 거리야. ___________________________

② 실례지만, [사진] 좀 찍어 주세요. ___________________________

③ 백화점은 여기 [에서] 멀어요? ___________________________

4 우리말 뜻을 보고 빈칸에 해당하는 단어를 <보기>에서 찾아 쓰세요.

보기	放假 店 近 张

① 장[얇은 종이나 사진 등을 세는 단위]

➡ ___________________________

② 가깝다

➡ ___________________________

③ 가게, 상점

➡ ___________________________

④ 방학하다

➡ ___________________________

5 녹음을 잘 듣고 빈칸을 채운 뒤 문장을 따라 읽어 보세요.　🔊 29-2

① 这张 ＿＿＿＿＿＿＿＿ 很漂亮。

② 他们家 ＿＿＿＿＿＿＿＿ 这儿近吗？

③ 这家咖啡厅在 ＿＿＿＿＿＿＿＿ 很 ＿＿＿＿＿＿＿＿。

6 녹음을 잘 듣고 대답으로 알맞은 말에 V 표시해 보세요.　🔊 29-3

①

②

你应该去医院啊！　

有点儿远，坐地铁
要一个小时。　

我在网上买的。　

我没去过这家书店。

＊ **要 yào** ⑧ 소요하다, 필요하다

7　다음 빈칸에 들어갈 알맞은 말을 써 보세요.

①

A　公司离家远吗？

회사는 집에서 머니?

B　______________________________。

그다지 멀지 않아. 바로 집 근처에 있어.

②

A　我上周去了那家网红餐厅。

나는 지난주에 그 인터넷에서 유명한 맛집에 갔었어.

B　______________________________。

나도 가 본 적 있어. 그 가게는 인터넷에서 아주 핫해.

③

A　______________________________？

너는 이 노래 들어 본 적 있니?

B　当然，最近特别火。

당연하지, 요즘 엄청 핫하잖아.

> * 首 shǒu 양 시나 곡을 세는 단위 | 歌 gē 명 노래 |
> 当然 dāngrán 형 당연하다

8 다음 단어를 올바르게 배열하여 문장을 만들어 보세요.

① 나는 이 앱을 써 본 적 있어.

我 / 软件 / 这个 / 过 / 用

➡ ______________________________________ 。

② 나는 연애해 본 적 없어.

谈 / 没 / 我 / 过 / 恋爱

➡ ______________________________________ 。

③ 방학하려면 아직 한 달 남았어.

有 / 离 / 放假 / 还 / 月 / 一个

➡ ______________________________________ 。

9 다음 빈칸에 들어갈 알맞은 단어를 <보기>에서 찾아 쓰세요.

보기	过　　　近　　　王府井

① 这家百货店就在(　　　　　)附近。　　　이 백화점은 바로 왕푸징 근처에 있어.

② 我还没吃(　　　　　)锅包肉。　　　나는 아직 꿔바로우를 안 먹어 봤어.

③ 我们学校离这儿很(　　　　　)。　　　우리 학교는 여기에서 가까워.

＊百货店 bǎihuòdiàn 몡 백화점

10 다음 제시된 문장을 올바르게 고쳐 보세요.

① 上课离还有一个小时。　　수업하려면 아직 한 시간 남았어.

➡ ____ 。

② 我没见明星过。　　나는 연예인을 본 적 없어.

➡ ____ 。

③ 离地铁站不太远这儿。　　지하철역은 여기에서 그다지 멀지 않아.

➡ ____ 。

④ 超市很近离我家。　　마트는 우리 집에서 가까워.

➡ ____ 。

⑤ 你欧洲去过吗？　　너는 유럽에 가 본 적 있니?

➡ ____ ？

我最近胖了。

Wǒ zuìjìn pàng le.

나 요새 살쪘어.

1 녹음을 잘 듣고 해당하는 우리말에 ○ 표시한 후 중국어를 써 보세요.

① | ~해야 한다 — ~하고 싶다 |

➡ ________________________________

② | 살찌다, 뚱뚱하다 — 마르다, 날씬하다 |

➡ ________________________________

③ | ~하는 편이 좋다 — ~하지 마라 |

➡ ________________________________

④ | 이렇게 — 저렇게 |

➡ ________________________________

2 중국어와 우리말 뜻을 바르게 연결해 보세요.

① 比较 •
② 健康 •
③ 开始 •

• ⓐ 건강하다
• ⓑ 시작하다
• ⓒ 비교적

3 다음 빈칸에 들어갈 알맞은 중국어를 써 보세요.

① 오늘 　부터　 다이어트할 거야. ________________________

② 이번 시험은 　비교적　 쉬웠어. ________________________

③ 오늘 　저녁밥　 뭐 먹지? ________________________

4 우리말 뜻을 보고 빈칸에 해당하는 단어를 <보기>에서 찾아 쓰세요.

보기 　信心　 　还是　 　健康　 　交往

① 건강하다

➡ ________________________

② ~하는 편이 좋다

➡ ________________________

③ 사귀다, 교제하다

➡ ________________________

④ 자신(감), 확신

➡ ________________________

5 녹음을 잘 듣고 빈칸을 채운 뒤 문장을 따라 읽어 보세요.　　🔊 30-2

① 我最近胖了，我得 ＿＿＿＿＿＿＿＿＿。

② ＿＿＿＿＿＿＿＿ 今天 ＿＿＿＿＿＿＿＿，我学习汉语。

③ 你 ＿＿＿＿＿＿＿ 多运动吧。

6 녹음을 잘 듣고 대답으로 알맞은 말에 V 표시해 보세요.　　🔊 30-3

① 

我不能吃辣的菜。 

我觉得你不胖啊。 

② 

你还是多运动吧。 

离放假还早。 

7 다음 빈칸에 들어갈 알맞은 말을 써 보세요.

①

A 你的衣服好像小了。
너 옷이 작아진 것 같아.

B ＿＿＿＿＿＿＿＿＿＿＿＿＿＿＿。
맞아, 나 요즘 살쪘어.

* **好像** hǎoxiàng 위 ～인 것 같다 | **小** xiǎo 형 작다

②

A ＿＿＿＿＿＿＿＿＿＿＿＿＿＿＿。
나 드디어 남자 친구 생겼어.

B 好羡慕啊！
진짜 부럽다!

* **终于** zhōngyú 위 드디어, 마침내 | **羡慕** xiànmù 동 부러워하다

③

A ＿＿＿＿＿＿＿＿＿＿＿＿＿＿＿＿。
내 성적이 좋지 않아서 자신감이 없어졌어.

B 加油，你很棒！
힘내, 너 잘하고 있어!

* **成绩** chéngjì 명 성적 | **加油** jiāyóu 동 힘을 내다, 응원하다 |
棒 bàng 형 좋다, 훌륭하다

8 다음 단어를 올바르게 배열하여 문장을 만들어 보세요.

① 나 남자 친구 생겼어.

我 / 朋友 / 有 / 男 / 了

➡ ____ 。

② 그녀는 올해 스무 살이 되었어.

岁 / 她 / 了 / 今年 / 二十

➡ ____ 。

③ 나는 오늘부터 운동할 거야.

我 / 今天 / 从 / 运动 / 开始

➡ ____ 。

9 다음 빈칸에 들어갈 알맞은 단어를 <보기>에서 찾아 쓰세요.

보기	信心	开始	分手	从

① 我不爱他了，我们（　　　　）了。　　나는 그를 사랑하지 않게 되어서, 우리는 헤어졌어.

② 我没有（　　　　）了。　　나는 자신감이 없어졌어.

③ 我（　　　　）昨天（　　　　）发烧了。　　나는 어제부터 열이 나기 시작했어.

＊ 分手 fēnshǒu 동 헤어지다

10 다음 제시된 문장을 올바르게 고쳐 보세요.

① 我中国不去了。　　나는 중국에 가지 않게 되었어.

➡ ____ 。

② 我从开始上周开车学。　　나는 지난주부터 운전을 배우기 시작했어.

➡ ____ 。

③ 他们去年开始从交往。　　그들은 작년부터 사귀기 시작했어.

➡ ____ 。

④ 天了黑，你快回家吧。　　날이 어두워졌어, 너 빨리 집에 들어가.

➡ ____ 。

⑤ 从我们九点上课开始。　　우리는 9시부터 수업 시작해.

➡ ____ 。

DAY 31

我在电影院门口等着呢。

Wǒ zài diànyǐngyuàn ménkǒu děngzhe ne.

나는 영화관 입구에서 기다리고 있어.

---

1 녹음을 잘 듣고 해당하는 우리말에 〇 표시한 후 중국어를 써 보세요. 🔊 31-1

① 백화점 — 영화관

➡ ___________________________

② 빠르다 — 느리다

➡ ___________________________

③ 여보세요 — 실례합니다

➡ ___________________________

④ 입구 — 출구

➡ ___________________________

---

2 중국어와 우리말 뜻을 바르게 연결해 보세요.

① 快 •　　　　　• ⓐ 이미, 벌써

② 已经 •　　　　　• ⓑ 곧, 머지않아

③ 分钟 •　　　　　• ⓒ (시간의) 분

3 다음 빈칸에 들어갈 알맞은 중국어를 써 보세요.

① 날이 　**이미**　 저물었어. 　　_______________________________

② 　**여보세요**　, 샤오리 있나요? 　　_______________________________

③ 지하철역 　**입구**　 에서 보자. 　　_______________________________

4 우리말 뜻을 보고 빈칸에 해당하는 단어를 <보기>에서 찾아 쓰세요.

보기	着	电影院	躺	皮肤

① 눕다

➡ _______________________________

② ~하고 있다, ~한 채로 있다

➡ _______________________________

③ 피부

➡ _______________________________

④ 영화관

➡ _______________________________

◀)) 31-2

① 好冷啊！ _________________ 开着吗？

② 我在学校 _________________ 等着呢。

③ 你等等，我五 _________________ 就到。

6 녹음을 잘 듣고 대답으로 알맞은 말에 V 표시해 보세요.

◀)) 31-3

① 

我先走了。

我已经到了。

②

行，你慢慢来，我等你。

现在五点二十分。

* 先 xiān 🖢 먼저, 우선

7 다음 빈칸에 들어갈 알맞은 말을 써 보세요.

①

A 你在哪儿？你到了吗？
너 어디야? 도착했니?

B ______________________。
나 곧 도착해.

②

A ______________________。
나 아마도 4시 10분에 도착할 것 같아.

B 行，你慢慢来，我等你。
괜찮아, 천천히와, 기다릴게.

＊**可能** kěnéng 📖 아마도

③

A ______________________？
너는 어디에서 나 기다리고 있니?

B 我在学校门口等着你呢。
나는 학교 입구에서 너를 기다리고 있어.

8 다음 단어를 올바르게 배열하여 문장을 만들어 보세요.

① 그는 음악을 듣고 있어.
听 / 他 / 音乐 / 着

➡ ______________________________ 。

② 창문이 열려 있니?
着 / 窗户 / 开 / 吗 ?

➡ ______________________________ ?

③ 그녀는 아주 긴 머리카락을 가지고 있어.
她 / 头发 / 有 / 的 / 长长

➡ ______________________________ 。

9 다음 빈칸에 들어갈 알맞은 단어를 <보기>에서 찾아 쓰세요.

| 보기 | 厚厚 | 趴 | 白白 |

① 她的皮肤(　　　　　)的。　　　그녀의 피부는 새하얘.

② 他(　　　　　)着玩手机。　　　그는 엎드려서 휴대 전화를 해.

③ 她的衣服(　　　　　)的。　　　그녀의 옷은 아주 두꺼워.

* 趴 pā 통 엎드리다

10 다음 제시된 문장을 올바르게 고쳐 보세요.

① 他们聊天站着。　　그들은 서서 수다를 떨어.　　* 站 zhàn 동 서다, 일어나다

　➡ ____。

② 你明天来早早儿。　　너 내일 일찌감치 와.

　➡ ____。

③ 他躺看着书。　　그는 누워서 책을 봐.

　➡ ____。

④ 电视开没着。　　텔레비전이 켜져 있지 않아.

　➡ ____。

⑤ 她有非常大大的眼睛。　　그녀는 커다란 눈을 가지고 있어.　　* 眼睛 yǎnjing 명 눈

　➡ ____。

DAY 32

今天比昨天更冷。

Jīntiān bǐ zuótiān gèng lěng.

오늘이 어제보다 더 추워.

---

1 녹음을 잘 듣고 해당하는 우리말에 ○ 표시한 후 중국어를 써 보세요.　　🔊 32-1

① 주다　〜　받다

➡ ______________________

② 이미, 벌써　〜　겨우, 고작

➡ ______________________

③ 따뜻하다　〜　춥다

➡ ______________________

④ 우연히, 뜻밖에　〜　때마침, 알맞게

➡ ______________________

---

2 중국어와 우리말 뜻을 바르게 연결해 보세요.

① 刚好　·　　　·ⓐ 때마침, 알맞게

② 比　·　　　·ⓑ 주다

③ 给　·　　　·ⓒ ~보다, ~에 비해

3 다음 빈칸에 들어갈 알맞은 중국어를 써 보세요.

① 내가 [핫팩] 빌려줄게. ___________________________

② 오늘이 어제 [보다] 더 추운 것 같아. ___________________________

③ 그녀는 [겨우] 스무 살에 결혼했어. ___________________________

4 우리말 뜻을 보고 빈칸에 해당하는 단어를 <보기>에서 찾아 쓰세요.

[보기]　　度　　暖和　　水平　　飞机

① 따뜻하다

➡ ___________________________

② 비행기

➡ ___________________________

③ 도[온도나 밀도를 세는 단위]

➡ ___________________________

④ 실력, 수준

➡ ___________________________

5 녹음을 잘 듣고 빈칸을 채운 뒤 문장을 따라 읽어 보세요. 🔊 32-2

① ＿＿＿＿＿＿＿＿＿ 冷啊！今天 ＿＿＿＿＿＿＿＿＿ 三度！

② 今天 ＿＿＿＿＿＿＿ 昨天 ＿＿＿＿＿＿＿ 冷。

③ 我 ＿＿＿＿＿＿＿ 有两个暖宝宝。

6 녹음을 잘 듣고 대답으로 알맞은 말에 V 표시해 보세요. 🔊 32-3

① 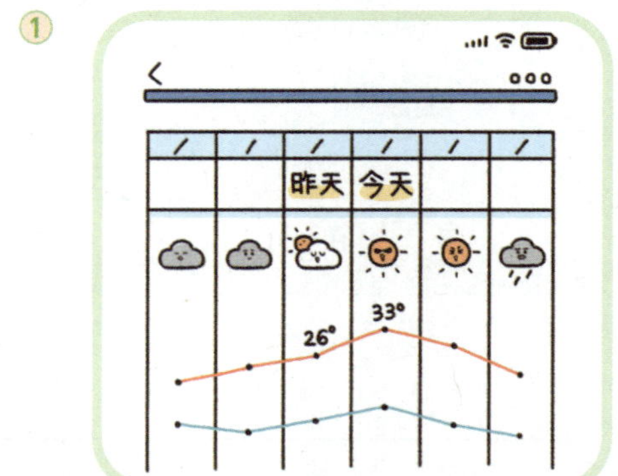

对，今天比昨天更热。 

每天要多喝水。

②

谢谢你！好暖和啊！ 

谢谢夸奖。

7 다음 제시된 문장을 올바르게 고쳐 보세요.

①
A 这是我做的中国菜。
이것은 내가 만든 중국 요리야.

B _______________________________ !
너 엄청 대단하다!

＊ **厉害** lìhai 형 대단하다

②
A 你女儿结婚了吗？
당신 딸은 결혼했어요?

B _______________________________ !
아니요, 그녀는 겨우 스무살이에요!

＊ **女儿** nǚ'ér 명 딸

③
A _______________________________ ?
내일 날씨는 어때?

B 明天比今天更冷, 才三度。
내일은 오늘보다 더 추워, 겨우 3도래.

8 다음 단어를 올바르게 배열하여 문장을 만들어 보세요.

① 나 중국에 온 지 겨우 1년 됐어.

我／中国／一年／才／来。

➡ ____。

② 나는 여동생보다 더 커.

妹妹／更／我／比／高。

➡ ____。

③ 이 책이 겨우 10위안이라고?

才／这／书／本／十块钱／吗

➡ ____？

9 다음 빈칸에 들어갈 알맞은 단어를 <보기>에서 찾아 쓰세요.

보기 　　　　　以前　　　还　　　才

① 高铁票比飞机票(　　　　　)贵。　　　고속철도 표는 비행기표보다도 더 비싸.

② 他今年(　　　　　)小学一年级。　　　그는 올해 겨우 초등학교 1학년이야.

③ 她比(　　　　　)更漂亮了。　　　그녀는 예전보다 더 예뻐졌어.

10 우리말을 참고하여 다음 문장을 올바르게 고치세요.

① 他才结婚四十五岁。　　그는 마흔다섯 살이 되어서야 겨우 결혼했어.

➡ ____。

② 他比我一岁大。　　그는 나보다 한 살 많아.

➡ ____。

③ 他的汉语水平比我很好。　　그의 중국어 실력은 나보다도 더 좋아.

➡ ____。

④ 你才今年二十岁呀？　　너 올해 겨우 스무살이니?

➡ ____?

⑤ 地铁更公交车比方便。　　지하철은 버스보다 더 편해.

➡ ____。

녹음 대본 및 정답

녹음 대본

1	❶ á	❷ ǐ	❸ mà	❹ bō
2	❶ fá	❷ hē	❸ gǔ	❹ pò
3	❶ kū hē má	❷ pā lù lè	❸ kě mǒ tè	❹ wú nǚ fá
4	❶ bā	❷ kě	❸ fó	❹ lù

1   ❶ á   ❷ ǐ   ❸ mà   ❹ bō

2   ❶ fa   ⓐ v
    ❷ he   ⓑ ／
    ❸ gu   ⓒ ―
    ❹ po   ⓓ ＼

3   ❶ má   ❷ pā   ❸ tè   ❹ nǚ

4   ❶ bā   ❷ kě   ❸ fó   ❹ lù

5   ❶ kū   ❷ mǒ   ❸ tè   ❹ pí

녹음 대본

6	❶ lǜ	❷ tǎ	❸ tī	❹ gé
7	❶ wǔ	❷ dé	❸ kū	❹ pò

6   ❶ lǜ   ❷ tǎ   ❸ tī   ❹ gé

7   ❶ ǔ   ❷ é   ❸ ū   ❹ ò

8   ❶ i   ⓐ 우
    ❷ o   ⓑ 이
    ❸ u   ⓒ 위
    ❹ ü   ⓓ 오~ 어

9   ❶ wú   ❷ lǜ   ❸ kě

녹음 대본

10 ❶ fá　　　❷ pò　　　❸ hē　　　❹ nǚ
11 ❶ qì　　　❷ kū　　　❸ mǒ　　　❹ hé
12 yī èr sān sì wǔ liù qī bā jiǔ shí

10 ❶ fá　　　❷ pò　　　❸ hē　　　❹ nǚ
11 ❶ ì　　　❷ ū　　　❸ ǒ　　　❹ é
12

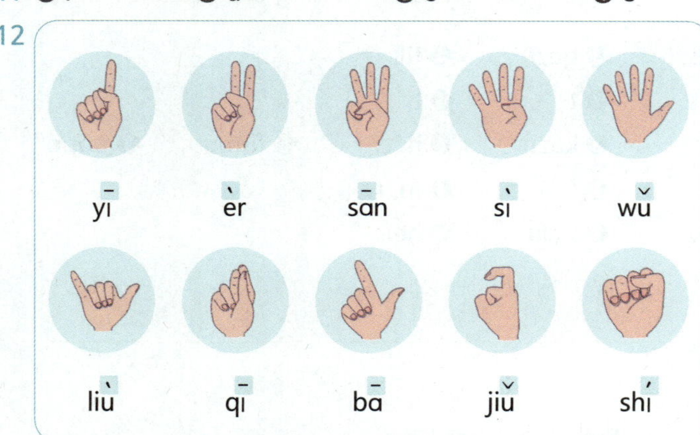

DAY 02 중국어의 성모 1

녹음 대본

1 ❶ p　　　❷ d　　　❸ l　　　❹ f
2 ❶ bō　　　❷ pǐ　　　❸ mù　　　❹ fá
3 ❶ mù　　　❷ fú　　　❸ pā　　　❹ bǐ
4 ❶ bà　　❷ pù　　❸ fā　　❹ mǐ　　❺ dé　　❻ hǔ　　❼ bì　　❽ fó

1 ❶ p　　　❷ d　　　❸ l　　　❹ f
2 ❶ b　　　　ⓐ ù
　 ❷ p　　　　ⓑ ǐ
　 ❸ m　　　　ⓒ ō
　 ❹ f　　　　ⓓ á
3 ❶ mù　　　❷ fú　　　❸ pā　　　❹ bǐ
4 ❶ b　　❷ p　　❸ f　　❹ m　　❺ d　　❻ h　　❼ b　　❽ f
5 ❶ hā　　　❷ tú　　　❸ nǎ　　　❹ kù

녹음 대본

```
6  ❶ dùzi    ❷ húli    ❸ gèzi    ❹ tǐlì
7  ❶ nǐ      ❷ hú      ❸ tè      ❹ lā
8  ❶ mótè    ❷ gébì    ❸ kùzi    ❹ hècí    ❺ fùmǔ    ❻ pópo
9  ❶ lā      ❷ tú      ❸ fābù    ❹ mótè
10 ❶ Bālí    ❷ dìtú    ❸ mílù    ❹ hèlǐ
```

```
6  ❶ dùzi    ❷ húli    ❸ gèzi    ❹ tǐlì
7  ❶ n       ❷ h       ❸ t       ❹ l
8  ❶ mótè    ❷ gébì    ❸ kùzi    ❹ hècí    ❺ fùmǔ    ❻ pópo
9  ❶ l       ❷ t       ❸ f, b    ❹ m, t
10 ❶ Bālí    ❷ dìtú    ❸ mílù    ❹ hèlǐ
11 ❶ dùzi    ❷ tǐlì
```

녹음 대본

```
12 ❶ bózi    ❷ fùmǔ    ❸ húli    ❹ kělè
```

```
12 ❶ bózi    ❷ fùmǔ    ❸ húli    ❹ kělè
```

DAY 03 중국어의 성모 2

녹음 대본

```
1  ❶ q       ❷ ch      ❸ x       ❹ c
2  ❶ jú      ❷ xǐ      ❸ rě      ❹ chē
3  ❶ jī      ❷ qù      ❸ xǐ      ❹ qǐzi
4  ❶ xū      ❷ qì      ❸ jìde    ❹ rèhu    ❺ qǐzi    ❻ zhá
   ❼ shé     ❽ jǔ
```

```
1  ❶ q       ❷ ch      ❸ x       ❹ c
2  ❶ j    ⓐ ǐ
   ❷ x    ⓑ ú
   ❸ r    ⓒ ē
   ❹ ch   ⓓ ě
```

3 ❶ jī ❷ qù ❸ xǐ ❹ qǐzi
4 ❶ x ❷ q ❸ j ❹ r ❺ q ❻ zh
 ❼ sh ❽ j
5 ❶ zhǐ ❷ rè ❸ cā ❹ sú

녹음 대본

6 ❶ rúhé ❷ sījī ❸ zémà ❹ chǔxù
7 ❶ rù ❷ shé ❸ zǐ ❹ cā
8 ❶ chē ❷ shǔ ❸ zìjǐ ❹ rèhu ❺ cíqì ❻ súyǔ
9 ❶ jī ❷ sè ❸ rúhé ❹ xífù
10 ❶ chīlì ❷ qūzhé ❸ zìjǐ ❹ júzi

6 ❶ rúhé ❷ sījī ❸ zémà ❹ chǔxù
7 ❶ r ❷ sh ❸ z ❹ c
8 ❶ chē ❷ shǔ ❸ zìjǐ ❹ rèhu ❺ cíqì ❻ súyǔ
9 ❶ j ❷ s ❸ r, h ❹ x, f
10 ❶ chīlì ❷ qūzhé ❸ zìjǐ ❹ júzi
11 ❶ xífù ❷ sījī

녹음 대본

12 ❶ xùshù ❷ súyǔ ❸ qǐzi ❹ cíqì

12 ❶ xùshù ❷ súyǔ ❸ qǐzi ❹ cíqì

DAY 04 중국어의 운모 1

녹음 대본

1 ❶ ai ❷ ao ❸ an ❹ ong
2 ❶ pào ❷ sǎn ❸ mái ❹ zāng
3 ❶ kāi ❷ dǎo ❸ hàn ❹ máng
4 ❶ páizi ❷ bān ❸ tǎng ❹ zhòng ❺ máo ❻ dōu
 ❼ nòng ❽ lái

1 ❶ ai　　❷ ao　　❸ an　　❹ ong

2 ❶ p ──────ⓐ ào
　❷ s ╲　╱ⓑ ái
　❸ m ╱　╲ⓒ ǎn
　❹ z ──────ⓓ āng

3 ❶ kāi　❷ dǎo　❸ hàn　❹ máng

4 ❶ ái　❷ ān　❸ ǎng　❹ òng　❺ áo
　❻ ōu　❼ òng　❽ ái

5

	rēng	kǒng	shàng
성모	r	k	sh
운모	eng	ong	ang
성조	ˉ	ˇ	ˋ

6 ❶ téng　❷ pénzi　❸ èrbǎi　❹ mèimei
7 ❶ cōng　❷ péi　❸ gòu　❹ hěn
8 ❶ fēijī　❷ érzi　❸ zhēn　❹ hóuzi　❺ mèng　❻ tǎng
9 ❶ fēijī　❷ Shànghǎi　❸ chǎnshēng　❹ fánnǎo
10 ❶ càidān　❷ Shǒu'ěr　❸ értóng　❹ hóngsè

6 ❶ téng　❷ pénzi　❸ èrbǎi　❹ mèimei
7 ❶ ōng　❷ éi　❸ òu　❹ ěn
8 ❶ fēijī　❷ érzi　❸ zhēn　❹ hóuzi　❺ mèng　❻ tǎng
9 ❶ ēi, ī　❷ àng, ǎi　❸ ǎn, ēng　❹ án, ǎo
10 ❶ càidān　❷ Shǒu'ěr　❸ értóng　❹ hóngsè
11 ❶ bān　❷ rēng

12 ❶ zāng　❷ kǒng　❸ ěrjī　❹ mèimei

12 ❶ zāng　❷ kǒng　❸ ěrjī　❹ mèimei

 중국어의 운모 2

녹음 대본

1 ❶ ia   ❷ iou   ❸ uo   ❹ uang
2 ❶ diē   ❷ jiǔ   ❸ piào   ❹ qián
3 ❶ liǎ   ❷ qiáo   ❸ jīn   ❹ ruò
4 ❶ jiějie   ❷ píng   ❸ miànbāo   ❹ niúnǎi   ❺ jiàrì   ❻ míngzi
   ❼ shuǎi   ❽ diànnǎo

1 ❶ ia   ❷ iou   ❸ uo   ❹ uang
2 ❶ d   ⓐ iào
   ❷ j   ⓑ ián
   ❸ p   ⓒ iē
   ❹ q   ⓓ iǔ
3 ❶ liǎ   ❷ qiáo   ❸ jīn   ❹ ruò
4 ❶ iě   ❷ íng   ❸ iàn   ❹ iú   ❺ ià   ❻ íng
   ❼ uǎi   ❽ iàn
5

	jiāng	qióng	shuì
성모	j	q	sh
운모	iang	iong	ui
성조	ˉ	´	ˋ

녹음 대본

6   ❶ mínzú   ❷ zuǐ   ❸ suān   ❹ huálì
7   ❶ huái   ❷ guò   ❸ chuāng   ❹ jǐng
8   ❶ liǎng   ❷ pǐnzhì   ❸ kuàidì   ❹ guāi   ❺ juéde   ❻ guójiā
9   ❶ duǎnxìn ❷ xuéxiào   ❸ tuījiàn   ❹ huānyíng
10 ❶ chūntiān ❷ xiàtiān   ❸ qiūtiān   ❹ dōngtiān

6   ❶ mínzú   ❷ zuǐ   ❸ suān   ❹ huálì
7   ❶ uái   ❷ uò   ❸ uāng   ❹ ǐng
8   ❶ liǎng   ❷ pǐnzhì   ❸ kuàidì   ❹ guāi   ❺ juéde   ❻ guójiā

9 ❶ uǎn, ìn   ❷ ué, iào   ❸ uī, iàn   ❹ uān, íng
10 ❶ chūntiān ❷ xiàtiān   ❸ qiūtiān   ❹ dōngtiān
11 ❶ ruò   ❷ diǎn

녹음 대본

12 ❶ yǔnxǔ   ❷ qiā   ❸ jìngzi   ❹ hūnyīn

12 ❶ yǔnxǔ   ❷ qiā   ❸ jìngzi   ❹ hūnyīn

DAY 06 중국어의 성조 변화 1

녹음 대본

1 ❶ huǒchē   ❷ cǎoméi   ❸ kě'ài   ❹ nǐmen
2 ❶ lǎoshī   ❷ yǔfǎ   ❸ yǎnjìng ❹ lǚxíng
3 ❶ yǔfǎ xǔduō hěn hǎo   ❷ shuǐguǒ měitiān dǎkāi
   ❸ kělè wǎnfàn jiějie   ❹ hǎokàn jiǎnféi mǎlù
4 ❶ yǐzi   ❷ hǎokàn   ❸ yǔyán   ❹ běnzi
   ❺ jiǎozi   ❻ shuǐguǒ   ❼ mǔqīn   ❽ xiǎoxīn

1 ❶ huǒchē   ❷ cǎoméi   ❸ kě'ài   ❹ nǐmen
2 ❶ lǎoshī   ❷ yǔfǎ   ❸ yǎnjìng ❹ lǚxíng
3 ❶ xǔduō   ❷ shuǐguǒ   ❸ jiějie   ❹ jiǎnféi
4 ❶ ǐ   ❷ ǎo   ❸ ǔ   ❹ ěn   ❺ iǎo   ❻ uǐ
   ❼ ǔ   ❽ iǎo
5 ❶ huǒchē   ❷ kělè   ❸ cǎoméi   ❹ běnzi
6 ❶ 반3성   ❷ 반3성   ❸ 제2성   ❹ 반3성

녹음 대본

7 ❶ māma   ❷ yéye   ❸ bàba   ❹ jiějie

7 ❶ māma   ❷ yéye   ❸ bàba   ❹ jiějie

8

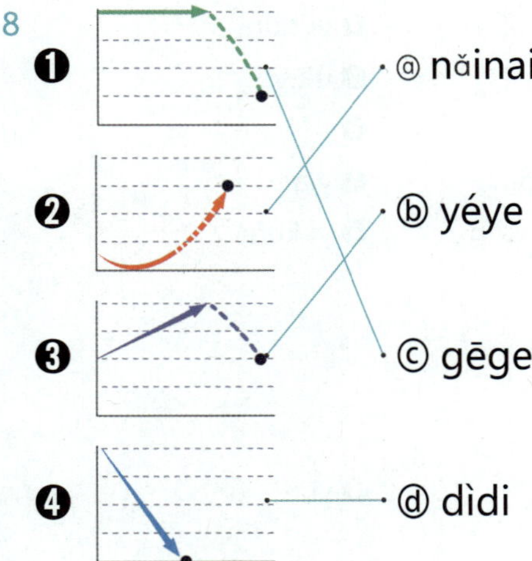

녹음 대본

9 ❶ xǔduō	❷ lǐfà	❸ huǒchē	❹ yǒudiǎnr
10 ❶ dōngxi	❷ nuǎnhuo	❸ kuàizi	❹ péngyou
11 ❶ gǎnmào	❷ lǚxíng	❸ shǒubiǎo	❹ xǔduō
12 ❶ kě'ài	❷ nǎinai	❸ shuǐguǒ	❹ wǎnfàn

9 ❶ xǔduō	❷ lǐfà	❸ huǒchē	❹ yǒudiǎnr
10 ❶ dōngxi	❷ nuǎnhuo	❸ kuàizi	❹ péngyou
11 ❶ ǎn, ào	❷ ǔ, íng	❸ ǒu, iǎo	❹ ǔ, uō
12 ❶ kě'ài	❷ nǎinai	❸ shuǐguǒ	❹ wǎnfàn

DAY 07 중국어의 성조 변화 2

녹음 대본

1 ❶ bú qù	❷ búcuò	❸ yì běn	❹ yì qún
2 ❶ bù lěng	❷ bù tián	❸ bú è	❹ búdàn
❺ yì tiān	❻ yí kuài	❼ yì qún	❽ yí ge
3 ❶ bù kū bù duō bù lěng		❷ bú màn bù lái bù tián	
❸ yìzhí yì píng yídìng		❹ yì qún yìqǐ yì tái	
4 ❶ bù tīng	❷ bú là	❸ yì wǎn	❹ yí kuài
5 ❶ bú kàn	❷ bù hē	❸ yídìng	❹ yìzhí

1 ❶ bú qù   ❷ búcuò   ❸ yì běn   ❹ yì qún
2 ❶ ù   ❷ ù   ❸ ú   ❹ ú
  ❺ ì   ❻ í   ❼ ì   ❽ í
3 ❶ bù lěng   ❷ bú màn   ❸ yídìng   ❹ yìqǐ
4 ❶ bù tīng   ❷ bú là   ❸ yì wǎn   ❹ yí kuài
5 ❶ bú   ⓐ hē
  ❷ bù   ⓑ kàn
  ❸ yí   ⓒ zhí
  ❹ yì   ⓓ dìng
6 ❶ bù   ❷ bú   ❸ yí   ❹ yì

7 ❶ bù máng   ❷ bú là   ❸ yíyàng   ❹ yìqǐ
8 ❶ bù xué   ❷ bú màn   ❸ yì bēi   ❹ yí jiàn
9 ❶ bù lěng   ❷ bú kàn   ❸ yìbān   ❹ yí jiàn

7 ❶ bù máng   ❷ bú là   ❸ yíyàng   ❹ yìqǐ
8 ❶ bù xué   ❷ bú màn   ❸ yì bēi   ❹ yí jiàn
9 ❶ bù lěng   ❷ bú kàn   ❸ yìbān   ❹ yí jiàn
10 ❶ bù chī   ❷ bú là   ❸ yìzhí   ❹ yíyàng   ❺ yí ge

11 ❶ búcuò   ❷ bù hǎo   ❸ yì píng   ❹ yì bēi
12 ❶ Bù hē shuǐ. ❷ Bú kàn shū. ❸ yí jiàn yīfu ❹ yì duǒ huā

11 ❶ búcuò   ❷ bù hǎo   ❸ yì píng   ❹ yì bēi
12 ❶ Bù hē shuǐ. ❷ Bú kàn shū. ❸ yí jiàn yīfu ❹ yì duǒ huā

녹음 대본

1 ❶ hǎo   ❷ nǐmen
2 ❶ Nǐ hǎo!   ❷ Báibái!   ❸ Nǐmen hǎo!   ❹ Míngtiān jiàn!

1   xiè le   hǎo   kèqi   nǐmen   shìr
   ❶ hǎo   ❷ nǐmen
2 ❶ Nǐ hǎo!   ❷ Báibái!   ❸ Nǐmen hǎo!   ❹ Míngtiān jiàn!
3 ❶ Nǐ hǎo! ————— ⓐ 안녕!
   ❷ Báibái!   ⓑ 내일 봐!
   ❸ Nǐmen hǎo!   ⓒ 바이바이!(잘 가!)
   ❹ Míngtiān jiàn!   ⓓ 얘들아, 안녕!
4 ❶ 好 hǎo   ❷ 明天 Míngtiān   ❸ 拜 Bái   ❹ 你们 Nǐmen
5 ❶ jiàn   ❷ yìsi   ❸ kèqi

녹음 대본

6 ❶ Duìbuqǐ!   ❷ Méi guānxi!   ❸ Xiè le!   ❹ Xiǎoyìsi!
7 ❶ A: Nǐ hǎo! B: Nǐmen hǎo!   ❷ A: Xièxie!   B: Bú kèqi!

6 ❶ Duìbuqǐ!   ❷ Méi guānxi!   ❸ Xiè le!   ❹ Xiǎoyìsi!
7 ❶ X   ❷ O
8 ❶ Xiè le!   ❷ Xiǎoyìsi!   ❸ Bú kèqi!   ❹ Xièxie!

녹음 대본

9 ❶ Duìbuqǐ!   ❷ Méi guānxi!   ❸ Méi shìr!   ❹ Bù hǎoyìsi!

9 ❶ Duìbuqǐ!   ❷ Méi guānxi!   ❸ Méi shìr!   ❹ Bù hǎoyìsi!
10 ❶ 괜찮아!   ❷ 천만에!(천만에요!) ❸ 별것 아니야!   ❹ 미안해!

녹음 대본

11 ❶ Duìbuqǐ!   ❷ Báibái!   ❸ Méi shìr!   ❹ Xiǎoyìsi!

11 ❶ Duìbuqǐ!   ❷ Báibái!   ❸ Méi shìr!   ❹ Xiǎoyìsi!

녹음 대본

1 ❶ 好久　❷ 好　❸ 很　❹ 我

1 ❶ 오랫동안/好久　❷ 좋다/好　❸ 매우/很　❹ 나/我
2 ❶ ⓒ　❷ ⓓ　❸ ⓑ
3 ❶ 你　❷ 最近　❸ 很
4 ❶ 可爱　❷ 最近　❸ 累　❹ 好久

녹음 대본

5 ❶ 好久不见!
　❷ 你最近好吗?
　❸ 我最近很好。

6 ❶ 好久不见!
　❷ 他最近好吗?

5 ❶ 不见　❷ 最近, 吗　❸ 最近, 很
6 ❶ 好久不见!　❷ 他最近很好。
7 ❶ 你最近好吗?　❷ 好久不见!　❸ 他们最近很好。
8 ❶ 我很高兴。　❷ 他帅吗?　❸ 天气很好。
9 ❶ 漂亮　❷ 累　❸ 忙
10 ❶ 天气很好。

　❷ 他最近累吗?

　❸ 她可爱吗?

　❹ 她很漂亮。

　❺ 杨伟帅吗?

---

1 ❶ 奶茶　　❷ 什么　　❸ 那　　❹ 喝

---

1 ❶ 밀크티/奶茶　❷ 무엇, 무슨/什么　❸ 그러면, 그렇다면/那　❹ 마시다/喝

2 ❶ ⓒ　❷ ⓐ　❸ ⓑ

3 ❶ 奶茶　❷ 什么　❸ 咖啡

4 ❶ 喝　❷ 吃　❸ 面包　❹ 牛奶

---

5 ❶ 你喝什么？
　❷ 你喝奶茶吗？
　❸ 我不喝咖啡。

6 ❶ 你喝牛奶吗？
　❷ 你喝什么？

---

5 ❶ 什么　❷ 奶茶　❸ 不，咖啡

6 ❶ 我不喝牛奶。　❷ 我喝咖啡。

7 ❶ 我喝可乐。　❷ 我不喝奶茶。　❸ 他喝咖啡吗？

8 ❶ 你看什么？　❷ 她干什么？　❸ 我不喝牛奶。

9 ❶ 说　❷ 面包　❸ 衣服

10 ❶ 他不听音乐。
　❷ 你看书吗？
　❸ 我不买裤子。
　❹ 我喝果汁。
　❺ 她吃早饭吗？

녹음 대본

1 ❶ 人　　❷ 汉语　　❸ 谢谢　　❹ 夸奖

1 ❶ 사람/人　　❷ 중국어/汉语　　❸ 감사합니다/谢谢　　❹ 칭찬하다/夸奖
2 ❶ ⓒ　　❷ ⓐ　　❸ ⓑ
3 ❶ 韩国　　❷ 汉语　　❸ 谢谢
4 ❶ 真　　❷ 叫　　❸ 大学生　　❹ 美国

녹음 대본

5 ❶ 你好！你是韩国人吗？
　❷ 你汉语真好！
　❸ 谢谢夸奖。

6 ❶ 他是韩国人吗？
　❷ 你汉语真好！

5 ❶ 韩国人　　❷ 真　　❸ 夸奖
6 ❶ 他是韩国人。　　❷ 谢谢夸奖。
7 ❶ 你好！我叫王兰。　　❷ 不是，我是韩国人。　　❸ 你汉语真好！
8 ❶ 您贵姓？　　❷ 她是上班族。　　❸ 我不是大学生。
9 ❶ 名字　　❷ 姓　　❸ 美国人
10 ❶ 他不是老师。
　❷ 你是中国人吗？
　❸ 她是咖啡师。
　❹ 他们是韩国人。
　❺ 她英语不好。

녹음 대본

1 ❶ 当然　　❷ 加　　❸ 我们　　❹ 行

1 ❶ 당연히, 물론/当然　❷ 더하다, 보태다/加　❸ 우리(들)/我们　❹ 좋다, 괜찮다/行

2 ❶ ⓒ　　　　　❷ ⓐ　　　　　❸ ⓑ

3 ❶ 微信　　　　❷ 当然　　　　❸ 有

4 ❶ 扫　　　　　❷ 一下　　　　❸ 吧　　　　❹ 休息

녹음 대본

5 ❶ 你有微信吗？
　❷ 我们加一下微信吧。
　❸ 我扫你吧。

6 ❶ 你有微信吗？
　❷ 你扫我吗？

5 ❶ 有　　　　　❷ 加，一下　　　❸ 扫

6 ❶ 我没有微信。　❷ 我扫你吧。

7 ❶ 当然有。　　❷ 你有充电宝吗？　❸ 我们加一下微信吧。

8 ❶ 你有约吗？　❷ 我们休息一下。　❸ 你尝一下咖啡吧。

9 ❶ 介绍　　　　❷ 充电器　　　　❸ 快

10 ❶ 我今天没有约。

　❷ 你有笔记本吗？

　❸ 他有时间。

　❹ 她没有微信。

　❺ 你有妹妹吗？

녹음 대본

1 ❶ 学校　❷ 附近　❸ 在　❹ 去

1 ❶ 학교/学校　❷ 근처, 부근/附近　❸ ~에 있다/在　❹ 가다/去
2 ❶ ⓑ　❷ ⓒ　❸ ⓐ
3 ❶ 哪儿　❷ 附近　❸ 银行
4 ❶ 市　❷ 住　❸ 中心　❹ 书店

녹음 대본

5 ❶ 你去哪儿？
　❷ 我去中国银行。
　❸ 学校附近有中国银行吗？

6 ❶ 你去哪儿？
　❷ 中国银行在哪儿？

5 ❶ 哪儿　❷ 银行　❸ 附近，银行
6 ❶ 我去学校。　❷ 在市中心。
7 ❶ 她去银行。　❷ 附近没有咖啡厅。　❸ 学校在哪儿？
8 ❶ 爸爸在公司。　❷ 哥哥去书店。　❸ 你住哪儿？
9 ❶ 市场　❷ 不在　❸ 坐
10 ❶ 我不去补习班。
　❷ 爸爸在北京吗？
　❸ 她在学校。
　❹ 他们不在公司。
　❺ 他去图书馆吗？

녹음 대본

1 ❶ 快递   ❷ 这儿   ❸ 零   ❹ 的

1 ❶ 택배/快递   ❷ 여기, 이곳/这儿   ❸ 0, 영/零   ❹ ~의/的
2 ❶ ⓑ   ❷ ⓒ   ❸ ⓐ
3 ❶ 这儿   ❷ 快递   ❸ 八
4 ❶ 电脑   ❷ 卡   ❸ 手机   ❹ 零

녹음 대본

5 ❶ 有你的快递。
  ❷ 你叫什么名字？
  ❸ 他住四零二。

6 ❶ 有我的快递吗？
  ❷ 你住哪儿？

5 ❶ 快递   ❷ 名字   ❸ 住
6 ❶ 没有你的快递。   ❷ 我住三零二。
7 ❶ 这是我的快递。   ❷ 不是，他住八零五。   ❸ 我的钥匙在哪儿？
8 ❶ 这是我的钱包。   ❷ 这是哥哥的车。   ❸ 那不是她的口红。
9 ❶ 电脑   ❷ 卡   ❸ 这儿
10 ❶ 那不是妈妈的手机。

   ❷ 这是你的书包吗？

   ❸ 这儿没有你的快递。

   ❹ 那是你的保温杯吗？

   ❺ 这是我的笔记本。

녹음 대본

1 ❶ 特别　　❷ 明天　　❸ 怎么样　　❹ 一起

1 ❶ 아주, 특히/特别　❷ 내일/明天　❸ 어떠하다/怎么样　❹ 같이, 함께/一起
2 ❶ ⓒ　　❷ ⓐ　　❸ ⓑ
3 ❶ 喜欢　　❷ 问题　　❸ 明天
4 ❶ 味道　　❷ 网速　　❸ 写　　❹ 喜欢

녹음 대본

5 ❶ 爸爸喜欢吃麻辣烫吗？
　❷ 我特别喜欢玩电脑。
　❸ 我们一起吃麻辣烫吧。

6 ❶ 你喜欢吃麻辣烫吗？
　❷ 我们明天一起吃火锅吧，怎么样？

5 ❶ 麻辣烫　　❷ 特别，玩　　❸ 一起，麻辣烫
6 ❶ 我不喜欢吃。　　❷ 没问题！
7 ❶ 我特别喜欢。　　❷ 没问题！　　❸ 你喜欢喝奶茶吗？
8 ❶ 今天天气怎么样？　　❷ 我喜欢听音乐。　　❸ 我们一起看电影吧，怎么样？
9 ❶ 网速　　❷ 日记　　❸ 秋天
10 ❶ 我不喜欢夏天。
　❷ 我们一起逛街，怎么样？
　❸ 麻辣烫味道怎么样？
　❹ 哥哥喜欢玩电脑。
　❺ 我特别喜欢吃火锅。

녹음 대본

1 ❶ 姐姐　　❷ 今年　　❸ 岁　　❹ 大

1 ❶ 누나, 언니/姐姐　　❷ 올해/今年　　❸ 살, 세/岁　　❹ 크다, (수량이) 많다/大
2 ❶ ⓒ　　❷ ⓐ　　❸ ⓑ
3 ❶ 今年　　❷ 岁　　❸ 独生女
4 ❶ 个　　❷ 学生　　❸ 年纪　　❹ 冷

녹음 대본

5 ❶ 我不是独生女。
　❷ 我有一个姐姐。
　❸ 她今年二十岁。

6 ❶ 他有姐姐吗?
　❷ 你今年多大?

5 ❶ 独生女　　❷ 一个　　❸ 今年，岁
6 ❶ 没有，他是独生子。　　❷ 我今年十九岁。
7 ❶ 我今年三十五岁。　　❷ 不是，他是老小。　　❸ 你有姐姐吗?
8 ❶ 你有没有时间?　　❷ 爸爸今年六十七岁。　　❸ 您今年多大年纪?
9 ❶ 香菜　　❷ 几　　❸ 学生
10 ❶ 你是不是大学生?
　❷ 哥哥今年二十八岁。
　❸ 明天天气热不热?
　❹ 你爸爸多大年纪?
　❺ 姐姐去不去市中心?

녹음 대본

1 ❶ 炸鸡　　❷ 请　　❸ 意见　　❹ 饿

1 ❶ 치킨, 닭튀김/炸鸡　❷ 한턱내다/请　❸ 의견/意见　❹ 배고프다/饿
2 ❶ ⓒ　　❷ ⓑ　　❸ ⓐ
3 ❶ 好　　❷ 外卖　　❸ 炸鸡
4 ❶ 原味儿　　❷ 饮料　　❸ 难　　❹ 觉得

녹음 대본

5 ❶ 我们点外卖吧。
　❷ 我没意见！你点吧。
　❸ 我想吃炸鸡。

6 ❶ 今天一起吃饭吧。
　❷ 我们吃炸鸡，你觉得怎么样？

5 ❶ 外卖　　❷ 意见　　❸ 炸鸡
6 ❶ 你请我吧。　　❷ 我不想吃炸鸡。
7 ❶ 我没意见！你请客！
　❷ 我想吃方便面。
　❸ 你觉得这件衣服怎么样？
8 ❶ 我想喝饮料。　　❷ 我觉得她很漂亮。　　❸ 你觉得这个电影有意思吗？
9 ❶ 英语　　❷ 热情　　❸ 难
10 ❶ 她觉得英语很难。
　❷ 你想吃原味儿的炸鸡吗？
　❸ 我觉得他们很配。
　❹ 我不想买衣服。
　❺ 你觉得她性格好吗？

녹음 대본

1 ❶ 还是　　❷ 地铁　　❸ 见　　❹ 更

1 ❶ 아니면, 또는/还是　❷ 지하철/地铁　❸ 만나다/见　❹ 더, 더욱/更
2 ❶ ⓒ　　　　　　❷ ⓐ　　　　　　❸ ⓑ
3 ❶ 公交车　　　　❷ 商场　　　　　❸ 星期六
4 ❶ 地铁　　　　　❷ 星期　　　　　❸ 裙子　　　❹ 方便

녹음 대본

5 ❶ 坐地铁还是坐公交车？
　❷ 我们去商场吧。
　❸ 星期六车太多，坐地铁更方便。

6 ❶ 坐地铁还是坐公交车？
　❷ 明天是星期几？

5 ❶ 还是　　　　　　❷ 商场　　　　　　❸ 星期六，方便
6 ❶ 我坐公交车方便。　❷ 明天是星期一。
7 ❶ 我不开车，星期六车太多。
　❷ 明天我们去商场吧。　❸ 你们在这儿吃还是带走？
8 ❶ 明天是星期天。
　❷ 今天是星期二还是星期三？
　❸ 你吃汉堡还是吃比萨？
9 ❶ 电视剧　　　　　❷ 星期六　　　　　❸ 还是
10 ❶ 昨天不是星期五。
　❷ 你喝冰的还是喝热的？
　❸ 明天是星期天(星期日)。
　❹ 你买裤子还是买裙子？
　❺ 坐公交车更方便。

8월 8일은 샤오장의 생일이야.

녹음 대본

1 ❶ 月　❷ 对　❸ 生日　❹ 要

1 ❶ 월, 달/月　❷ 맞다, 옳다/对　❸ 생일/生日　❹ ~하려고 하다, ~할 것이다/要
2 ❶ ⓒ　❷ ⓑ　❸ ⓐ
3 ❶ 生日　❷ 月　❸ 礼物
4 ❶ 换　❷ 啊　❸ 健身房　❹ 请假

녹음 대본

5 ❶ 明天是他的生日。
　❷ 我要送他礼物。
　❸ 我们下个星期一起去买吧。

6 ❶ 你生日是这个星期吗？
　❷ 我想送他生日礼物。

5 ❶ 生日　❷ 送　❸ 下个星期
6 ❶ 不，是下个星期。　❷ 那我们去商场买吧！
7 ❶ 好啊，那我们下个星期一起去吧！
　❷ 对，你要一起吗？
　❸ 我的生日是九月三号。
8 ❶ 我要请假。　❷ 二月十四号是情人节。　❸ 你要去健身房吗？
9 ❶ 生日　❷ 换　❸ 不想
10 ❶ 你要换电脑吗？
　❷ 我要送她礼物。
　❸ 我要去见朋友。
　❹ 我不想去健身房。
　❺ 十二月二十五号是圣诞节。

 **어떻게 세탁하실 건가요?**

1 ❶ 后天　❷ 干洗　❸ 不行　❹ 怎么

1 ❶ 모레/后天　❷ 드라이클리닝하다/干洗　❸ 안 된다/不行　❹ 어떻게/怎么
2 ❶ ⓑ　❷ ⓒ　❸ ⓐ
3 ❶ 怎么　❷ 后天　❸ 件
4 ❶ 见面　❷ 取　❸ 拍照　❹ 可以

5 ❶ 您要怎么洗？
　❷ 我想干洗这件衣服。
　❸ 后天我可以取衣服吗？

6 ❶ 您要怎么洗？
　❷ 明天我可以取衣服吗？

5 ❶ 怎么　❷ 干洗　❸ 后天，取
6 ❶ 干洗吧。　❷ 明天来取吧。
7 ❶ 我去取衣服。　❷ 干洗吧。　❸ 你可以帮我一下吗？
8 ❶ 银行怎么去？　❷ 你怎么学习汉语？　❸ 这儿不可以拍照。
9 ❶ 支付宝　❷ 停车　❸ 读
10 ❶ 今天可以见面。

　❷ 故宫怎么去？

　❸ 这儿不可以带小狗。

　❹ 这儿可以拍照吗？

　❺ 这个怎么用？

DAY
21

지금은 12시야.

녹음 대본

1 ❶ 点　　❷ 菜　　❸ 辣　　❹ 吃饭

1 ❶ (시간의) 시/点　❷ 음식, 요리/菜　❸ 맵다/辣　❹ 밥을 먹다/吃饭

2 ❶ ⓐ　　　　　❷ ⓒ　　　　　❸ ⓑ

3 ❶ 点　　　　　❷ 川菜　　　　❸ 胃

4 ❶ 起床　　　　❷ 现在　　　　❸ 能　　　　❹ 参加

녹음 대본

5 ❶ 我们去吃饭吧！
　❷ 我胃不好，不能吃辣的菜。
　❸ 川菜特别辣吗？

6 ❶ 你想吃什么？
　❷ 你几点睡觉？

5 ❶ 吃饭　　　　❷ 胃，菜　　　❸ 川菜

6 ❶ 我想吃比萨。　❷ 我十点睡觉。

7 ❶ 我八点起床。　❷ 我们去吃饭吧！　❸ 这件衣服能打折吗？

8 ❶ 现在三点一刻。　❷ 他能教汉语吗？　❸ 这件衣服能水洗吗？

9 ❶ 海鲜　　　　❷ 半　　　　　❸ 理解

10 ❶ 今天下午两点下课。

　❷ 我不能吃花生。

　❸ 他晚上十一点睡觉。

　❹ 我不能吃辣的菜。

　❺ 你今天能参加聚餐吗？

녹음 대본

1 ❶ 经常　　❷ 不错　　❸ 家　　❹ 瑜伽

1 ❶ 자주, 늘/经常　　❷ 좋다, 괜찮다/不错　　❸ 집/家　　❹ 요가/瑜伽
2 ❶ ⓑ　　❷ ⓐ　　❸ ⓒ
3 ❶ 瑜伽　　❷ 那儿　　❸ 经常
4 ❶ 游泳　　❷ 会　　❸ 做　　❹ 登山

녹음 대본

5 ❶ 你在哪儿做瑜伽？
　❷ 公司附近有运动中心。
　❸ 那儿很不错。

6 ❶ 我最近想运动。
　❷ 学校附近有药店吗？

5 ❶ 瑜伽　　❷ 运动　　❸ 不错
6 ❶ 那我们一起做瑜伽吧。　　❷ 学校附近没有药店。
7 ❶ 当然有意思，我经常做。　　❷ 在家附近。　　❸ 你会做菜吗？
8 ❶ 妹妹不会游泳。　　❷ 他在哪儿工作？　　❸ 你会滑冰吗？
9 ❶ 家　　❷ 在　　❸ 开车
10 ❶ 我在星巴克喝咖啡。

　❷ 你在哪儿做普拉提？

　❸ 我在贸易公司工作。

　❹ 妈妈不会说汉语。

　❺ 我们在哪儿见面？

녹음 대본

1　❶ 时候　　❷ 餐厅　　❸ 预约　　❹ 知道

1　❶ 때, 무렵/时候　❷ 식당/餐厅　❸ 예약하다/预约　❹ 알다, 이해하다/知道
2　❶ ⓑ　　　❷ ⓒ　　　❸ ⓓ
3　❶ 也　　　❷ 网红　　❸ 餐厅
4　❶ 知道　　❷ 毕业　　❸ 闻　　　❹ 网红

녹음 대본

5　❶ 这里是网红餐厅。
　❷ 我想尝尝你做的菜。
　❸ 你什么时候到?

6　❶ 我们什么时候去看电影?
　❷ 这里是网红餐厅。

5　❶ 网红　　　　❷ 尝尝　　　　❸ 时候
6　❶ 下个星期六我有时间。　❷ 我们也尝尝吧。
7　❶ 这个星期天(星期日)我有时间。
　❷ 去网红餐厅，怎么样?
　❸ 我可以试试这件衣服吗?
8　❶ 你闻闻这个香水。　❷ 她什么时候毕业?　❸ 我可以试试这件T恤吗?
9　❶ 等等　　　　❷ 时候　　　　❸ 找找
10　❶ 你什么时候下课?
　❷ 你自己想想吧。
　❸ 你出去看看。
　❹ 他们什么时候回来?
　❺ 我想尝尝北京烤鸭。

녹음 대본

1 ❶ 钱　　❷ 苹果　　❸ 好吃　　❹ 多少

1 ❶ 돈/钱　　❷ 사과/苹果　　❸ 맛있다/好吃　　❹ 얼마, 몇/多少
2 ❶ ⓑ　　❷ ⓒ　　❸ ⓐ
3 ❶ 好吃　　❷ 贵　　❸ 斤
4 ❶ 担心　　❷ 考试　　❸ 块　　❹ 有(一)点儿

녹음 대본

5 ❶ 这件衣服很贵。
　❷ 一斤苹果多少钱？
　❸ 我家的水果非常好吃。

6 ❶ 一斤苹果多少钱？
　❷ 这家的饺子味道怎么样？

5 ❶ 贵　　❷ 斤　　❸ 家，非常
6 ❶ 一斤二十块，不贵吧？　　❷ 非常好吃。
7 ❶ 我觉得星巴克咖啡有(一)点儿贵。
　❷ 一斤二十五块。
　❸ 这个书包多少钱？
8 ❶ 一份锅包肉三十块。　　❷ 这次考试有(一)点儿难。　　❸ 这道菜有(一)点儿辣。
9 ❶ 头疼　　❷ 一共　　❸ 有(一)点儿
10 ❶ 我有(一)点儿紧张。
　❷ 一个面包两块。
　❸ 三斤一共多少钱？
　❹ 我最近有(一)点儿忙。
　❺ 一件衣服六百零五块。

녹음 대본

1　❶ 便宜　　❷ 所以　　❸ 大衣　　❹ 新

1　❶ (값이) 저렴하다, 싸다/便宜　❷ 그래서/所以　❸ 코트/大衣　❹ 새로운, 새롭다/新
2　❶ ⓑ　　　　　　❷ ⓒ　　　　　　❸ ⓐ
3　❶ 大衣　　　　　❷ 对了　　　　　❸ 双十一
4　❶ 打算　　　　　❷ 打工　　　　　❸ 网购　　　　❹ 留学

녹음 대본

5　❶ 我在网购。
　　❷ 下个星期是双十一，是吧？
　　❸ 我打算买大衣，现在很便宜。

6　❶ 我们去商场买衣服吧。
　　❷ 下个星期休息，你打算做什么？

5　❶ 网购　　　　　❷ 双十一　　　　❸ 打算，便宜
6　❶ 我不去，我喜欢网购。　❷ 我打算去旅游。
7　❶ 我在网购。
　　❷ 对，所以我打算和男朋友约会。
　　❸ 你打算买这件大衣吗？
8　❶ 你在干什么？　　❷ 我在玩手机游戏呢。　❸ 他们打算今年五月结婚。
9　❶ 打算　　　　　❷ 减肥　　　　　❸ 打工
10　❶ 他在玩电脑游戏。
　　❷ 这周末我打算去旅游。
　　❸ 我在看油管视频呢。
　　❹ 我打算找工作。
　　❺ 她不打算留学。

  **그럼 제가 다음 주에 다시 올게요.**

녹음 대본

1 ❶ 耳机　　❷ 联系　　❸ 电话　　❹ 周

1 ❶ 이어폰/耳机　　❷ 연락하다/联系　　❸ 전화/电话　　❹ 주, 요일/周

2 ❶ ⓒ　　❷ ⓐ　　❸ ⓑ

3 ❶ 不好意思　　❷ 货　　❸ 款

4 ❶ 告诉　　❷ 商量　　❸ 请问　　❹ 蓝牙

녹음 대본

5 ❶ 你有蓝牙耳机吗？
　❷ 我们下次再说吧。
　❸ 货到的时候，我们联系您。

6 ❶ 我想买这款蓝牙耳机。
　❷ 你觉得那款手机怎么样？

5 ❶ 蓝牙　　❷ 再　　❸ 货，联系

6 ❶ 不好意思，现在没有货。　　❷ 非常方便。

7 ❶ 快递后天能到。　　❷ 不好意思，现在没有货。　　❸ 请写一下您的电话。

8 ❶ 感冒的时候，多喝水。　　❷ 他年轻的时候，很帅。　　❸ 我们以后再说吧。

9 ❶ 的时候　　❷ 改天　　❸ 商量

10 ❶ 我们一会儿再说吧。

　❷ 我吃炸鸡的时候，一定喝可乐。

　❸ 每天要多喝水。

　❹ 你出去的时候，带伞吧。

　❺ 他开车的时候，喜欢听音乐。

녹음 대본

1 ❶ 辣椒   ❷ 放   ❸ 别   ❹ 要

1 ❶ 고추/辣椒   ❷ 넣다/放   ❸ 다른, 별도의/别   ❹ 필요하다, 원하다/要
2 ❶ ⓑ   ❷ ⓐ   ❸ ⓒ
3 ❶ 位   ❷ 辣椒   ❸ 还
4 ❶ 蔬菜   ❷ 一点儿   ❸ 聊天   ❹ 出发

녹음 대본

5 ❶ 还要别的吗？
   ❷ 来一份麻辣烫。
   ❸ 多放一点儿辣椒。

6 ❶ 请问您现在点菜吗？
   ❷ 你们还要别的吗？

5 ❶ 别的   ❷ 来   ❸ 放，辣椒
6 ❶ 我要一份麻辣烫，多放辣椒。 ❷ 再来一份羊肉串。
7 ❶ 来两个烤肉汉堡吧。   ❷ 好，那再点一份吧。   ❸ 还要别的吗？
8 ❶ 多吃一点儿水果吧。   ❷ 我还想和你聊天。   ❸ 我还想吃牛排。
9 ❶ 再   ❷ 一点儿   ❸ 还
10 ❶ 你多吃一点儿饭吧。

   ❷ 他还要吃几天药。

   ❸ 老板，能不能便宜一点儿？

   ❹ 你还要喝水吗？

   ❺ 我们今天晚一点儿出发吧。

DAY 28 나 오늘 아침에 감기약 먹었어.

1 ❶ 舒服　　❷ 早上　　❸ 发烧　　❹ 医院

1 ❶ 편안하다/舒服　　❷ 아침/早上　　❸ 열이 나다/发烧　　❹ 병원/医院
2 ❶ ⓑ　　❷ ⓒ　　❸ ⓐ
3 ❶ 医院　　❷ 没事(儿)　　❸ 早上
4 ❶ 道歉　　❷ 还　　❸ 了　　❹ 努力

5 ❶ 我头疼，还有(一)点儿发烧。
　❷ 你应该马上去医院。
　❸ 你脸色很差。

6 ❶ 你哪儿不舒服吗？
　❷ 你应该去医院啊！

5 ❶ 头疼，发烧　　❷ 应该，医院　　❸ 脸色
6 ❶ 我咳嗽，还有(一)点儿发烧。　❷ 没事(儿)，我今天早上吃了感冒药。
7 ❶ 我有(一)点儿发烧。

　❷ 我昨天看了一部电影，很有意思。

　❸ 你哪儿不舒服吗？

8 ❶ 学生应该努力学习。　　❷ 我们应该向他道歉。　　❸ 我没打电话。

9 ❶ 下载　　❷ 医院　　❸ 一本

10 ❶ 弟弟今天出院了。

　❷ 你应该早点儿回家。

　❸ 他没来上课。

　❹ 我打了一个电话。

　❺ 你这个周末应该在家休息。

 **DAY 29 너는 이 가게 가 본 적 있니?**

녹음 대본

1 ❶ 照片   ❷ 远   ❸ 过   ❹ 就

1 ❶ 사진/照片   ❷ 멀다/远   ❸ ~한 적 있다/过   ❹ 바로/就
2 ❶ ⓐ   ❷ ⓒ   ❸ ⓑ
3 ❶ 王府井   ❷ 照片   ❸ 离
4 ❶ 张   ❷ 近   ❸ 店   ❹ 放假

녹음 대본

5 ❶ 这张照片很漂亮。
  ❷ 他们家离这儿近吗？
  ❸ 这家咖啡厅在网上很火。

6 ❶ 医院离这儿远吗？
  ❷ 你去过这家书店吗？

5 ❶ 照片   ❷ 离   ❸ 网上，火
6 ❶ 有点儿远，坐地铁要一个小时。   ❷ 我没去过这家书店。
7 ❶ 不太远，就在家附近。
  ❷ 我也去过。那家店在网上很火。
  ❸ 你听过这首歌吗？
8 ❶ 我用过这个软件。   ❷ 我没谈过恋爱。   ❸ 离放假还有一个月。
9 ❶ 王府井   ❷ 过   ❸ 近
10 ❶ 离上课还有一个小时。
  ❷ 我没见过明星。
  ❸ 地铁站离这儿不太远。
  ❹ 超市离我家很近。
  ❺ 你去过欧洲吗？

녹음 대본

1 ❶ 得   ❷ 胖   ❸ 还是   ❹ 这样

1 ❶ ~해야 한다/得 ❷ 살찌다, 뚱뚱하다/胖 ❸ ~하는 편이 좋다/还是 ❹ 이렇게/这样
2 ❶ ⓒ   ❷ ⓐ   ❸ ⓑ
3 ❶ 从   ❷ 比较   ❸ 晚饭
4 ❶ 健康   ❷ 还是   ❸ 交往   ❹ 信心

녹음 대본

5 ❶ 我最近胖了，我得减肥。
  ❷ 从今天开始，我学习汉语。
  ❸ 你还是多运动吧。

6 ❶ 你觉得我胖吗？
  ❷ 从今天开始，我不吃晚饭了。

5 ❶ 减肥   ❷ 从，开始   ❸ 还是
6 ❶ 我觉得你不胖啊。   ❷ 你还是多运动吧。
7 ❶ 对，我最近胖了。   ❷ 我终于有男朋友了。   ❸ 我的成绩不好，没有信心了。
8 ❶ 我有男朋友了。   ❷ 她今年二十岁了。   ❸ 我从今天开始运动。
9 ❶ 分手   ❷ 信心   ❸ 从，开始
10 ❶ 我不去中国了。

  ❷ 我从上周开始学开车。

  ❸ 他们从去年开始交往。

  ❹ 天黑了，你快回家吧。

  ❺ 我们从九点开始上课。

녹음 대본

1 ❶ 电影院　　❷ 慢　　❸ 喂　　❹ 门口

1 ❶ 영화관/电影院　　❷ 느리다/慢　　❸ 여보세요/喂　　❹ 입구/门口

2 ❶ ⓑ　　❷ ⓐ　　❸ ⓒ

3 ❶ 已经　　❷ 喂　　❸ 门口

4 ❶ 躺　　❷ 着　　❸ 皮肤　　❹ 电影院

녹음 대본

5 ❶ 好冷啊！窗户开着吗？
　 ❷ 我在学校门口等着呢。
　 ❸ 你等等，我五分钟就到。

6 ❶ 喂，你在哪儿？我快到了。
　 ❷ 我五分钟就到。

5 ❶ 窗户　　❷ 门口　　❸ 分钟

6 ❶ 我已经到了。　　❷ 行，你慢慢来，我等你。

7 ❶ 我快到了。　　❷ 我可能四点十分到。　　❸ 你在哪儿等着我呢？

8 ❶ 他听着音乐。　　❷ 窗户开着吗？　　❸ 她有长长的头发。

9 ❶ 白白　　❷ 趴　　❸ 厚厚

10 ❶ 他们站着聊天。

　 ❷ 你明天早早儿来。

　 ❸ 他躺着看书。

　 ❹ 电视没开着。

　 ❺ 她有大大的眼睛。

 오늘이 어제보다 더 추워.

1 ❶ 给　　❷ 才　　❸ 暖和　　❹ 刚好

1 ❶ 주다/给　　❷ 겨우, 고작/才　　❸ 따뜻하다/暖和　　❹ 때마침, 알맞게/刚好
2 ❶ ⓐ　　❷ ⓒ　　❸ ⓑ
3 ❶ 暖宝宝　　❷ 比　　❸ 才
4 ❶ 暖和　　❷ 飞机　　❸ 度　　❹ 水平

5 ❶ 好冷啊！今天才三度！
　❷ 今天比昨天更冷。
　❸ 我刚好有两个暖宝宝。

6 ❶ 今天好热啊！
　❷ 我刚好有两个暖宝宝，给你一个。

5 ❶ 好，才　　❷ 比，更　　❸ 刚好
6 ❶ 对，今天比昨天更热。　　❷ 谢谢你！好暖和啊！
7 ❶ 你好厉害啊！　　❷ 没有，她才二十岁啊！　　❸ 明天的天气怎么样？
8 ❶ 我来中国才一年。　　❷ 我比妹妹更高。　　❸ 这本书才十块钱吗？
9 ❶ 还　　❷ 才　　❸ 以前
10 ❶ 他四十五岁才结婚。

　❷ 他比我大一岁。

　❸ 他的汉语水平比我还好。

　❹ 你今年才二十岁呀？

　❺ 地铁比公交车更方便。

진짜학습지